U0368424

国际结算
（第2版）

张晓明　刘文广　主　编

王基昱　师　超　副主编

清华大学出版社

北　京

内 容 简 介

本书以基础、实用、适当延展为原则，结合银行国际业务规程和国际结算涉及的国际惯例，对国际结算相关知识、国际结算支付工具、国际结算方式、国际结算单据及国际贸易结算融资等内容加以归纳、演练和讨论，具有建构性、实用性和前沿性等特点。同时，本书穿插大量的案例、图示及业务单据式样，帮助读者明晰概况、构架体系、加深感性认识，进而全面理解国际结算实务。

本书可作为普通高等学校本科生、独立学院学生的教材，也可供银行、进出口公司及企业中从事外销业务的人员阅读参考。

图书在版编目(CIP)数据

国际结算 / 张晓明，刘文广 主编. —2版. —北京：清华大学出版社，2019（2021.1 重印）
ISBN 978-7-302-52153-2

Ⅰ.①国…　Ⅱ.①张…②刘…　Ⅲ.①国际结算—高等学校—教材　Ⅳ.①F830.73

中国版本图书馆 CIP 数据核字(2019)第 013868 号

责任编辑：施　猛
封面设计：常雪影
版式设计：方加青
责任校对：牛艳敏
责任印制：沈　露

出版发行：清华大学出版社
　　　　网　　　址：http://www.tup.com.cn，http://www.wqbook.com
　　　　地　　　址：北京清华大学学研大厦 A 座　　　　邮　　编：100084
　　　　社 总 机：010-62770175　　　　　　　　　　邮　　购：010-62786544
　　　　投稿与读者服务：010-62776969，c-service@tup.tsinghua.edu.cn
　　　　质 量 反 馈：010-62772015，zhiliang@tup.tsinghua.edu.cn
印 装 者：北京鑫海金澳胶印有限公司
经　　销：全国新华书店
开　　本：185mm×260mm　　　印　　张：16　　　字　　数：380 千字
版　　次：2013 年 11 月第 1 版　　2019 年 3 月第 2 版　　印　　次：2021 年 1 月第 3 次印刷
定　　价：48.00 元

产品编号：077554—01

在我国对外开放以及经济全球化趋势不断加深的背景下，我国金融业发展日新月异，融入国际经济体系的程度空前，经营国际贸易的企业近乎全民化，国际结算业务遍布每一个角落。同时，新兴经济国家和传统经济强国间的矛盾不断加剧，国际形势和国际经济状况日益复杂，这些因素导致国际贸易中的政治风险、信用风险和货币风险都在增加。

作为涉外经济活动的重要环节，国际结算以货币形式结清国与国之间由于国际商品贸易而产生的债权债务关系。由于国际结算涉及不同的国家、不同的货币、不同的结算工具和不同的结算方式，在当前形势下，如何维护国际贸易的稳定发展、防范各种风险、安全准时结算，日益成为国际贸易主体，尤其是外贸企业关注的重要问题。

为了适应金融与国际经济贸易形势和教学发展的需要，我们对本教材进行了相应修订，除精练、优化文字表述外，还进一步完善了整体内容结构。本次修订具有以下几个特点。

第一，整体性。结合银行规程和国际惯例，以职业技能为目标，以基础、实用、延展和实操为原则，注重归纳、讨论和演练，重新梳理国际结算知识、工具、方式、融资及单据等方面的内容，结合典型案例和相关链接阐述国际结算的基本操作原理，剖析国际结算的风险及防范，追求国际结算内涵、业务流程和表达方式的完善与规范。

第二，前沿性。通过资料链接栏目，追踪国际结算领域的新发展与新变化，将人民币跨境结算等新业务展示给学生，在学习和训练基本业务的同时也将学生引入领域前沿，有助于学生拓展视野、增长新知。

第三，建构性。每章开篇设有学习目标与导读案例，启发学生思考并提出问题，随之展开深入的学习与分析，得出解决问题的办法，使新的知识点系统化。

第四，实用性。从国际结算的业务流程入手，将国际结算教学模拟实训引入教材，把业务动作融入课堂，让学生亲手操作，体会具体做法，并将思路延续到课后作业中，强化理论与实际的联系，达到学以致用的目的。

本次修订由张晓明、刘文广担任总纂和主编，王基昱、师超担任副主编。其中，第一章、第三章(不含第八节)由张晓明、刘文广、付琼编写，第三章第八节由刘一编写，

第二章、第六章由师超编写，第四章、第五章由张晓明、王基昱编写。

在本次修订过程中，中国银行北京总行的杨绍宁先生、长春海关的于慧女士、百悦经贸责任有限公司的迟淑娟女士、吉林协成进出口贸易有限公司的孙慧萍女士等业内人士给予了大量帮助，清华大学出版社的同志给予积极的指导，在此一并表示诚挚的谢意！

编　者

2018年11月

随着金融全球化趋势的不断加深，金融业发展日新月异，国际结算作为涉外经济活动的重要环节，其内涵、业务流程和表达方式也在不断完善。为了适应我国金融学和国际经济与贸易教育发展的需要，我们以基础、实用、适当延展为原则，结合银行国际业务规程和国际结算涉及的国际惯例，对国际结算相关知识、国际结算支付工具、国际结算方式、国际结算融资及国际结算单据等内容加以归纳、演练和讨论，并依据典型案例和相关资料链接阐述国际结算的基本操作原理，剖析国际结算的风险及防范，追踪国际结算领域的最新发展与变化，并将国际结算教学实训软件引入教材，作为学生的实训操作指南。

本教材具有以下几个特点。

第一，建构性。每章开篇设有目标与案例，启发学生思考并提出问题，随之展开深入的分析，给出解决问题的办法。

第二，实用性。从国际结算的业务流程入手，把业务动作融入课堂，让学生体会实务内容的具体做法，亲手操作，并将思路延续到课后作业，有助于学生理论联系实际、学以致用。

第三，前沿性。通过资料链接栏目，向学生展示人民币跨境结算等新业务的操作流程，在学习和训练基本业务操作方法的同时也将学生引入领域前沿，拓展视野，增长新知。

本教材由张晓明、刘文广担任主编、总纂，王基昱、师超担任副主编，各章编写分工如下：第一章、第三章由张晓明、刘文广、付琼编写，第三章第五节由刘一编写，第二章、第六章由师超编写，第四章、第五章由张晓明、王基昱编写。

在教材编写和出版过程中，中国银行北京总行的杨绍宁先生、长春海关的于慧女士、百悦经贸责任有限公司的迟淑娟女士、吉林协成进出口贸易有限公司的孙慧萍女士等业内人士提供了大量的业务素材，谢思龙先生为本书提供了较为实用的数据和图示，清华大学出版社的同志给予了有力的支持和指导，在此一并表示诚挚的谢意！希望广大读者特别是使用该教材的任课教师和学生提出宝贵意见，以便进一步改进。反馈邮箱：364224145@qq.com。

编　者

2013年6月

目录

第一章

导论

通过对本章的学习，了解国际结算的概念、特征及主要内容，把握商业银行运作国际结算的具体方法，知晓主要的国际支付系统，整体把握国际结算的框架结构，为进一步学习以下各章节做好准备。

导读案例

A企业是我国浙江温州一家生产箱包的厂商，经过多年经营已具有一定的规模和实力，由于国内市场竞争激烈，意欲开拓国外市场。经介绍，该企业负责人赵先生与欧洲客商进行洽谈，由于该公司样品质量、价格等都具有很强的竞争力，初步达成成交意向。赵先生认为，外贸生意与国内销售并无差别，准备按照商谈的价格、数量签订合同。当谈到合同具体细节时，客商提出，10%的货款采用T/T(电汇)，其余采用D/A(承兑交单)30天付款，并且针对产品质量提供中国银行出具的L/G(银行保函)；贸易中若出现争议，则依据相关的国际规则和惯例解决。赵先生对这些条件都不熟悉，这才知道国内外贸易在结算方面有很多不同之处。

⊕ 第一节　国际结算概述

我们学习任何一门课程，首先要知道这门课程的研究对象。因此，在学习本书内容之前，我们先来了解一下什么是国际结算。

一、国际结算的含义

国际结算(International Settlement)是指国际上办理货币收付以结清不同国家或地区当事人之间的债权债务关系的活动。具体而言，国际结算是运用结算工具(汇票、本票、支票等)，结合一定的结算方式(汇款、托收、信用证等)，通过银行进行的不同经济体之间的货币收付行为，从而实现国际债权债务的清偿和资金的转移。国际结算的主体有银行、进出口商，它们共同结成了一个国际结算网络体系，其核心目的就是快速结清债权债务关系。

国际结算可以分为贸易结算和非贸易结算。前者是指国际上由于进出口商品贸易而发生的债权债务关系的结算；后者是指由于国际旅游和劳务等无形贸易以及捐赠等转移收支而发生的债权债务关系的结算。

二、国际结算的产生与发展

国际结算伴随国际贸易的发展而产生和发展，并随着国际贸易、国际航运、保险业、银行业、通信技术以及计算机网络技术的发展而不断演化。纵观国际结算的发展过程，大体上经历了从现金结算到票据结算、从直接结算到通过银行结算、从凭实物结算到凭单据结算、从人工结算到网络化电子结算的过程。

(一) 从现金结算到票据结算

早期的国际贸易大部分以贩运的方式进行，商品交易种类较少，规模也有限，因此国际结算基本采用现金交易，债务人在国际上运送黄金、白银或者铸币来结清双方的债权债务。但现金结算具有风险大、成本高、占用资金时间长、不利于清点等缺陷，当交易量大且交易频繁时，贵金属就不能适应国际贸易大规模发展的需要。公元12世纪后，随着国际贸易的发展，地中海沿岸国家出现了"兑换证书"(注释：当时，意大利贸易极盛，商人云集，货币兑换十分重要，兑换商不仅从事即时货币兑换业务，而且兼营汇款业务。具体操作流程：甲地兑换商收受商人货币后，向商人签发兑换证书，商人持证书向兑换商在乙地的分店或者代理店请求支付款项，支取乙地通用的货币。这种兑换证书相当于现代的异地付款的本票，被认为是欧洲国家票据的起源)；15世纪之后，国际上开始使用商业票据结算；到16—17世纪，欧洲大陆国家基本上用票据结算取代了现金结算，国际贸易结算获得了发展。

(二) 从直接结算到通过银行结算

随着国际贸易的扩大和银行业的发展，直接的现金结算逐步过渡到以银行为中介的非现金结算。19世纪后期开始，金融业空前发展，银行网点普遍设立，使银行成为国内外结算中心。银行通过买卖不同币种、金额和期限的票据，将两国进出口商的结算转变为两国银行间的结算，国际结算显现融资与结算相结合的特点。买卖双方可以利用银行发达的网络、先进的手段安全高效地结清各种债权债务关系，银行可以其雄厚的资金、良好的信誉为贸易双方提供信用及融资，从而加速了资金的周转和利用。银行作为国际结算中枢，它的汇兑作用、结算作用、保证作用和融资功能得以充分发挥，极大地促进了国际贸易向更大规模发展。

(三) 从凭实物结算到凭单据结算

在原始的国际贸易结算中，买卖双方一手交钱、一手交货，钱货两清，这是一种典型的直接结算方式。随着海上运输业及通信工具的发展，贸易商与运输商的分工逐渐明确，卖方将货物交给运输商承运至买方，运输商将货物收据交给卖方转寄买方以便其提取货物，简单的货物收据逐渐演变为比较完善的海运提单。海运提单具有物权凭证的性质,它把货物单据化,交单等于交货,持有单据等于持有货物所有权,海运提单因此成为可以流通转让的单据,这样就便于银行购入装运单据,向卖方提供融资,抑或银行通过转让提单向买方索取货款。如此,国际上的商品买卖逐渐发展成为单据买卖,卖方提供单据作为履约证明,买方核验单据作为付款依据,国际贸易结算从凭实物结算发展到凭单据结算。

(四) 从人工结算到网络化电子结算

第二次世界大战以后,国际贸易规模、贸易方式、运输方式、商品结构的巨大变化,以及非贸易交往的扩大,促使世界各国银行业务快速扩张,对国际结算的速度和质量提出了更高的要求。现代科技的高速发展使国际结算从传统的人工结算向电子结算迈进。电子结算是指在国际结算过程中采用电子方法处理业务。例如,银行在处理各账户行之间的汇兑往来和资金清算时所建立的电子支付系统;在信用证业务中,采用SWIFT系统开立信用证;在跨境电子商务交易中,使用第三方平台进行结算,等等。总之,网络电子结算将进一步普及。

三、国际结算的特征

国际结算以国际贸易、国际金融学科为基础,从微观角度来研究国际货币运动的实务问题,涉及进出口贸易、国际保险、国际运输、会计、报关、商检、法律等相关知识,具有很强的专业性和实务操作性。

(一) 国际惯例在国际结算中表现充分

国际结算涉及多边关系,而各国对国际贸易结算的规定与做法也不统一,很容易发生跨国纠纷、矛盾甚至各种信用工具下的欺诈等,因此必须建立一套各国普遍接受和遵守的国际惯例。所谓国际惯例,是指一些商业团体或国际组织在国际结算的实践中,制定的各种有关公约与规则,在实践中不断完善,最终得到国际商贸界的广泛承认和采纳,成为各国银行处理国际结算共同遵守的准则,是国际结算中逐渐形成的一些习惯做法和特定方式。目前,国际结算涉及的国际惯例众多,主要有如下几类:一是与结算方式相关的国际惯例,如《跟单信用证统一惯例》、《托收统一规则》、《见索即付保函统一规则》、《银行间偿付办法》(国际商会制定)、《合同保函统一规则》(国际商会制定)、《国际保理业务惯例规则》(国际保理商联合会制定)等。二是与单据相关的国际公约或惯例,如《海牙规则》(国际海事委员会)、《汉堡规则》(在德国汉堡举行的由联合国主持的海上货物运输大会讨论通过)、《国际贸易术语解释通则》(国际商会制定)、《联合运输单证统一规则》(在德国汉堡举行的由联合国主持的海上货物运输大会讨论通过)、《伦敦保险协会货物保险条款》(英国伦敦保险协会)等。三是与票据有关的法律和国际惯例，如英国《票据法》、《日内瓦统一票据法》等。

(二) 国际结算使用可兑换货币

可兑换货币又称自由外汇，可以通过银行账户划转，便于资金调拨和运用，有助于转移外汇风险。一国货币成为可兑换货币需要具备三个条件：第一，能够自由兑换成其他货币；第二，它对国际经常项目的支付不受限制；第三，该货币国当局不实行多种汇率或差别汇率制度。目前，在国际结算中，较为常用的自由兑换货币有美元、欧元、日元、英镑、瑞郎、加元、澳元等，其中美元仍然是最重要的结算货币。

▊ 资料链接　中国银行跨境人民币结算

一、产品说明

中国银行应客户申请，根据中国人民银行《跨境贸易人民币结算试点管理办法》细则及相关管理规定，为企业提供各类跨境人民币结算相关产品，如各种信贷、结算、融资、担保、资金及理财产品等。目前，中国银行现有的国际结算和贸易融资产品均适用于跨境贸易人民币结算业务。

二、产品特点

1. 规避汇率风险，防止外币贬值带来的损失；

2. 锁定财务成本，提高企业抗风险能力和盈利能力；

3. 精简流程，简化手续，降低交易成本，提高效率；

4. 丰富跨国资金调配选择，降低资金错配风险；

5. 有利于企业拓展海外市场，促进贸易的持续开展。

三、适用客户

主要适用于有进出口贸易结算业务需求的公司客户，满足企业在使用本币结算、规避汇率风险、简化流程、降低交易成本、拓展海外市场等方面的贸易需求。

四、申请条件

1. 依法核准登记，具有年检的法人营业执照或经营合法和经营范围的有效证明；

2. 有进出口经营权；

3. 中国人民银行《跨境贸易人民币结算管理办法》及相关规定中批准开展相关业务的进出口企业。

五、办理流程

1. 企业到中国银行营业场所提交业务办理申请；

2. 提供人民币计价结算贸易合同、进出口发票、出(进)口收(付)款说明及中国银行国际结算或贸易融资业务办理所需的其他材料；

3. 中国银行为企业办理相关业务手续并将业务信息报送RCPMIS系统(人民币跨境收

付信息管理系统)。

六、操作流程

操作流程如图1.1所示。

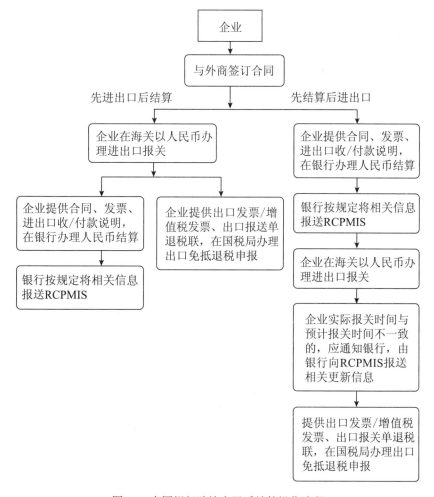

图1.1 中国银行跨境人民币结算操作流程

资料来源：中国银行. http://www.boc.cn/.

(三) 商业银行是国际结算与融资的中心

现代国际结算是利润丰厚的一项银行中间业务，在不动用银行资金的条件下，商业银行为客户提供结算服务能够获得可观的手续费。同时，商业银行根据客户要求向其提供多种形式的国际贸易融资，在承担一定风险的条件下能够获得利息收入。商业银行因此提高了结算效率，降低了结算风险，同时为买卖双方提供了资金支持。商业银行将结算与融资有机地结合在一起，不仅促进了国际贸易的扩大和国际结算的顺利实现，而且使银行业务进一步国际化，拓展了业务空间。

(四) 国际结算业务难度和风险较大

国际结算具有涉外性，涉及不同货币的兑换、不同文化背景和复杂的法律环境等，不仅比国内结算复杂得多，而且操作难度更大。同时，受国际政治、经济及其他不确定性因素的影响和制约，国际结算当事人面临诸多风险，如信用风险、汇率风险、利率风险、国家风险等，因此国际结算的所有当事人都普遍重视业务的风险防范。

四、国际结算的研究对象

国际结算的研究对象主要有国际结算工具、国际结算方式、银行支付体系、国际贸易融资等。

(一) 国际结算工具

国际结算工具主要涉及票据和单据。票据是非现金结算的主要工具，在国际结算中具有流通和支付的功能，远期票据还能发挥信用工具的作用。票据具体包括汇票、本票和支票，它们被称为"国际结算的基石"。票据的使用极大地提高了国际结算的效率，保证了安全，因此，票据的运动规律、票据行为、票据法规、票据要式及种类是国际结算研究的首要对象。

单据是国际结算的另一个主要工具，单据的传递和使用是实现国际结算的必备条件之一。在现代国际贸易结算中，货物单据化和实行"推定交货"原则是其基本特征，只有通过单据的交付转让才能使交易顺利实现，进而使得债权债务关系得以清偿。货物单据化是银行从事结算业务的前提，只有在凭单付款的条件下，银行才有可能通过控制单据进而控制货物，提供结算、融资等全方位服务。当然，随着现代化通信技术的发展，传统的单据及其运作体系正在发生变化，也正在产生新的结算工具。

(二) 国际结算方式

以一定的条件实现国际货币收付的方式称为国际结算方式，具体是指一国债务人向另一国债权人偿还债务的方式，也是一国债权人向另一国债务人收回债权的方式。传统的结算方式包括汇款、托收、信用证，这些方式各具特点，对风险的保障程度和各方承担的费用各不相同。随着国际经贸活动的扩展，人们对国际结算功能的需求有所提高，国际结算方式也在不断发展创新。银行为了满足客户除了结算货款以外的诸如融资、风险保障、账务管理、信息咨询等需要，又相继出现了担保、保付代理、包买票据等综合性结算方式，这些结算方式的产生、演变、应用、发展趋势及创新也是这一学科的研究对象。

(三) 银行支付体系

以银行为中心的现代电子转账划拨系统是国际资金得以有效结算的基础设施，目的在于用科学、有效的手段来实现国际资金的划拨清算。只有各国货币清算中心支付体系良好运行，才能保证国际结算的及时与可靠。目前，主要货币的支付系统均采用无纸化的电子支付系统，为实现准确、快捷和可靠的资金结算提供了基本保障。运行良好的支付系统是开展国际结算的重要条件，也是国际结算的研究对象。

(四) 国际贸易融资

为了方便国际贸易结算，促进国际贸易发展，与各种结算方式相结合的银行资金和信用融通层出不穷，如打包贷款、出口托收押汇、出口信用证押汇等，这些融资方式在结算中发挥越来越重要的作用，因而也是国际结算研究的重要内容。

￥ 第二节　商业银行国际结算运作

现代国际结算的基本特征是以商业银行为中介机构，国际性的商业银行在结算中既是国际结算中心，又是国际信贷中心，两者紧密结合、相辅相成、彼此促进。另外，国际结算最终要实现的资金转移划拨及债权债务关系的了结必须借助于由各商业银行组成的国际银行网络及跨国清算支付系统，因此，这一节我们来了解商业银行国际结算业务的运作。

一、国际结算的当事人及相互关系

在国际结算中，不同结算方式对应不同的当事人及相互关系，如图1.2所示。在传统的贸易结算方式下，主要包括进口商、出口商及双方往来银行这4个当事人。国际结算的基本过程是对买卖双方债权债务关系进行结清的过程，双方通过各自的银行，利用代理行网络及跨国支付体系，最终实现资金转移，体现为双方在各自银行存款账户的增减变动。买卖双方与其各自银行在一些结算方式(如汇款、托收)项下是委托代理关系，银行通过支取货款来提供结算服务；而在另外一些结算方式(如信用证、银行保函)下，银行不仅提供代理服务，而且以自身信用参与结算过程，提供融资或付款担保，此时双方与其各自银行形成了新的债权债务关系。双方银行之间通常具有代理行关系，这些代理行形成了一个全球性的银行网络系统，保证国际结算的顺利完成。

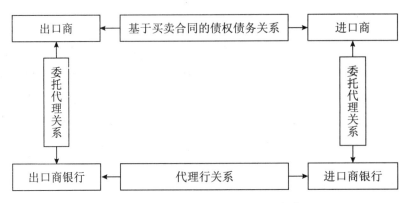

图1.2　国际结算的当事人及相互关系

二、代理

商业银行的国际结算业务需依赖发达的国际银行网络，一家银行要经营国际银行业务，除了拓展海外分支机构外，还要与国外银行进行合作，通过相互委托来办理业务。

(一) 银行国际业务的境外机构类型

1. 代表处

代表处是商业银行在海外设立的非营业性机构。它不能办理银行业务，只能开展公关活动，向驻地政府机构、贸易商和官方人员提供本国企业和国家的相关信息，同时为本国客户探寻新的业务前景，寻找新的贸易机会等。代表处是海外分支机构最低级和最简单的形式。

2. 海外分支行

海外分支行是商业银行在海外设立的营业性机构。它不具备独立的法人地位，不但受其总行管理，而且受其营业地的金融管理法令条例约束。海外分支行的业务范围及经营策略与总行保持一致，总行对其经营活动负全责。

3. 子银行(附属银行)

子银行是按当地法律注册的一家独立的银行，其资本全部或大部分属国外母银行，母银行对它有控制权，其余资本可属当地所有，也可属其他国外银行。此类银行只能在当地经营银行业务。

4. 联营银行

联营银行在法律地位上与子银行类似，但国外投资者股权都在50%以下，即拥有少数股权，其余为东道国所有，或由几家外国投资者共有，其业务依注册而定或依参股银行的性质而定。

5. 银团银行

银团银行是由两个以上不同国籍的跨国银行共同投资注册而组成的公司性质的合营

银行。任何一个投资者持有股份的比例均不超过50%，其业务范围包括对超过母银行能力的或母银行不愿意发放的大额、长期贷款做出全球性辛迪加安排，承销公司债券，经营欧洲货币市场业务，安排国际企业合并和兼并，提供项目融资和公司财务咨询等。

6. 代理行

两家银行建立直接的互相委托业务往来关系，就称为代理关系。它们之间要交换控制文件，签订或不签订代理合约。两家银行成为彼此的代理行，便于双方开展国际业务，弥补海外分支机构的不足，且成本较低。

在国际结算中，常通过代理行办理结算业务。

▎资料链接　中国银行里斯本分行对外试营业

2013年4月22日，中国银行里斯本分行对外试营业，成为中行在葡萄牙设立的第一家分支机构。中国驻葡萄牙大使黄松甫、经济商务参赞何定以及当地中资企业代表参加了试营业典礼。

黄松甫大使在致辞中表示，中行在葡萄牙设立分支机构彰显了中行扩大欧洲业务的决心，必将为中葡双边经贸发展做出新的贡献。希望中行继续发挥国际化、多元化和智能化优势，为在葡中资企业、华人、华侨以及当地企业提供优质的金融服务。

中国银行里斯本分行坐落于里斯本市中央商业区，业务范围包括活期存款、定期存款、按揭贷款、抵押贷款、贷款(双边贷款、银团贷款)、贸易融资(信用证、保函、保理)等。

目前，中国银行已与近180个国家和地区的1600余家外国银行建立了代理合作关系。

资料来源：中国银行. http://www.boc.cn/.

(二) 选择代理行的标准

选择合适的代理行才能够保证国际结算业务的顺利进行，在选择时须注意以下几点。

1. 按照客户要求选择地区和币别等

代理行一般都选在客户需要进行国际结算的地区，它们对当地的经济、政治和商业往来更了解，更有利于业务的开展。

2. 适合本国的外交政策

不能与未建交国家的银行建立代理行关系，双方民间的商业往来应通过第三国银行结算。

3. 审查对方资信状况

目前，国际上较常使用CAMELS评级体系(国际通行的商业银行主管部门评判银行运营质量的评级体系)来衡量代理行风险，它从资本充足率、资产质量、管理能力、盈利性、流动性、对市场风险的敏感性6个方面来测量。

(三) 代理行关系的建立

尽管许多大银行在世界各主要城市设有分支机构或联行，但仅仅依靠这些分行满足不了业务发展的需要。一是有些业务必须依靠当地银行完成；二是开设分行需要大量资金；三是有些国家对外国银行的雇员有种种限制。因此，一家经营国际业务的银行在国外不可能设立太多的分支机构，必须广泛地与国外银行建立代理行关系，才能大量开展业务。例如，英国最大的银行巴克莱银行在74个国家设有4100多家分行，但它还是要建立代理行网络。因此，我们要建立广泛的代理行关系。通常情况下，建立代理行时都要充分考察对方资信，在此基础上，还要经过两个关键步骤。

1. 签订代理协议并互换控制文件

代理协议一般由双方总行签订，包括双方银行名称、地址、代理机构、业务范围、代理期限、控制文件、使用的货币、授信额度、合作项目、头寸偿付方法、协议生效日期等内容。

2. 双方确认控制文件

两家银行建立了代理行关系，相互提供委托业务，这些业务往来一般以信函或电信方式办理，首要的是确认往来文件确系对方银行所发，因此需要双方交换控制文件来确保代理业务的真实有效。控制文件包括以下三部分。

(1) 密押(Test Key)。它是两家银行事先约定的专用密码，由发电行在发送电报或电传时加注在电文内，由收报行核对相符，确认电报或电传的真实性。建立密押关系可由一方银行寄送密押给对方银行，经双方约定共同使用；也可由双方银行互换密押，各自使用自己的密押。

(2) 签字样本(Booklet of Authorized Signature)。它是指银行列示有权签字人员的签字式样和其权力等级的文件。收件银行将信函、凭证或票据上的签字与签字样本核对相符后即可确认其真实性，然后按照要求处理或付款。

(3) 费率表(Schedule of Terms and Conditions)。它是指银行承办业务的收费标准。对方银行委托业务，按被委托银行的收费标准收取费用。如果代理关系良好，彼此可以约定优惠办法。

■ 资料链接　中国最大的商业银行已在"一带一路"沿线建逾120家分支机构

中新社北京　2016年4月14日电 中国最大的商业银行中国工商银行副行长胡浩14日在京透露，截至2015年末，该行已在全球42个国家和地区建立了404家机构，其中123家分支机构分布在"一带一路"沿线的18个国家和地区。

胡浩指出，工商银行正在着力打造全球电力融资、全球资源融资、全球交通基建融资、全球制造业融资等全球一体化的融资产品线，大力开展跨境并购、银团、债券和租赁业务，在服务"一带一路"建设、国际产能合作、优势产能输出等"走出去"重点领域发挥着国际化银行优势。

除了上述400余家机构之外，中国工商银行还通过参股标准银行集团，间接覆盖非洲20个国家，与147个国家和地区的1611家银行建立了代理行关系。

资料来源：中国新闻网.www.chinanews.com，2016-04-14.

■ 资料链接　中国工商银行境外外资代理行突破1200家

新华网北京 5月5日电　中国工商银行一季度末已与1205家境外外资银行建立总行级代理行关系，目前工商银行的代理行网络遍布116个国家和地区。

仅2005年，中国工商银行就在原有网络基础上新增187家境外代理行，数量较2004年增长19%，并在9个国家实现了零的突破。

据中国工商银行有关部门负责人介绍，自1985年与中国香港南洋商业银行建立第一家外资银行代理行关系以来，中国工商银行一直致力于外资代理行网络拓展，加强与外资银行的业务交流与合作。近年来，为适应我国对外贸易迅速发展的需要，中国工商银行始终把开拓境外代理行网络作为一项战略性工作。

目前，中国工商银行能为广大代理行提供包括外币资金、人民币资金、票据业务、支付结算及代理、外汇担保、国际结算、贸易融资、非贸易金融服务、本外币账户清算、投资银行、资产托管、现金管理、电子银行在内的一系列综合服务，实现了从单纯外汇业务向人民币与外币不同业务领域的拓展，从传统国际结算向保理、风险参贷、个人预结汇、金融衍生产品等多样化业务品种的创新。

资料来源：新华网. www.xinhuanet.com，2006-05-05.

三、账户行

商业银行之间开展国际结算不仅需要相互委托办理业务，而且为了实现委托中的货币收付，还必须通过外汇账户予以清算。因此，银行间除了要建立代理行关系，还要建立账户行关系。

(一) 账户行关系

一家银行可在自己众多的代理行中，选择一些国际货币所在国的重要银行来建立账户行关系，通过银行间的划转，发挥网络辐射功能，实现货币收付。所谓账户行，就是两家代理行之间，其中一方在另一方开设账户或双方互设账户，它们之间的关系既是代理行关系又是账户行关系。通常情况下，一家国际性商业银行在海外的代理行数目有几千家，而它的海外账户行的数量较少，有二三百家。

(二) 账户行的设置

两家分别处于不同国家的商业银行可在代理行的基础上,根据货币收付的需要,一方在对方建立账户,或者相互建立账户,从而形成账户行关系。账户设置有下述三种情况。

1. A行在B行开立B行所在国货币的账户

账户设置形式如图1.3所示。

图1.3　A行在B行开立B行所在国货币的账户

2. B行在A行开立A行所在国货币的账户

账户设置形式如图1.4所示。

图1.4　B行在A行开立A行所在国货币的账户

3. 双方互相开立对方所在国货币的账户

账户设置形式如图1.5所示。

图1.5　双方互相开立对方所在国货币的账户

双方建立的账户关系也称为来账或往账。以第一种情况为例,从A行的角度看是往账(Nostro a/c),即我行设在你行的账户;反之,从B行的角度看,是来账(Vostro a/c),即你行设在我行的账户。第二种情况与此刚好相反。在第三种情况下,A行与B行互为账户行和存款行,各有来账和往账。

(三) 往来账户的应用

账户行之间委托办理国际业务所涉及的货币收付行为,表现为有关银行账户余额的增减。例如,甲行在乙行开立存款账户,甲行在乙行账户上的余额增加表明甲行的存款增加,甲行从乙行收到了款项;余额减少则表明甲行在乙行的存款减少,说明甲行付给乙行一定的款项。在银行账务处理中,余额增加使用"贷记"(To Credit)表示,余额减少使用"借记"(To Debit)表示。

当货币从甲行转往乙行时，我们称甲行为汇出行，乙行为汇入行。根据两个银行之间开设账户的情况，可以分为4种转账方法。

1. 主动贷记

当汇入行在汇出行设有账户时，作为偿付，汇出行应主动将款项贷记汇入行账户并发送贷记通知(In cover, we have credited your a/c with us)。

2. 授权借记

当汇出行在汇入行设有账户时，作为偿付，汇出行授权汇入行借记本行在汇入行的账户(In cover, please debit our a/c with you)，汇入行完成账务处理后应发送借记通知给汇出行。

3. 共同账户行转账

当汇出行与汇入行之间没有往来账户，但是在同一代理行开立账户，拥有共同账户行时，汇出行可以主动授权共同账户行X行借记汇出行账户并同时贷记汇入行账户(In cover, we have authorized X Bank to debit our a/c and credit you're a/c with them)，如图1.6所示。

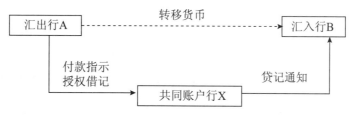

图1.6 共同账户行实务操作

4. 各自账户行转账

当汇出行和汇入行之间没有共同账户行，但它们各自的账户行之间有账户往来关系时，汇出行指示其账户行(X Bank)将款项转移给汇入行的账户行(Y Bank)开立的账户，如图1.7所示。

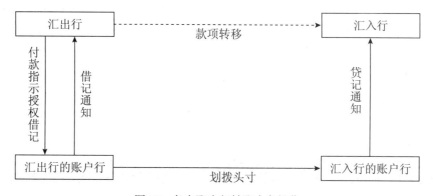

图1.7 各自账户行转账实务操作

在国际结算中，要尽量缩短外汇流转路径，有直接账户行关系的要尽可能利用。

⊛ 第三节 国际支付系统

支付系统(Payment System)也称为清算系统(Clearing System),是一个国家或地区对交易者之间、金融机构之间的债权债务关系进行清偿的一系列组织和安排。具体而言,它是由提供支付服务的中介机构、货币转移规则、实现支付指令传送及资金清算的专业技术手段构成的。

目前,世界上主要有四大电子清算系统,分别是CHIPS、CHAPS、TARGET和SWIFT。

一、CHIPS美元国际支付系统

CHIPS(Clearing House Interbank Payment System)是"清算所银行同业支付系统"的简称,又称"纽约票据交换所银行同业支付系统",它是由纽约清算所协会经营的私营性美元国际支付系统。该系统建立于1970年,是由100多家设在纽约的银行组成的一个用以进行美元收付的银行间电脑网络系统,可完成约95%的以美元计价的国际贸易和外汇交易清算。CHIPS是先进的电子资金划拨系统,银行间的清算采用双边信用额度,营业日终了进行收付净差额清算,当日结清余额。系统自动控制CHIPS会员行的净差额度,超过透支范围,系统自动停止对其清算支付指令的处理。CHIPS通常从7时开始运行至16时30分(美国东部时间),结算一般在18时以前完成。每个参与者在营业日的起始余额为零,系统根据发送和接收的支付信息在运行日内连续计算每个参与者相对于其他各个参与者的净头寸。

参加CHIPS的银行均有一个美国银行公会号码(American Bankers Association Number),即ABA号码,作为加入CHIPS清算所的代号。每个CHIPS会员银行所属客户在该行开立的账户,由清算所发给通用认证号码(Universal Identification Number),即UID号码,作为收款人或收款行的代号。通过CHIPS支付和收款的双方必须都是CHIPS会员银行,才能经过该系统直接清算。每一笔收付都是由付款一方开始进行,即由付款一方的CHIPS会员银行通过其CHIPS终端机发出付款指示,注明账户行ABA号码和收款行UID号码,经CHIPS电脑中心传递给另一家CHIPS会员银行,收在其客户的账户上,收款行不能通过系统向付款行索款。

案例分析

案情: 我国某公司出口货物,结算货币为美元,采用托收结算方式(即委托出口地银行在国外的代理行代为收款)。货物出运后,出口商将全套单据送到A银行,委托其办理托收。在托收指示中，出口商指定B银行为代收行。A银行接收托收指令后，发现其与B银行没有账户关系，但A银行的纽约分行与B银行同为CHIPS的参加行。于是，A银行在给B银行的托收委托书中写明如下指示："When collected, please remit the sum to our New York Branch via CHIPS(ABA:____)for credit of our account (UID:____) with them."。请分析，CHIPS是怎么运作的？什么是ABA号码？什么是UID号码？

　　分析：本案中，B银行收妥款项，通过CHIPS发出付款指示，注明账户行的ABA号码和收款行的UID号码，汇交A银行纽约分行贷记款项，A银行得知款已收妥，即可贷记出口商账户。通过CHIPS传递的支付是具有国际性的与跨行业务有关的支付。

资料来源：贺英.国际结算习题与案例[M].上海：复旦大学出版社，2006.

二、CHAPS英镑自动清算系统

CHAPS(Clearing House Automated Payment System)是英国伦敦银行自动收付系统的简称。英国银行原来存在"双重交换体制"，即由英国12家交换银行集中清算，其他商业银行则须通过其在往来的交换银行开立的账户进行清算，而交换银行之间清算的最后差额则通过在英格兰银行的账户划拨。CHAPS是根据这种体制建立起来的一种电子清算系统。

CHAPS的特点是不设中央管理机构，各交换银行之间只在必要时才合作。付款电文一旦发出并经系统确认后，即使被证实有误，发出电文的交换银行也必须在当日清算终了时保证向对方银行付款。由于近几十年来，英镑在国际结算中的使用逐渐减少，因此，CHAPS的影响力远不如CHIPS。

三、TARGET欧元清算系统

TARGET(The Trans-European Automated Real-time Gross settlement Express Transfer)系统的全称是"泛欧自动实时全额清算快速交换系统"，它是全欧洲中央银行欧元清算系统，是为了在欧洲各中央银行之间进行票据清算而设立的跨国清算系统，仅作为欧元清算支付中心。建立在德国法兰克福的TARGET系统，将所有欧洲国家的实时总支付系统连在一起，构成一个跨国联合统一清算系统。由于该系统是一个综合清算系统，具有全额逐笔清算终结性和即时处理、不可撤销的特点，必须保持一定的流动资金，清算成本较高，单笔手续费为1～2欧元，一般商业银行通常通过该系统进行金额较大、时间性较强的支付。欧元的清算错综复杂，不可能由一家银行来完成全欧洲的欧元清算，而是由TARGET和其他系统联合起来共同完成欧元区内的跨国欧元清算。

四、SWIFT系统

SWIFT是环球银行间金融电信协会(Society for Worldwide Interbank Financial Telecommunications)的简称，是一家由银行出资成立、为全球银行提供电信服务的非营利性国际合作组织。它成立于1973年，目前有8400多家会员，它将银行之间的支付电文用一些简单的代码形成一种银行间都能识别的标准支付格式，由SWIFT组成的独立电信网络加上网络密押，进行银行间的相互通信，以达到收付的目的，可见它并不是一套清算系统，而是通信网络。SWIFT组织长期与国际标准化组织(ISO)及其他国际组织共同努力，创立了一套包括各类国际金融业务所用的报文的格式及标准，目前这些格式与标准已经成为国际金融业务普遍使用的业务语言。

SWIFT系统具有众多优点，它组成了全球最大的金融网络，其主要用户是银行，其次是金融机构的经纪人、投资者、股票交易所等。它连接世界各国不同的支付、清算和账户系统，使会员银行提高了工作效率，加强了安全性，缩减了业务费用，控制了金融风险。它通过高度自动化的业务处理系统为银行提供网络接口、信息服务、标准化通信、可靠的报文传送和技术支持等服务。该网络采用全程加密，在网络连接、自动密押交换等方面进行全面控制，以保证安全。

■ 资料链接　TSU：贸易服务设施平台

TSU(Trade Service Utility)系统即贸易服务设施平台，是SWIFT组织于2007年4月正式推出的协作式中央数据匹配公共系统，它为企业提供了更广泛的基于TSU的供应链融资服务平台。该系统通过快速、高效、安全、低成本的"信息核对"功能，对订单、运输单据和发票等进行集中化处理，向贸易双方银行提供情况报告，使银行掌握进出口各个环节的信息，也为企业的贸易融资提供了便利。

2007年12月12日，中国银行率先在中国开通基于SWIFT Net TSU(贸易服务工具)的全新服务，为企业客户提供基于TSU的赊销供应链融资服务，重点应用于订单融资和商业发票贴现。随着企业对国内外现金流管理服务的需求不断增长，中国银行将根据客户和市场的需求，开发现金流管理、代客制单等其他服务。

资料来源：王国胜.TSU：贸易服务设施平台[N].国际商报，2008-01-22.

本章小结

1. 国际结算是通过银行办理的国际货币收付业务，是一项国际综合经济活动，分为国际贸易结算和国际非贸易结算。

2. 国际结算的研究对象有国际结算工具、国际结算方式、银行支付体系、国际贸易融资等内容。

3. 国际结算的发展过程，大体上经历了从现金结算到票据结算、从直接结算到通过银行结算、从凭实物结算到凭单据结算、从人工结算到网络化电子结算的过程。

4. 现代国际结算的基本特征就是以商业银行为中心，办理国际结算业务的银行必须建立广泛的海外机构网络，包括联行和代理行。代理行又分为账户行和非账户行，只有账户行才能直接进行转账收付。

5. 代理行关系是指两个不同国家的银行，相互委托为对方办理国际银行业务所发生的往来关系。建立代理行关系需要签订代理协议并交换控制文件，包括密押、签字样本和费率表。

6. 国际支付系统是由提供支付清算服务的中介结构和实现支付指令传送及资金清算的专业技术手段共同组成的，用以实现债权债务清偿及资金转移的一种金融安排。

7. 一些著名的跨国支付系统在国际资金转移支付活动中发挥着关键作用，主要有美元国际支付系统(CHIPS)、英镑自动清算系统(CHAPS)、欧元清算系统(TARGET)、SWIFT系统等。

课 后 作 业

一、名词解释

国际结算　结算方式　代理关系　账户行　控制文件　密押　SWIFT系统

二、判断题

1. 由于在建立代理行关系前，已对双方情况做了全面、深入的了解，因此，凡是代理行开来的信用证，我们都可以接受。(　　)

2. 账户行不一定是代理行，但代理行关系一定要先有账户行关系。(　　)

3. 代表处是海外分支机构最低级和最简单的形式。(　　)

4. 代理行关系只能由双方银行的总行协商后建立，不能由分支行自行确定。(　　)

5. 根据国际商会《跟单信用证统一惯例》中"一家银行在不同国家的分支机构应被视为不同的银行"的规定，当分支机构发生涉及信用证法律纠纷时，应由分支行自行承担。(　　)

6. 代理行之间，核对往来函件的真伪用印鉴。(　　)

7. 两家分处于不同国家的商业银行在代理行的基础上，因为货币收付的需要，只有双方互相在对方建立账户，才称为账户行关系。(　　)

8. 我国内地与我国香港、澳门、台湾之间的货币收付结算不属于国际结算的范畴，只能按照国内结算办理。(　　)

三、单项选择题

1. 甲国向乙国提供援助款100万美元，由此引起的国际结算是(　　)。

A. 国际贸易结算   B. 非贸易结算

C. 有形贸易结算   D. 无形贸易结算

2. 以往的国际贸易是用黄金白银作为支付货币，但黄金白银作为现金用于国际结算，存在的明显缺陷是(　　)。

A. 清点困难   B. 运送现金风险高

C. 运送货币费用较高   D. 以上三项

3. 通常银行在办理国际结算时选择往来银行的先后顺序是先选择(　　)。

A. 非账户行   B. 联行   C. 代理行   D. 账户行

4. 国际结算惯例的制定机构是(　　)。

A. 国际商会   B. 世界贸易组织   C. 联合国   D. 世界银行

5. 美国境内美元收付系统是(　　)。

A. CHIPS   B. CHAPS   C. SWIFT   D. FEDWIRE

四、不定项选择题

1. (　　)不属于代理行之间的控制文件。

A. 密押   B. 签字样本

C. 代理协议   D. 费率表

2. 目前在国际贸易结算中，绝大多数是(　　)结算。

A. 现金   B. 非现金   C. 现汇   D. 记账

3. 在联营银行中，任何一家外国投资者拥有的股权都只能保持在(　　)以下，即只拥有少数股权，其余股权可以为东道国投资者所有，或由几家外国投资者共有。

A. 50%   B. 30%   C. 40%   D. 60%

4. 下列项目中，(　　)属于非贸易结算。

A. 无形贸易结算   B. 金融交易类结算

C. 国际资金单方面转移结算   D. 资本流动

5. 下列银行机构中，属于独立法人实体的有(　　)。

A. 代表处   B. 联营银行

C. 海外分行或支行   D. 子银行

6. 下列内容中，(　　)是银团银行的基本特征。

A. 组成银团银行的母银行大多是世界著名的跨国银行机构

B. 银团银行的注册地大多是国际金融中心或离岸金融中心

C. 银团银行可以经营各种规模的零售业务

D. 银团银行业务服务对象主要是各国政府和跨国公司，通常不直接面向消费者

7. 下列内容中，(　　)属于国际结算惯例。

A. 《见索即付保函统一规则》   B. 《托收统一规则》

C. 《国际汇票和国际本票公约》   D. 《合约保函统一规则》

8. 银行在国际贸易结算中居于中心地位,具体而言,其作用是( )。

A. 办理国际汇兑   B. 提供信用保证

C. 融通资金   D. 减少汇率风险

五、简答题

1. 当代国际结算方式有哪些?

2. 为什么银行能成为当代国际结算中心?

3. 国际结算作为一门学科,主要研究哪些内容?

4. 开展国际结算业务,为什么要广泛建立代理行关系?

5. 设置账户行有哪些方式?具体有几种转账方法?

| 第二章 |

国际结算工具

学习目标

通过对本章的学习，熟知国际结算三种支付工具的概念和特点，掌握汇票的必要记载事项、票据流通的一般程序以及票据主要当事人的权责，了解三种传统支付工具的联系与区别，了解电子支付工具的种类与运作程序。此外，应能根据贸易背景选择结算票据，能够依据合同缮制汇票并进行审核。

导读案例

甲商交给乙商一张经过银行承兑的远期汇票，作为向乙商订货的预付款，乙商在票据上背书后转让给丙商以偿还原先欠丙商的借款，丙商于到期日向承兑银行提示取款，恰遇当地法院公告该行于当天起进行破产清算，因而被退票。丙商随即向甲商追索，甲商以乙商所交货物质次为由予以拒绝，并称10天前通知银行止付，止付通知及止付理由也同时通知了乙商。在此情况下，丙商再向乙商追索，乙商以汇票系甲商开立为由推委不理。丙商遂向法院起诉，被告为甲商、乙商与银行三方。最后，甲商清偿票款，甲商与乙商的纠纷另案处理。

第一节　票据概述

现代国际结算主要采用非现金结算，即采用能够代替现金支付的信用工具——票据结算。票据代替现金流通不仅能够节约现金和流通费用，而且能够加快资金周转，进一步扩大贸易开展。同时，票据结算通过银行买卖票据、提供信用、融通资金来结清国际债权债务，可使银行增加收益，进出口双方也愿意选择银行作为双方的信用媒介，因此银行就成了国际结算中心。近年来，随着信息化结算手段的进步，结算票据也呈现电子化发展的趋势。

为了全面了解票据结算的基本知识，本节将从票据的含义入手，依次讲授票据的性质、票据的功能、票据的当事人、票据权利及补救等知识。

一、票据的含义

票据的含义分为广义和狭义两个层面。债券、股票、提单等有价证券是广义的票据，而狭义的票据则仅指以支付金钱为目的的有价证券，即出票人签发的由自己或委托他人无条件支付确定金额给收款人或持票人的有价证券。狭义的票据类型如图2.1所示，在我国，票据就是指汇票、本票和支票。

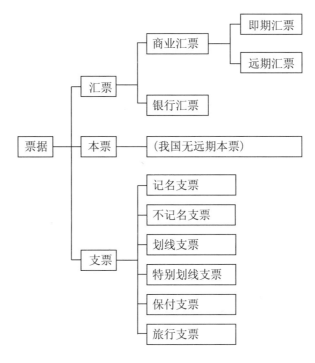

图2.1　狭义的票据类型

二、票据的特点

票据之所以被称为"以支付一定金钱为目的的有价证券"，主要源于票据的几大特点，即流通转让性、无因性、要式性、设权性、文义性、提示性、返还性。

(一) 流通转让性

票据的流通转让性，是指在法定的合理期限内，票据权利经过背书、交付转让给新的持票人用以结款，手续简便但效力明确。一般债权转让时必须经过债务人同意，但票据通过背书或直接交付就可转让而无须通知债务人，因此，债务人不能以没接到通知为由拒绝承担义务。受让人取得票据权利后，如果遭到拒付有权对所有当事人提起诉讼。如果受让人出于善意并付出对价而获得票据，则受让人权利可不受前手权利缺陷的约束，这种流通转让性保护了受让人的权利，使其能够得到十足的票据权利，从而使票据能够广为流通。

(二) 无因性

票据的无因性，是指票据是否成立完全不受票据原因(产生票据权利义务关系的原因)的制约，即只要票据具备法定要式，债务人无权了解持票人取得票据的原因，应无条件支付款项，持票人也无须说明取得票据的原因。这一特点有利于票据的流通转让。取得票据的原因体现了票据的基本关系，它一方面包括出票人和付款人之间的资金关系。例如，A为出票人发出以B为付款人的票据，原因可能是A在B处有存款，或者同意给A信贷等，这种关系就是所谓的资金关系。另一方面包括出票人与收款人以及票据的背书人与被背书人之间的对价关系。例如，当A开出以B为收款人的票据，而B又背书将该票据转让给C，其原因可能是因为A购买了B的货物，需要开立以B为收款人的票据转让给C，也可能是因为B欠了C的债。

(三) 要式性

票据的要式性，是指票据形式必须符合法律规定，票据上面记载的必要项目必须齐全，这样票据才能产生效力。同时，为减少票据纠纷，票据行为也必须符合要求，从而保障票据的顺利流通。

(四) 设权性

票据的设权性，是一种根本的票据设权行为。出票是为了创设可以凭票要求支付一定金额的请求权，这种票据权利一旦创立，即成为一种独立的以票据本身为凭据的索偿权利。这些权利分为两种，即付款请求权和追索权。例如，甲国A公司从乙国B公司进口价值10万美元的机器设备，A应向B支付货款10万美元，A和B商定以票据支付。于是，A命令C(C可能是A的开户行，也可能是A向C贷款，或者C是A的债务人)在见票时立即向B付款10万美元。本来B和C之间是没有任何债权债务关系的，但此时，C成了票据债务人，是A通过向B签发票据，赋予B向C请求付款的权利。

(五) 文义性

票据的文义性，是指票据的权利义务都是根据票据记载的文字含义来确定的，所有在票据上签名的人，都应对票据所载文字含义负责。债权人和债务人只受文义的约束，债权人不得以票据上未记载的事项向债务人有所主张，债务人也不能用票据上未记载的事项对债权人有所抗辩。

(六) 提示性

票据的提示性，是指债权人必须在规定的时间、规定的地点提示票据，才能主张付款的权利。

(七) 返还性

票据的返还性，是指持票人收到款项后，应该在票据上签收并将票据交还给付款人，从而结束该票据的流通。

三、票据的功能

在国际结算中，票据具有如下功能。

(一) 支付和流通功能

用票据代替现金支付，不仅安全性高，而且节省结算时间，结算过程也十分简便。从单边支付的角度来说，使用票据结算避免了携带大量现金的麻烦，清点十分方便。从多边结算的角度来讲，票据可以抵销交叉的债权债务关系。举例说明，如果中国长春的甲公司需要向美国纽约的乙公司支付3万美元，而美国的乙公司需要向中国北京的丙公司支付3万美元。此时，美国的乙公司就可以开出一张以甲公司为付款人、以丙公司为收款人的商业汇票，丙公司则可凭票向甲公司索款。这样，国际多边债权债务关系就可以凭借票据清算互相抵销。

票据作为支付工具，在一定条件下可以和现金一样流通，只要经过交付转让且债权人愿意接受，债务人就可以凭借票据的流通性清偿债务。

(二) 融资功能

由于单据代表货物，可以用单据作为抵押向进出口商融通资金。只要出口商提交相符单据，银行就可以提前付款给出口商，再凭单据向进口商索取货款以便出口商归还垫款，这就为出口商提供了资金融通。如果没有银行参与，那就要等到进口商提货时才能收回货款，这样就要占压出口商的资金，影响生产和交易。有了银行融通资金，不仅能促进贸易发展，也能给银行带来大量的业务，从而增加银行的收益。

(三) 信用功能

票据是建立在信用基础上的书面支付凭证，一经开出，就意味着出票人承诺在满足一定条件下，无条件地履行票据的责任和义务。例如，进口商开立了一张本票，那么就表明进口商要在本票的到期日如期付款。

正是由于票据具有支付、流通、融资和信用功能，才使得票据在市场上被广泛使用。

四、票据的当事人

票据的开立或者是由于资金关系，或者是由于对价关系，不论什么原因，票据一经开立，就牵扯双方或多方的关系，票据当事人既享有票据权利，又承担票据义务。在《中华人民共和国票据法》(以下简称《票据法》)中，票据当事人是指在票据上签章并承担责任的人和享有票据权利的人。一般来讲，票据的当事人分为基本当事人和非基本当事人。

(一) 基本当事人

基本当事人是构成票据法律关系的必要主体，在票据作成和交付时就已经存在，包括出票人、付款人和收款人。如果基本当事人不完全，则票据无效。

1. 出票人

出票人(Drawer)是指依法签发票据并将票据交付给收款人的人，是未经承兑票据的主债务人。出票人通过签发票据创设了一种债权并将其赋予持票人，则出票人本人就要承担相应的债务。如果是本票，则出票人本人保证在票据合理提示时按票面约定付款；如果由第三者支付，则出票人必须保证第三者会同意支付，一旦遭拒，则由出票人清偿。由此可见，出票人的资信决定了票据质量与可接受性。

2. 付款人

付款人(Drawee)是指出票人委托付款或自行承担付款责任的人，付款人付款后，票据上的一切债务责任即解除。由于付款人不是汇票的债务人，持票人不能强迫其付款，因此，远期票据承兑前付款人可不对汇票负责，但一经承兑，则表明付款人承认此债务的有效性，从而变成主债务人，承担到期付款的义务，而此时出票人、背书人或持票人均可要求其在票据到期时付款。即期票据持票人必须在规定时间内向付款人提示票据，否则付款人对超过付款期限的票据不负责任。

英国《票据法》还规定允许有两个或两个以上的付款人，但无主次之分，任何一个付款人都必须对全部债务负责。

3. 收款人

收款人(Payee)是指票据到期后有权收取汇票金额的人，是当事人中唯一的债权人，又称票据权利人，这种票据权利包括收款、背书转让、向银行贴现，以及在付款人拒付时向出票人进行追索。

票据基本当事人之间的关系如图2.2所示。

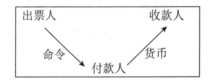

图2.2 票据基本当事人之间的关系

(二) 非基本当事人

非基本当事人是指在票据作成并交付后，通过一定的票据行为加入票据关系中而享有一定权利、义务的当事人，这些票据行为可能同时涉及基本当事人，但此时他们的身份已经有所不同，成为承兑人、背书人、被背书人、持票人、保证人等。

1. 承兑人

承兑人(Acceptor)是指在远期汇票上签字承诺付款的人。如果汇票不需要承兑或者尚未获得承兑，则第一债务人为出票人，是主债务人，但一经承兑，承兑人就承担了主要的付款责任，且该项主债务在票据失效前是不能撤销的。另外，一旦付款人签字承兑，就不能否认此前各项签字的有效性，承兑人要独立地对自己的签字负责，不得以此对抗持票人。

2. 背书人

背书人(Endorser)是指在票据背面签字或盖章并交付他人转让票据权利的人。例如，汇票的收款人就是第一背书人，继续转让则依次为第二背书人、第三背书人……这种背书转让循环下去，汇票上会不断出现新的债务人——背书人。背书人是一个转让人，他必须让受让人相信付款人一定会同意支付。因此，背书人要以自身资信作为保证，一旦付款人拒绝支付或承兑，背书人将与出票人一起接受受让人的追索。

3. 被背书人

被背书人(Endorsee)也称受让人，是票据新的持有人(称为后手)，他从背书人手中接受票据后享有票据的所有权利，其权利与收款人相似，包括收款权、转让权和追索权。国外的票据法允许作空白背书转让，其名称不记载在票据上。

4. 持票人

持票人(Holder)是指持有票据的当事人，可能是收款人、被背书人或执票来人，他是票据上唯一的债权人，拥有付款请求权和追索权。

持票人的收款权是其基本权利，任何情况下都不能被取消，但是其转让权和追索权在一些情况下有可能受到限制。例如，有些票据在出票或背书时注明"仅付……""不得转让""免受追索"等文句，这些文句都对接受票据的持票人构成约束，必然会影响收款的安全性。因此，除了像福费廷这样的特殊融资交易使用"免受追索"外，极少在正常票据中出现。

持票人以背书的形式证明收款人对他人的指定，否则他难以证明自己是收款人指定的持票人。所以，背书如有欠缺，则票据转让无效，以后持有票据的人就不能行使票据权利。

持票人根据情况不同分为：①单纯持票人：票据手续齐全；②付对价持票人：本人或其前手取得票据时付过对价；③善意持票人：票据权利优于前手，且不受票据当事人之间债务纠葛的影响。其中，善意持票人通常是指银行。

收款人成为背书人后不可能成为持票人，如果被背书人(受让人)把汇票再转让给其他人，他仍可以签名于后表示转让，此时他又成为背书人，依次传递直到最后一人取款为止，可用表2.1表示这种关系。

表2.1　背书人与被背书人的依次关系

次序	1	2	3	4	5	6
背书人	A收款人	B	C	D	E	F
被背书人	B	C	D	E	F	G持票人

5. 保证人

保证人(Guarantor)是指为票据债务提供担保的人，由票据债务人以外的第三人担当。保证人在被保证人不能履行票据付款责任时，以自己的金钱履行票据付款义务，然后取得持票人的权利，向票据债务人追索。

保证人应当依据我国《票据法》的规定，在票据或者其粘单上记载保证事项。保证人为出票人、付款人、承兑人做担保的，应当在票据正面记载保证事项；保证人为背书人担保的，应在票据背面或其粘单上记载保证事项。

保证人的责任与被保证人的责任完全相同。只要被保证人的票据债务在形式上有效，保证人的责任都有效。另外，持票人可以在被保证人未能清偿票据债务时向保证人请求清偿，一旦清偿票据债务，保证人就可以向被保证人及其前手行使追索权。

五、票据的权利及补救

(一) 票据的权利

持票人在获得票据后，同时就获得了以下两种权利。

1. 付款请求权

付款请求权为持票人享有的基本权利或第一次权利，即请求付款人按照票据金额给付，该权利必须在票据有效期内行使方可产生效力。我国《票据法》规定，持票人对出票人和承兑人的权利，自票据到期日起2年以内有效，见票即付的汇票和本票自出票日起2年以内有效，支票自出票日起6个月以内有效。

2. 追索权

追索权是指在持票人请求付款时遭到拒绝，或者由于其他法定事由请求付款未果时，持票人向其前手请求支付票据金额的权利。追索对象可以是出票人、背书人、保证人或承兑人，因为这些人在票据中的地位均为债务人。持票人对前手的追索权，自被拒付之日起6个月；持票人对前手的再追索权，自清偿日或者被提起诉讼之日起3个月。

行使以上票据权利要在银行营业时间和营业点进行，且票据时效的最后期限是以银行的营业结束时间为限，而不能以当日的24点为限。

(二) 票据权利的补救

汇票如被拒绝承兑或付款，承兑人或付款人死亡、逃匿的，被宣告破产或因违法被终止业务活动的，持票人可以行使追索权。

拥有票据权利是以占有票据为前提的，一旦票据丧失特别是相对丧失(票据被盗、遗失等)后，持票人就无从行使票据权利，而且有被他人取得票据权利的危险。为了保护票据权利人的利益，通常可采用以下三种方式来补救票据权利。

1. 挂失止付

挂失止付是指持票人丧失票据后，将情况通告付款人停止付款。《票据法》规定，票据丧失，失票人可以及时通知票据的付款人挂失止付，但是，未记载付款人或无法确定付款人及其代理付款人的票据除外。收到挂失止付通知的付款人，应当暂停支付。

2. 公示催告

公示催告是指票据丧失后，票据权利人向法院提出申请，请求法院公告通知不明的利害关系人限期申报权利，逾期未申报，则权利失效，再经法院将权利判决后，宣布丢失的票据无效，票据权利人才有权向付款人请求支付。对此《票据法》规定，失票人应当在通知挂失止付后3日内，依法向人民法院申请公示催告，或者向人民法院提出诉讼。

3. 普通诉讼

普通诉讼是指以失票人为原告，以承兑人或出票人为被告请求人民法院判决其向失票人付款。

¥ 第二节　汇票

汇票(Bill of Exchange/Postal Order/Draft)是历史较为悠久的流通票据形式，也是在现实经济活动中使用较为频繁的流通票据。

一、汇票的定义

根据英国《票据法》的描述，汇票(见示例2.1)是一人向另一人签发的，要求即期或定期或在可确定的将来时间对某人或某指定人或持票人支付一定金额的无条件书面支付命令。

《日内瓦统一票据法》虽未对汇票下定义，但规定了汇票的记载事项应包括汇票字样，无条件支付一定金额的委托，付款人名称，付款时间，付款地点，收款人名称，出票日期、地点及出票人签名等内容。

《中华人民共和国票据法》则将汇票定义为由出票人签发的，委托付款人在见票时或在指定日期无条件支付确定金额给收款人或持票人的票据。

综合上述票据法的定义或规定，可以看出汇票具有下列特点。

(1) 汇票是由出票人签署的书面文件。

(2) 汇票是一种委托他人付款的票据。

(3) 汇票的付款是无条件的。

(4) 汇票的金额是确定的。

(5) 汇票应在见票时或在指定的日期得到兑现。

Bill of Exchange

Exchange for USD 135 000.00   18ᵗʰ Jan,2017 Changchun

    At forty five days after sight of this first of exchange (Second of the same tenor and date unpaid) pay to the order of Bank of China Jilin Branch.
The sum of one hundred and thirty five thousand only.
Drawn under L/C No.123456 issued by The Hong Kong and Shanghai Banking Corporation Limited dated 25ᵗʰ Oct.2016.
To: Bank of The Hong Kong and Shanghai
    Banking Corporation Limited   Bai Yue I/E Corp
                                                 (signed)

示例2.1　汇票

二、汇票的内容

各国对汇票的解释相似，但不同国家的票据法对票据的法定要式规定略有差别，现根据《中华人民共和国票据法》的规定，介绍汇票的法定必要记载、相对必要记载和其他记载项目。

(一) 法定必要记载项目和相对必要记载项目

1. 载明汇票(Exchang)字样

该内容是《日内瓦统一票据法》和我国《票据法》规定的必要项目，但英国《票据法》无此项要求。例如，"Bill of Exchange""Draft"等字样。

2. 无条件的支付命令(Unconditional Order in Writing)

这里的"无条件"不是指毫无原因就开出一张付款命令，而是指汇票上不能附加任何条件，否则汇票无效。所以，汇票的付款要求必须使用命令语气，如"Pay to…"或"Please pay to…"。

3. 确定的金额(Fixed Amount)

汇票金额包括货币名称和金额，货币名称一般用缩写，要与合同或信用证上的货币一致，金额保留两位小数。金额必须确定，不能模棱两可。汇票金额在"Exchange for..."处填写小写金额，如"USD5000.00"；在"The sum of..."处填写大写金额。如果两者不一致，英国《票据法》和《日内瓦统一票据法》都规定以大写为准，《中华人民共和国票据法》(以下简称《票据法》)则认为无效。如果上下文金额不一致，以最小者为准，但一般都会退票要求出票人修改。若在金额后附有利率条款及汇率条款，必须标明利率，否则也视为无效汇票。

4. 出票地点和日期(Place and Date of Issue)

出票地点通常与出票日期写在一起，记载在汇票的右上方，但若该处没有地点，则填写出票人的实际所在地，因为出票地直接关系汇票的法律适用，其形式及有效性以出票地法律为准。根据《票据法》的规定，出票地点不是必要记载项目，可以进行推定，原则是如果汇票没有记载出票地，那么出票人的营业场所、住所或经常居住地就被作为出票地。

出票日期是指汇票上签发的年月日，即汇票所载日期，而非汇票发出去的日期。出票日期可以确定出票人在签发汇票时有无行为能力，也可用来计算汇票的到期日及利息的起算日等，还可用来确定有些汇票提示或追索的有效期限。

出票日期有两种写法，即欧洲式(DD/MM/YY)和美国式(MM/DD/YY)。例如，2013年3月10日(the 10th of March, 2013)可以写成以下两种形式。

(1) 欧洲式DD/MM/YY：10. 03. 13；10 Mar., 13；10 Mar., 2013；10 March, 2013。

(2) 美国式MM/DD/YY：03. 10, 13；Mar. 10, 13；Mar. 10, 2013；March 10, 2013。

为方便起见，按照ISBP(《关于审核跟单信用证项下单据的国际标准银行实务》)第19条建议，月份要用各月名称即简写的"JAN., FEB.···NOV., DEC."或用全称"January, February...November, December"表示，避免混淆。

5. 付款人(Drawee/Payer)

付款人即受票人，是接受汇票并支付汇票金额的人，通常是进口商或银行。付款人的名称、地址要书写清楚，便于持票人向他提示承兑或付款。一般在汇票左下角用"To..."表示payer，托收项下付款人为进口商；信用证项下为开证行或其指定银行，信用证常用语句"You are authorized to draw on ×××Bank"表示，其中"draw on"后面就是付款人。

6. 收款人(Payee)

收款人又称汇票抬头人、受款人，是指受领汇票金额的人，在进出口业务中，通常是出口商或其往来银行。收款人是汇票的债权人，也是第一持票人，在取得票款之前，对出票人保留追索权。收款人一栏有以下三种写法。

(1) 限制性抬头(Restrictive Order)。常见写法如"Pay ... only"。例如，"Pay to Mary Smith only""Pay to Mary Smith not transferable""Pay to Mary Smith"。票面其他地方标明"not transferable"字样。

出票人开立此抬头汇票的目的是避免汇票流入第三者手中，而把自己在汇票上的债务仅限于支付收款人一人，只有收款人享有票据权利，出票人、承兑人、保证人只对收款人一人负责。如果汇票被转让，该票据责任当事人对受让人不负责，受让人也不能以自身名义行使任何票据权利，因此限制性抬头汇票理论上不能转让，也无法流通。

(2) 指示性抬头(Demonstrative Order或Indicative Order)。此种抬头必须经收款人背书交付实现转让，常见的写法有以下三种。

① Pay ... or order，付某某或其指定人，明确收款人既可以自己取款，也可以将票据转让，指定受让人取款。

例如：Pay to Charter Bank or order. (付给渣打银行或其指定人)

② Pay to the order of ...，付某某的指定人，允许收款人指定自己收款，效果等同第一种写法。

例如：Pay to the order of Charter Bank. (付给渣打银行的指定人)

③ Pay ...，付某某，此种写法既没有明确规定收款人是否可以指定受让人取款，也没有对此作出明确限制，所以这种写法应当是可以流通转让的，实际效果与前两种完全相同。

例如：Pay to Charter Bank(付给渣打银行)，虽无"order"字样，但在别处无"不可转让"字样，实际上与"Pay to the order of Charter Bank"是一样的。

(3) 来人抬头(Payable to bearer)。采用此类抬头时，持票人无须背书，仅凭交付即可转让。任何持有这种汇票的人都是来人，即持票人。《日内瓦统一票据法》禁止这种汇票。《日内瓦统一票据法》和我国《票据法》规定收款人必须记名。

例如：Pay to Bearer(付给来人)；Pay to A or Bearer(付给A或者付给来人)。

收款人就是出票人时，称为"己收汇票"，也可以在收款人处空白不记载。

收款人可以是一个人，也可以是多人。如果是多人收款，可以共同收款，也可以任选一人收款。若要将多人共同收款的汇票转让出去，则必须经每个记名收款人的有效背书，除非其中有人能代表其他收款人。

收款人背书将汇票转让他人时，就要承担向受让人保证付款或承兑的责任，一旦被追索，应偿还票款后，再向出票人追索补偿。远期汇票承兑后，收款人对付款人和出票人都有要求付款权，一旦遭到拒付，可行使追索权；若付款人拒付，则收款人应向出票人追索。

7. 付款期限(Maturity/Tenor)

付款期限即付款时间、到期日或票期，是债权人行使权利和债务人履行义务的期限，若未记载则视为见票即付。

付款期限一般有4种表示方法。

(1) 即期付款(at sight; on demand)。即期付款也可称为见票即付，即持票人向付款人提示汇票的当天付款。没有载明付款时间的汇票，一律视为见票即付。

(2) 见票后定期付款(Payable at a fixed period after sight or at ... days after sight)。持票

人向付款人提示，经承兑后确定付款到期日，到期再付款。到期日从承兑日算起，以见票日决定到期日。如果付款人拒绝承兑，则持票人应尽快作成拒绝证书，此时汇票的到期日就从作成拒绝证书日算起。如果在作了拒绝证书后付款人承兑了汇票，则持票人有权将第一次提示汇票的日期作为承兑日。

(3) 出票后定期付款(Payable at a fixed period after date)。它是指出票后在固定时期付款，此种汇票需要承兑，以明确承兑人的付款责任。

上述后两种付款时间的起算日均不包括见票日或出票日，只包括付款日，即算尾不算头。如汇票到期日为非营业日，则顺延到下一个营业日。如果规定出票日或见票日的一个月或数个月后付款，则到期日是在应该付款的那个月内的相应日期。如果没有相应的日期，则以该月的最后一天为到期日。

另外，月为日历月，比如2月29日后的一个月是3月29日，1月31日后的一个月是2月28日(或29日)；半月为15天，月初为1日，月中为15日，月末为最后一天。一般来讲，先算月，再算半月或日数。

(4) 确定日期付款(Payable at a fixed date)。它是指以某一确定的日期为付款日。

有的信用证规定，提单后……天付款(... days after date of Bill of Lading)或"交单后……天付款"(... days after date of presentation of the documents)，此时的起算日也不包括提单签发日或交单日，汇票上应注明提单日或交单日，但我国《票据法》不提倡使用这种方式规定到期日。

8. 付款地点(Place of Payment)

付款地点是指汇票上记载的支付地点，一般指付款人名字旁边的地点，既是汇票金额支付地，也是请求付款地，还是拒绝证书作出地。通常为最小的行政区域，有时记载更小地名的，称为付款处所。如果汇票没有记载，那么付款人的营业场所、住所或经常居住地就被作为付款地。

有时付款地与汇票上的付款地不一致，比如，原来汇票载明的付款地为上海，付款人承兑后在汇票上注明"广州中国银行付款"，那么，此汇票的最终付款地就是广州。

注明付款地具有如下几个作用。

(1) 确定支付地点，避免持票人随地请求，减少纠纷。

(2) 发生票据诉讼时，便于确定管辖法院。

(3) 出票地与付款地的货币种类不同时，可推定应付货币为付款地货币(除非有特别约定)。

9. 出票人签章(Signature of Drawer)

汇票填写完毕，出票人(Drawer)即在汇票右下方签字盖章并将其交给收款人，通常是出口商或银行。出票人代表他的委托人签字时，该委托人应在签字前面加上文字说明。出票人可以是一人，也可以是两人(含)以上。凡是两人(含)以上共同签章，就要对票据上的义务负连带责任。这是汇票的主要项目，因为签字就等于承认了自己的债务，收款人因此有了债权,从而使票据成为债权凭证。但如果汇票的签字是伪造的,或者未经授权人签字,则视为无效。出票人在远期汇票被承兑之前是汇票的主债务人,一旦承兑,承兑人就变成了主债务人,出票人则退居为从债务人,对收款人或持票人保证汇票能得到承兑和付款,一旦汇票遭拒,持票人可向出票人追索。

以上9项中,付款期限、付款地及出票地不是必须记载项目,如未记载,汇票并不因此而无效。

(二) 其他记载项目

除上述记载项目之外,有时汇票上还载有其他事项,具体包括以下方面。

1. 外汇汇率条款

例如: "Payable at collecting bank's selling rate on date of payment for sight draft on New York. Payable for face amount by prime banker's sight draft on New York." (即期汇票在纽约兑付,按当日托收行的卖出价计算。主要银行在纽约按即期汇票票面金额支付。)

如果没有说明,一般根据付款人当地银行的卖出汇率来付款。

2. 利息条款

例如: "Payable with interest at 8% p.a. from the date here of to date of payment of this instrument." (按年利8%支付自出票日起到付款日为止的利息。)

美国向远东国家开出的汇票,常附有利息条款,即远东条款。如果没有注明计算期间,即从出票日开始,一直到付款日终止。

3. 无追索权条款

汇票的出票人应该保证汇票得到承兑和付款,如果遭到拒绝,持票人和背书人有权要求出票人偿付,但出票人可以在汇票上注明不保证该汇票得到承兑和付款。

可以在收款人一栏记载 "Pay to (payee) or order without recourse to me" (付给收款人或其指定人而对我无追索权);也可以在汇票空白处写明 "Without recourse (to Drawer)" (对出票人无追索权)。

但《日内瓦统一票据法》只允许免除担保承兑的责任,而不能免除担保付款,且此条款在日本无效。

4. 免除作成拒绝证书条款

行使追索权时必须出示拒绝证书,该证书由公证机构作出,作为证明汇票被拒绝承兑和付款的文件。但出票人也可以在汇票上注明"不要拒绝证书""免除拒绝证书"等字样,直接行使追索权,并在一旁签名。

如果汇票上载有此条款,也作了拒绝证书,其行为有效,但制作费由持票人支付。

5. 成套汇票

为防止汇票在寄送过程中丢失,往往同时开出数份内容相同的一组汇票。在国际结算中,单张或一式两张较为普遍,其中单张汇票多用于信用证指定的议付行向指定的偿付行索偿。

商业汇票往往一式两份(见示例2.2),但只代表一笔债务,付款人只对其中一份承兑或付款。两份式汇票的第一张通常为"First of exchange",也会在正面标有"付一不付二(Pay the first, second being unpaid)";第二张为"Second of Exchange",正面标有"付二不付一(Pay the second, first being unpaid)"。各联汇票均有效,但第一联支付后,其余便自动失效,每联都有此项记载。实务中采用的两份式汇票见图2.2。

示例2.2 两份式汇票

6. 出票条款

出票条款用以写明汇票的起源,表明汇票的出票原因以便核对。信用证项下注明开证行、信用证编号、开证日期,托收项下注明合同号码及签发日期。

7. 汇票号码

汇票号码通常为发票号码,加列此号码可方便查询。

8. 单据付款条件

托收项下常写明是付款交单(D/P)还是承兑交单(D/A)。

9. 对价条款

汇票上常有"Value Received"(钱货两讫)的条款,表明发票人向付款人承认收到票面所示的金额,同时也表明约因。

三、汇票的使用

汇票的使用指的是汇票的处理手续,也称票据行为,是汇票从出具到最终支付所经历的一系列特定的法律程序,包括出票、背书、提示、承兑、付款、拒付和追索、保证等。其中,出票、背书、承兑和保证需当事人在汇票上签字盖章,因此更具法律效力。这些票据行为构成一个整体,但又各自独立承担责任。

(一) 出票

出票(Draw/Issue)是指票据的签发，即出票人写成汇票后签字并将汇票交给收款人的行为。出票人仅仅开票而无交付行为，则汇票无效。一旦出票即创设了汇票的债权，使收款人持有汇票就拥有取得票款的权利，出票人也因此承担汇票将获得到期承兑和付款的责任。如遭拒付，出票人应接受持票人的追索，清偿汇票金额、利息和有关费用。所以，汇票是由出票人担保的"信用货币"，收款人的债权完全依赖于出票人的信用。

出票后票据关系成立，出票人成为汇票的主债务人，收款人成为债权人，即持票人，拥有付款请求权和追索权，并可以通过背书转让这一权利。出票是主要的票据行为，其他票据行为都是从属票据行为。

(二) 背书

背书(Endorsement)是指转让票据权利的行为，持票人在汇票背面签章并记载日期，同时将汇票交给对方。只有持票人，即收款人或被背书人才有权背书汇票。背书人除了出让汇票权利，他还要与出票人共同对汇票承担连带的票据责任，担保受让人所持汇票得到承兑和付款。背书人在汇票得不到承兑或付款时，应当向持票人清偿票款及费用。所以汇票的背书人越多，担保汇票的承兑与付款的当事人越多。但是背书应当连续，即背书人与受让人在汇票上的签章依次前后衔接，以此证明其汇票权利。

背书转让的汇票金额必须是全部金额且受让人是唯一的。只转让一部分金额或者将票据金额分别转让给两个以上受让人的背书视为无效背书，票据不能转让。如果汇票的收款人或受让人为两个以上，那么他们必须全体背书，除非其中一人有权代表其他人背书。

背书突出了票据的信用功能，使票据从一种支付工具发展成为一种依靠信用实现融资的工具，扩展了票据在流通结算中的功能。

背书的方式分为以下几种。

1. 记名背书

记名背书也称特别背书，即持票人在汇票背面写上受让人的姓名、商号，并签上自己名字。

例如：pay to the order of XXX Company

    For YYY Company

     (signed)

"XXX Company" 可以继续背书转让汇票。

2. 限制性背书

限制性背书是指受让人不能再度转让汇票的背书。《票据法》规定："汇票经限制性背书后，被背书人可再行转让，但原背书人对后手的被背书人不承担保证责任。"

例如：Pay to XXX Company only (or not transferable)

　　　　For YYY Company

　　　　　(signed)

3. 空白背书

空白背书又称不记名背书，即不记载受让人名称，只有背书人的签字。经过空白背书的汇票仅凭交付即可转让，其结果与来人式汇票相同，但是它并不改变来人抬头性质。《票据法》规定："禁止使用空白背书，空白背书行为无效。"

4. 附加条件的背书

一般来讲，背书时附加条件是不允许的，这违反了汇票"无条件支付命令"的意旨。因此，《票据法》规定："背书时附有条件的，所附条件不具有汇票上的权利，但背书行为本身有效。"

例如：Pay to the order of XXX Company

　　　On delivery of B/L No.8974

　　　　For YYY Company

　　　　　(signed)

5. 托收背书

背书时记载"委托收款"(for Collection)字样，是委托受让人代为收款，而非转让汇票权利，主要用于银行间的代理业务。

例如：For Collection pay to the order of XXX Bank

　　　　For YYY Bank

　　　　　(signed)

背书人"YYY Bank"委托受让人"XXX Bank"作为代理人行使汇票权利，汇票的真正债权人仍然是"YYY Bank"。

背书的目的可以是票据转让，也可以是票款托收，还可以是票据质押，但第一背书人必须是汇票上的收款人。

(三) 提示

提示(Presentation)是指持票人将汇票提交付款人要求承兑或付款的行为，分为付款提示和承兑提示。前者是指持票人持即期汇票或已到期的远期汇票向付款人提示付款，后者是指持票人持远期汇票向付款人提示承兑。

提示是票据债权人对票据主张权利的前提，因此不论哪一种提示都必须在法定期限内进行。对此，各国法律规定不一。

1. 承兑提示期限

《日内瓦统一票据法》规定出票日期为1年之内；我国《票据法》规定自出票日起1个月内向付款人提示承兑；英国《票据法》规定在合理期限内提示。

2. 即期付款提示期限

《日内瓦统一票据法》规定自出票日起1年之内；我国《票据法》规定自出票日起1个月内向付款人提示付款；英国《票据法》规定在合理期限内进行。

3. 已承兑汇票付款提示期限

《日内瓦统一票据法》规定为到期日或其后的2个营业日内；我国《票据法》规定自到期日起10日内向承兑人提示付款；英国《票据法》规定在付款到期日当天进行。

凡按期提示者持票人就可保留其追索权，否则，就丧失了对前手的追索权。提示应该在汇票载明的付款地点或付款人的所在地进行。如果汇票付款人是两个或两个以上，他们又不是合伙人，必须向全体付款人承兑或付款，除非其中一人被授权代表全体付款人承兑或付款，方可只向一人提示。如果承兑人或付款人已死亡，可向他们的个人代表提示。

(四) 承兑

承兑(Acceptance)是指付款人在持票人向其提示远期汇票时，在汇票上签名，承诺汇票到期时付款的行为。

具体做法是付款人在汇票正面写明"承兑(Accepted)"字样，注明承兑日期，并由付款人签章后交还持票人或把承兑通知书交给持有人。通常是由承兑人自己留存承兑汇票，将承兑通知书发送给持票人，用来代替交付汇票，有时还加注汇票到期日。汇票的承兑有两种，即普通承兑和限制承兑。

1. 普通承兑

普通承兑是指付款人无条件地承兑汇票。

例如：

ACCEPTED(承兑)

Feb 25,2004(承兑日期)

CITIBANK花旗银行(承兑行)

PHIEGDIEJD (承兑人签名)

2. 限制承兑

限制承兑是指付款人承兑时加列某些限制性条件，以利于履行票据义务。

常见的限制性承兑包括以下几种。

(1) 有条件承兑。它是指达到所述条件后承兑人方予付款。

例如：

Accepted

July 23,2011

Payable on delivery of full set of shipping documents

For ×××BANK　London

signed

这种承兑不符合汇票是"无条件支付命令"的规定，因此持票人有权拒绝。

(2) 部分承兑。它是指承兑人仅对汇票金额的一部分负责到期付款。

例如：

Accepted

July 23,2011

Payable for 60% of amount of draft only

For ×××　BANK London

Signed

如果接受部分承兑，则对其余部分应作出拒绝证书。

(3) 限定地点承兑。它是指承兑时指明到期付款地点。

例如：

Accepted

July 23,2011

Payable at ×××　BANK London only

Signed

付款人承兑汇票后，即成为承兑人，以主债务人的身份承担汇票到期付款的责任，而且不能以出票人的签字是伪造的或出票人不存在或未经授权而否认汇票的效力。

承兑前，汇票的责任顺序是"出票人→收款人(第一背书人)→第二背书人……"；承兑后，汇票的责任顺序则变为"承兑人→出票人→收款人(第一背书人)→第二背书人……"。

当持票人向付款人提示承兑时，付款人应有时间考虑是否承兑，我国《票据法》规定"付款人对向其提示承兑的汇票，应当自收到提示承兑的汇票之日起3日内承兑或者拒绝承兑"。这意味着汇票将存放在付款人处直至付款人作出承兑或拒绝承兑，因此在同一条中又规定"付款人收到持票人提示承兑的汇票时，应当向持票人签发收到汇票的回单，回单上应记明提示承兑日期并签章"。

《日内瓦统一票据法》规定，付款人可以对持票人的第一次提示不予承兑，而请求持票人于翌日作第二次提示以决定是否承兑。英国《票据法》则规定，应在提示的次一个营业日营业时间终了之前做出决定。

经过承兑的汇票更为可靠，持票人的债权得到付款人的确认，增加了汇票的信用，有利于汇票的流通转让。

(五) 付款

付款(Payment)是指付款人在汇票到期日，向合法持票人足额支付票款的行为。持票人做出付款提示时，付款人付款并收回汇票。至此，汇票所代表的债务债权关系即告终止，这是票据关系的最后一个环节。

我国《票据法》规定，付款人应在提示当日付款；付款人必须足额付款；汇票金额为外币的，按照付款日的市场汇价，以人民币支付；汇票当事人对汇票支付的货币种类另有约定的，从其约定；付款人付款时应审查汇票背书的连续性，并审查持票人的合法有效证件。

英国《票据法》规定，远期汇票到期日提示允许有3天的优惠日；对部分付款允许持票人自行决定拒绝或接受，若接受，则对未付金额作成拒绝证书，行使追索权；允许付款人用本币支付票款，并按当日市场汇率计算票款，除非另有规定；在汇票出现伪造背书的情况下，即使付款人出于善意，在不知情的情况下向持票人付了款，汇票的真正所有人仍有权要求付款人再一次付款，但付款人可要求持票人返回已付的票款。

《日内瓦统一票据法》规定，付款无优惠日，需在提示当日付款；付款人若支付汇票金额的一部分，持票人不得拒绝，否则就丧失追索权；除非当事人另有约定，允许付款人用本币支付，并按当日市场汇率计算票款；付款人应审查背书连续性，但不要求辨认背书真伪，只要背书形式上连续，付款人一旦付款，即解除他对汇票承担的义务或是完成了出票人的委托。

(六) 拒付和追索

拒付(Dishonor)也称退票，是持票人向付款人提示，付款人拒绝付款或拒绝承兑的行为。另外，付款人逃匿、死亡或宣告破产，以致持票人无法实现提示，也称拒付或退票。追索(Recourse)是指持票人要求其前手(背书人)或其他汇票债务人偿付汇票金额、利息及有关费用的行为。

出现拒付，持票人有追索权，在追索前必须按规定作成拒绝证书和发出拒付通知。

1. 拒绝证书

拒绝证书是指由公证机构出具的持票人遭到拒付的书面证明。由行为所在地的公证机构证明持票人已经在法定期限内提示承兑或付款但未获结果。持票人通常将汇票交给公证机构，由其向付款人重复提示，如仍未获结果，即证实属实，可出具证书。

2. 退票理由书

持票人向代理付款银行提示，如果代理付款银行拒付，应由付款银行出具退票理由书，具有替代拒绝证书的作用。

3. 拒绝证明

持票人在向付款人、承兑人或代理付款银行提示时，如被拒绝，持票人可以要求其在汇票上记明提示日期、拒绝事由和拒绝日期并签章。

4. 破产的司法文书或终止业务的处罚决定

当付款人或承兑人是一家企业，在到期日前该企业被法院宣告破产或被行政主管部门责令终止业务活动时，持票人将无法向其提示。此时，持票人无须再提示，可在到期日前行使追索权，具有拒绝证书的效力。

拒付通知是持票人将遭到拒付的事实通知前手及出票人的行为。我国《票据法》规定，持票人应自收到拒绝证书之日起3日内将被拒绝事由以书面形式通知其前手，其前手应当在收到通知后3日内以书面形式通知其再前手。持票人也可以同时向各汇票债务人发出书面通知。

《日内瓦统一票据法》规定，持票人应在作成拒绝证书后4日内通知其前手，而前手应该在接到通知后2日内通知再前手。英国《票据法》规定，如果前手在同城，持票人必须在作成拒绝证书的第2日通知到他；如果在异地，则应在第2日发出通知。前手接到通知后，也按上述规定通知再前手。保留追索权的期限为从债权成立日起6年。

一旦发生拒付，为了使每一个前手都负责，持票人应在发生退票时，通知每一个当事人。

例如：　出票人　收款人　背书人　　持票人

　　　　A　　　B　　CDEFG　　H

H要分别通知G→F→E→D→C→B→A，但若持票人只通知了他的前手G，那么只要经G继续通知一直到出票人，这种通知同样有效。如果其中的某个人忘记通知，英国《票据法》规定，他自己对持票人仍负有责任，但丧失对出票人及全体前手背书人的追索权。《日内瓦统一票据法》和我国《票据法》均认为，不及时通知并不丧失追索权，但若给前手带来损失，则应负赔偿责任，赔偿金额不超过汇票金额。

追索只能按顺序向前追索，而不能向后追索。现实中，可能会出现回头背书的情况，例如：

甲→乙→丙→丁→戊→己→甲

此时，如果甲遭拒付，他实际上是第一顺序债务人，故不能向其形式上的前手追索。我国《票据法》规定，持票人为出票人时，对其前手无追索权。

现实中可能还有另一种情况：

甲→乙→丙→丁→戊→丙

如果丙遭拒付，丙实际上是第三顺序债务人，丁和戊是其后手，所以丙只能向乙和甲追索，而不能向其形式上的前手丁和戊追索。我国《票据法》规定，持票人为背书人的，对其后手无追索权。

此外，出票人清偿后，还可以向承兑人追偿，直至向法院起诉。

(七) 保证

保证(Guarantee)是指非票据债务人凭自己的信用对票据债务人(出票人、背书人、承兑人等)支付票款作担保的行为。票据被保证后，增强了信誉，更加便于流通，常被用作票据融资的手段，它属于附属票据行为。

保证时在汇票或粘单上记载保证字样、保证人名称和地址、被保证人名称、保证日期和保证人签章。

例如：Guarantee(保证)

　　　For(被保证人名称)

　　　Signed by(保证人签名、名称和地址)

　　　Dated on (保证日期)

保证人一旦在汇票上作保，即与被保证人承担相同的债务责任。当汇票遭拒付时，持票人有权向保证人追索，保证人应当清偿追索金额，保证人清偿后有权向被保证人及前手追索。保证不得附有条件，若附有条件，则条件无效而保证依然有效。按惯例，票据正面若有出票人和付款人之外的其他人签字，此人即被视为保证人，尽管无"保证"字样。

四、汇票的种类

由于划分标准不同，汇票的种类也不同，主要有以下几种。

(一) 银行汇票与商业汇票

汇票按照出票人的不同可分为银行汇票(Banker's Draft)与商业汇票(Commercial Draft)。如汇票的出票人是银行，称为银行汇票(见示例2.3)；如出票人是工商企业，则称为商业汇票。

银行汇票与商业汇票主要有以下几方面区别。

(1) 银行汇票的出票人是银行，而商业汇票的出票人是出口商。

(2) 银行汇票多用于顺汇，商业汇票多用于逆汇。

(3) 银行汇票的付款人是出票银行的分行或联行，而商业汇票的付款人是进口商或开证行。

(4) 银行汇票多为光票，不附单据，而商业汇票多是附有货运单据的跟单汇票。

BANK OF CHINA

No._____(1)_____

This draft is valid for one

Year from the date of issue

AMOUNT____(2)_____

BEIJING_____(4)_____

PAY TO_____(3)_____

THE SUM OF____(5)_____

TO:_____ (6)_____

BANK OF CHINA, HEAD OFFICE

BANKING DEPARTMENT

注：(1)处填银行汇票编号，(2)处填汇票金额(小写)，(3)处填收款人名称

(4)处填出票日期，(5)处填汇票金额(大写)，(6)处填付款人名称和地址

示例2.3　银行汇票

(二) 光票和跟单汇票

汇票按照是否附有货运单据分为光票(Clean Bill)和跟单汇票(Documentary Bill)。如出具的汇票不附带任何货运单据，称为光票。银行汇票多为光票。如果只附有发票，但不包括运输单据，仍视为光票。它没有物的保证，全凭出票人、背书人和付款人的信用，所以一般不用于收取货款，而用于收取运费、保险费、利息。出口商在寄售时，大多签发光票，委托银行寄往国外向代理商提示收款。反之，如出具的汇票附有货运单据(发票、提单、保险单)才能付款，则称为跟单汇票。商业汇票多为跟单汇票。由于它的流通除依靠当事人的信用外，还有货物作为后盾，因此在国际贸易中被广泛使用。

(三) 即期汇票与远期汇票

汇票按照付款期限的不同可分为即期汇票(Sight Bill, Demand Bill, Sight Draft)和远期汇票(Time Bill, Usance Bill)。凡汇票上规定付款人见票后即需付款的，称为即期汇票，也称见票即付汇票。凡汇票上规定付款人见票后于将来一定日期付款的，称为远期汇票。在汇票上分别记载定日付款、出票后定期付款、见票后定期付款。

(四) 商业承兑汇票和银行承兑汇票

汇票按照承兑人的不同可分为商业承兑汇票(Commercial Acceptance Bill)和银行承兑汇票(Banker's Acceptance Bill)。在商业汇票中，凡工商企业出票而以另一家工商企业为付款人的远期汇票，经过付款人(通常为进口商)承兑后，便称为商业承兑汇票。例如，出口企业出票，进口企业承兑。由工商企业出票而以银行为付款人的远期汇票，经过银行承兑后，便称为银行承兑汇票。例如，出口企业出票，国外开证行承兑。经过银行承兑后获得了银行信用，比商业承兑汇票可靠，便于流通贴现。

(五) 国内汇票和涉外汇票

汇票按照票据行为地的不同可分为国内汇票(Domestic Bill)和涉外汇票(Foreign Bill)。凡是票据行为发生在同一国家的汇票，称为国内汇票。票据行为发生在两个或两个以上的国家的汇票，称为涉外汇票。

(六) 外币汇票和本币汇票

汇票按照币种的不同可分为外币汇票(Foreign Currency Bill)和本币汇票(Home Currency Bill)。汇票金额为外国货币表示的汇票，称为外币汇票。汇票金额为本国货币表示的汇票，称为本币汇票。这种汇票国外持有人需要经托收才能收回票款。

(七) 直接汇票和间接汇票

汇票按照承兑地与付款地是否相同可分为直接汇票(Direct Bill)和间接汇票(Indirect

Bill)。凡付款地与承兑地在同一地点的汇票称为直接汇票，国际贸易中大部分汇票属于此类。付款地与承兑地在异地的汇票称为间接汇票，承兑时，付款人除了签名并注上日期外，还要注明付款地(Payable at...)。

(八) 单一汇票和复数汇票

汇票按照出具份数的不同可分为单一汇票(a Single Bill)和复数汇票(Set Bill)。凡出票人只签发一张而无副本的汇票即为单一汇票，顺汇时使用的银行汇票即属此种。份数为两份及以上的成套汇票则为复数汇票，每份都有同等效力，其中一份兑付，其余自动失效，逆汇使用的商业汇票多为此种汇票。

(九) 普通汇票和变式汇票

汇票按照当事人的重复性可分为普通汇票(Ordinary Draft)和变式汇票(Variable Draft)。汇票的出票人、付款人和收款人各不相同的汇票即为普通汇票。汇票的出票人、付款人和收款人有重复的汇票则为变式汇票，具体分为：①己付汇票，即出票人与付款人相同；②己收汇票，即出票人与收款人相同。

■ 资料链接　中信银行上海分行首创电子商业汇票在跨境人民币业务中的运用

中信银行上海分行成功为上海自贸区境外机构FTN账户办理了在跨境人民币业务项下电子商业汇票的受让业务和贴现业务，标志着中信银行率先在全国将电子商业汇票运用于跨境人民币业务项下。

中信银行上海分行对电子商业汇票在跨境人民币业务中的运用的研究项目始于2011年，并获得人民银行上海总部的支持。电子商业汇票在上海自贸区跨境人民币业务运用方案设计，涉及分账核算、系统、清算等诸多行内外环节，并在监管政策上要满足跨境交易可识别、国际收支可审核和交易数据可报送等要求。中信银行上海分行在总行相关部门的通力配合下，攻克多重难题，实现了两笔合计金额为520万元的跨境人民币业务项下电子商业汇票业务的成功落地。

商业汇票为国内实体经济广泛使用的融资工具，上海自贸区金融创新的核心为扩大跨境人民币的运用范围。电子商业汇票具备支付工具和信用工具功能，并具有互联网金融特点。同时，央行对电子商业汇票交易具有主动监管的机制。因此，此项业务的创新将对降低上海自贸区企业的融资成本、发展跨境人民币业务具有重要意义。

资料来源：中信银行新闻. http://zhongxin.kameng.com/news120621/2/，2015-05-06.

五、汇票的融资运用

最初，汇票主要用于转移资金，仅仅是支付工具，随着汇票在贸易中使用范围的扩大和使用频率的增大，其信用工具的作用日益突显，主要通过贴现、融通和承兑实现资金融通，这里介绍前两者。

(一) 贴现

贴现(Discount)是指持票人在票据到期前为获取现款向银行贴付一定的利息所作的票据转让。

因为银行信用的可靠性，所以用于贴现的汇票通常为银行承兑汇票。由工商企业承兑的商业承兑汇票，除非承兑人享有一流资信，否则很难进入贴现市场，即使贴现，其贴现率也会高于银行承兑汇票的贴现率。

持票人通过贴现提前获得现款的融资与普通的银行贷款具有如下几方面区别。

(1) 当事人不同。银行贷款的当事人是贷款银行和借款人，而贴现的当事人是贴入的银行、贴现人以及票据各当事人。贴现票据未获得偿付时，贴现人及票据各当事人均为债务人，因此，对融资银行来说，贴现比贷款更安全。

(2) 期限不同。贷款期限可以长达1年或数年，而贴现的期限多数不超过6个月。可见，贴现能更好地体现融资银行的流动性。

(3) 利息收付时间不同。普通贷款的利息在贷款期末一次性收付或在期内分期收付，都是先贷后收息，而贴现是银行先扣除贴现利息。可见，贴现业务的盈利性更高。

(二) 融通

融通(Accommodation)是指一人为了帮助另一人获得资金融通，以出票人、承兑人或背书人的身份在汇票上签字，使后者能以持票人身份将汇票转让而筹集资金。

在这个过程中，签字提供帮助的人称为融通人(Accommodation Party)，接受帮助的人称为被融通人(Accommodated Party)。融通人签字是为了将自己的资信出借给被融通人以帮助其获得融资，但是融通人必须对后手中的对价持票人及正当持票人承担票据责任。如果融通人对上述持票人清偿了票据，可向被融通人及其前手追索。

英美票据法中明文规定，汇票的融通可以出现于出票、承兑或背书等行为中，但只有融通人以承兑人身份签字的汇票才称为融通汇票，它主要有如下几个特点。

(1) 融通人通常是银行，尤其是专营此业务的票据承兑所(Accepting House)或商人银行(Merchant Bank)，赚取承兑手续费，不垫付资金，但汇票经其承兑后信用等级提高，可以在货币市场上贴现。

(2) 被融通人在出票与承兑时并未支付对价给融通人，故不能要求其对自己承担票据责任，相反，被融通人必须在汇票到期前将足额票款交付给融通人以备到期支付。

(3) 如果被融通人没有将足额资金提前交给融通人，后者将拒付汇票。届时贴入汇票的银行将向被融通人追索，在其清偿后汇票即告解除。如果被融通人未能清偿票款，贴入汇票的银行可以强制融通人支付，因其为承兑人，必须按汇票文义承担责任。

为了规避被融通人违约的风险,融通人事先都与其达成融通协议,协议可以是跟单信用证方式,即银行保证凭合格单据承兑汇票,并取得押金及货运单据的物权保障;也可以是承兑信用额度方式,即规定额度有效期、承兑总金额、每张融通汇票的限额、担保品等,对于额度内的融通汇票,银行将自动承兑。

六、汇票的审核

汇票是国际贸易结算的重要单据,在缮制时,首先要准确理解信用证中有关汇票的条款,再经认真审核,方能保证汇票的准确无误。

(一) 信用证有关汇票的条款示例

(1) We hereby issue our irrevocable letter of credit No.194956 available with any bank in China, at 90 days after Bill of Lading date by draft.

该条款要求出具提单日期后90天付款的汇票。

(2) Draft at 60 days sight from the date of presentation at your counter.

该条款要求出具从交单日起算60天付款的远期汇票。

(3) Credit available with any bank in China, by negotiation, against presentation of beneficiary's drafts at sight, drawn on opening bank in duplicate.

该条款要求受益人出具以开证行为付款人的即期汇票。

(4) All drafts should be marked "Drawn under the Citibank, New York L/C No.1956717 dated 20040310".

该条款要求所有汇票须显示"该汇票依据花旗银行纽约分行2004年3月10日开立的1956717号信用证出具"。

(5) This credit is available with The Hong Kong and Shanghai Banking Corporation Ltd., Shanghai by negotiation against beneficiary's drafts drawn under this L/C at sight basis.

本信用证在上海汇丰银行议付,随附受益人即期汇票。

(6) 还有一些信用证在汇票上带有一些限制性条款,如"This letter of credit is to be negotiated against the documents detailed herein a beneficiary's drafts at 60 days after sight with Standard Chartered bank Shanghai"。

该条款要求汇票的受款人为"渣打银行上海分行",实际上是限制了此信用证必须在渣打银行上海分行议付。在制作汇票时,在汇票的"pay to the order of"后加上"渣打银行上海分行",即表示为"Pay to the order of Standard Chartered bank, Shanghai branch"。

(7) The drafts at 90 days sight drawn on Bank of Tokyo Ltd, Tokyo branch. Usance ... basis. Discount under this L/C are to be negotiated at sight basis.Discount charges and acceptance commission are for account of accountee.

此信用证规定受益人须开立90天付款的"远期汇票"，但是出口商可以"即期"议付该信用证。因条款中规定承兑费和贴现费由开证人负担，因此对于出口商来说，就是"即期信用证"，这就是通常所说的"假远期信用证"。

还有一些信用证不需要"汇票"，其条款表示为"Documentary Credit available with yourselves by payment against presentation of the documents detailed herein"。

(二) 审核要点

(1) 付款人名称、地址是否正确。

(2) 金额的大小写必须一致。

(3) 付款期限要符合信用证或合同的规定。

(4) 检查汇票金额是否超出信用证规定，如信用证金额前有"大约"一词，可按10%的增减幅度掌握。

(5) 出票人、受款人、付款人都必须符合信用证或合同的规定。

(6) 币别名称应与信用证和发票一致。

(7) 出票条款是否正确，如出票依据的信用证或合同号码是否正确。

(8) 是否按需要进行了背书。

(9) 汇票是否由出票人签字。

(10) 汇票份数是否正确。为了防止丢失，商业汇票一式两联，即第一正本联和第二正本联，具有同等效力，付款人只需付其中一联，先到先付，后到无效。同时，银行在寄送单据时，一般将两张正本汇票分两个连续的邮次寄送国外，以防在一个邮次中全部丢失。

第三节　本票

英国《票据法》规定，本票(Promissory Note)(见示例2.4)是一个人向另一个人签发的，保证即期或定期或在可以确定的将来时间，对某人或其指定人或持票人支付一定金额的无条件书面承诺。

我国《票据法》第七十三条规定，本票是由出票人签发的，承诺自己在见票时无条件支付确定的金额给收款人或持票人的票据。该条第二款规定，本法所指的本票是指银行本票(不包括商业本票，更不包括个人本票)。

我国《票据法》与英国《票据法》对本票的规定的区别在于，我国《票据法》只规定了银行本票，而英国《票据法》规定的本票还包括一般本票。在实务中，银行本票使用较多。

```
                        Promissory Note
Singapore,3.10.2016                           Amount    US$250 000
On 25 April 2016 we promise to pay against this Promissory Note
The sum of US Dollars Two hundred and fifty thousand
To the order of UK Export Company Ltd
For value Received


Payable at:                          For and on behalf of
UK Export Banking Company plc        Import Buyer Company
Sterling Street                      Singapore
London, UK
                                             JOHN
```

示例2.4　本票

一、本票的内容

我国《票据法》规定，本票必须记载以下事项。

(1) 标明"本票字样"。

(2) 无条件支付承诺。

(3) 确定的金额。

(4) 收款人姓名、地点。

(5) 出票日期。

(6) 出票人签字。

除此之外，付款地和出票地为相对记载事项。未载明付款地的，出票地即为付款地；未载明出票地的，出票人旁边的地点即为出票地。

《日内瓦统一票据法》和英国《票据法》的规定大致相同，但比我国《票据法》多了一个相对记载事项，即付款期限。这是因为我国《票据法》中规定的本票仅指银行本票且均为见票即付，而国外票据法规定的本票还包括一般本票，一般本票大多数是远期付款的，所以付款期限就成为必须记载的事项。

二、本票的特征

(一) 本票是一种自付票据

本票由出票人本人付款，无须委托他人付款，所以，本票无须承兑就能保证付款。

(二) 两个当事人

本票有两个当事人，即出票人和收款人。

1. 出票人

出票人是本票的主债务人。当出票人有两人以上时，要根据本票条款确定他们是共同负责还是连带负责(Jointly and Severally)。但无论是哪种，对出票人来说都没什么差别，每个出票人都要对本票的全部金额负责。如果其中一个出票人被要求付款，他必须付全额，而不能因为有4个出票人便只付1/4，他须先付清全额，然后向其他人要求分摊。

2. 收款人

收款人是本票的主债权人，可以背书转让并对后手保证付款，若遭拒，可行使追索权。根据英国《票据法》，在6年之内收款人都可以追索票款，但过了6年就无权采取任何行动。

三、本票的种类

本票有5种，下面重点介绍使用频率较高的3种。

(一) 商业本票

商业本票(Trader's Note)的出票人为企业或个人，可以开成即期或远期两种。在国际贸易中，进口企业为了延期付款，可按照合约规定向出口商开出远期本票，但需要本国银行对其提供保证。

(二) 银行本票

银行本票(Cashier's Order)的出票人是银行，是承诺自己在见票时无条件支付确定的金额给收款人或持票人的票据。银行本票都是见票即付，可以背书转让，但是注明"现金"字样的银行本票不能背书转让。本票提示付款期限为自出票日起2个月。在进出口业务中，银行本票常用于票汇。

国外进口商有时委托银行开具本票，向我方支付货款。出口商收到国外本票后，应严格审核以下方面：必载事项是否齐全；收款人是否确为本单位或本人；本票是否过期；出票人签章是否符合规定；出票金额、出票日期、收款人名称是否更改。

我方进口货物时，可以委托银行开具本票对外付款，具体办理流程如下所述。

(1) 申请人填写"银行本票申请书"，并加盖在开户行的预留印鉴。

(2) 银行审核无误办理扣账并收取费用后，开立银行本票，连同客户缴费回单交付申请人。

(3) 申请人将本票交付给收款人，收款人将银行本票背书转让给受让人，转让时注明受让人名称和背书日期并签章。

(4) 收款人持银行本票、进账单到开户行办理兑付手续，在票据背面"持票人向银行提示付款签章"处签章，签章须与银行预留的印鉴相同。

银行本票业务办理流程见图2.3。

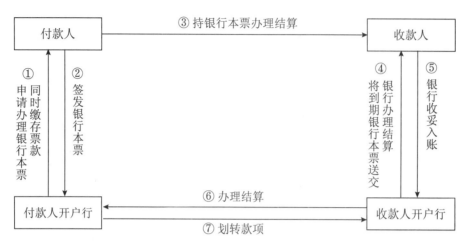

图2.3　银行本票业务办理流程

案例分析

以银行外汇本票为质押办理人民币贷款诈骗案

案情: 我国北方某城市的A企业于1993年到银行咨询,能否以持有的美国加利福尼亚州东海银行出具的一张银行外汇本票为质押办理人民币贷款。经了解,原来是美国的B贸易公司愿意将这张银行本票出借给该市的A企业,作为A企业向当地银行贷款1000万人民币的质押,一旦成功,A企业应向B贸易公司支付价值40万美元的人民币供其使用,双方并出具律师事务所的见证协议影印件。银行工作人员鉴于该本票金额较大,且双方当事人对该项协议感到疑点颇多,于是按照银行惯例致电东海银行查询。很快,东海银行回电从未签发过该项本票,并建议向警方报案。

分析: 在该案中选择美国加利福尼亚州东海银行冒充出票行,质押贷款行是我国某银行,持票人为美国的B贸易公司。诈骗分子美国B贸易公司冒充东海银行出具银行本票,并将其借给我国A企业,A企业以此为质押办理人民币贷款业务,美国这家公司从中渔利。通常,这类作案人员熟悉银行业务和国际贸易流程,了解不同银行的银行本票样式。为了增强可信度,他们还专门出示了律师事务所的见证协议影印件,但这份协议有可能是假的。所以说,在日常的业务中,银行办事人员不能轻信见证协议,不可放松警惕,应当向海外出票银行查证后再定夺。

资料来源:百度文库.https://wenku.baidu.com/view/807e08da50e2524de5187e64.html.

(三) 国际限额本票

国际限额本票(International Money Order)多由设在美元清算中心的美国银行签发，也属于银行本票范围，以美元定值，可持票在银行兑付现金，实现跨国的中小额货币支付。

四、本票的用途

(1) 商品交易中的远期付款，可先由买主签发一张以约定付款日为到期日的本票，交给卖方，卖方可凭本票如期收到货款。如果急需资金，卖方可将本票贴现或转售他人。

(2) 企业向外筹集资金时，可以发行商业本票，通过金融机构予以保证后，到证券市场销售获取资金，并于本票到期日还本付息。

(3) 客户提取存款时，银行本应付给现金，如果现金不够，可发给银行开立的即期本票交给客户，以代替支付现钞。

由于本票常常发生到期不付款的情况，所以使用范围不广，特别是中小厂商很少签发，即使签发也不愿接受。因此，为了提高本票信用，通常由银行来担当本票的保证人。银行在本票正面空白处记载"银行保证付款"的字样，申请人将票款交给银行作为付款的来源，在持票人提示时，银行即付款，其保证责任则解除。

五、本票与汇票的区别

(一) 基本性质不同

本票是一种无条件的支付承诺，是一种已付证券；汇票是一种无条件的支付命令，是一种委付证券。

(二) 基本当事人不同

本票只有两个当事人，即出票人与收款人；汇票有三个当事人，多了一个付款人。当出票人与付款人为同一人时，可以将其视为本票，从这个意义上说，本票是普通汇票的一种特殊形式。

(三) 出票人的责任不同

本票的出票人是主债务人，始终承担主要付款责任；汇票的出票人只承担保证付款人支付的连带付款责任，汇票一旦承兑，就由承兑人承担主要责任，而出票人则退居为从债务人。如果票据被过期提示，则汇票的出票人与背书人均解除责任。

案例分析

引诱买方开立远期承兑汇票，骗取贷款

案情： 20××年×月，某市A公司与新加坡B商签订了一份进口胶合板的合同。合同总金额为700万美元，支付方式为托收项下付款交单。允许分批装运。按照合同规定，第一批价值为60万美元的胶合板准时到货。经检验，A公司认为质量良好，对双方合作很满意。但在第二批交货期前，新加坡B商向A公司提出："鉴于A公司资金周转困难，我方允许贵公司采取远期付款，贵公司作为买方可以给我方开出一张见票后一年付款700万美元的汇票，请C银行某市分行承兑。承兑后，我方保证将700万美元的胶合板在一年内交货。贵公司全部收货后，再付给我方700万美元货款。"

A公司以为现在不付款，只开一张远期票据就可以得到货物在国内市场销售，利用这一年时间，还可以再投资，这是一笔无本生意，于是欣然接受了B商的建议，给B商签发了一张见票后一年付款700万美元的汇票。但让A公司始料不及的是，B商将这张经承兑的远期汇票在新加坡的美国银行贴现600万美元，从此后一张胶合板都未交给A公司。事实上，B商将这笔巨款骗到手后就失踪了。

一年后，新加坡美国银行以这张已承兑的远期票据请C银行某市分行付款。尽管B商没有交货，C银行某市分行却不得以此为由拒绝向善意持票人美国银行支付票据金额。最后，由于本票金额巨大，报请上级批准，由该行某市分行付给美国银行600万美元而结案。

分析： 对于这张远期票据，A公司为出票人，B商为收款人，C银行某市分行为付款人。A公司与B商之间的胶合板买卖合同是该票据的原因关系，使A公司愿意向B商开立这张汇票。A公司曾经向C银行某市分行提供资金，它们之间的这种资金关系使该行愿意向A公司提供信用，承兑了这张远期汇票。美国银行与B商之间有对价关系，美国银行善意地付了600万美元的对价而受让，从而成为这张汇票的善意持有人。但票据的最大特点就是，票据法律关系一经形成，即与基础关系相分离。票据基础关系的存在和有效与否并不对善意持票人的票据权利产生影响。所以，B商实际上没有交货，或者A公司并没有足够的美元存在C银行某市分行，都不影响美国银行对承兑人的付款请求权。对美国银行来说，这张票据并没有写明付胶合板货款之类的话，只是标明"见票后一年支付700万美元"。票据法律关系应依票据法的规定加以解决，票据基础关系则应依照民法的规定加以解决。B商正是利用了票据的特性才行骗得逞的。

如果这张票据没有在市场流通，那么情况就不一样了。因为各国票据法都认为，票据在投入流通前，票据的基础关系与由此而产生的法律关系便没有分离，两者是有联系的，即当票据的原因关系与票据的法律关系存在于同一当事人之间时，债务人可以利用原因关系对抗法律关系。在本案中，如果是B商来C银行某市分行要求付款，

(四) 份数不同

本票签发一式一份，因为出票人对票据承担主要付款责任。汇票一般成套签发，各份汇票注明相应的编号，同时注明如果本份汇票获得支付，其他各份均无须支付。出口商可以将一式多份的汇票分批寄给进口商请求支付，避免因一次性寄送单据而受到延误、遗失、损毁的影响。

(五) 远期票据的提示程序不同

远期本票只需在到期日作一次付款提示，而远期汇票的提示包括承兑提示和到期日的付款提示。

第四节　支票

英国《票据法》规定，支票是以银行为付款人的即期汇票。该规定将支票归入汇票的范畴。

我国《票据法》对支票的定义是：支票是由出票人签发的，委托办理支票存款业务的银行或者其他金融机构在见票时无条件支付确定的金额给收款人或持票人的票据。支票出票时的记载事项适用出票地法律，经当事人协议，也可适用付款地法律。

由此可见，支票的付款人一定是银行，期限一定是即期，这就和即期汇票无异，因此适用于即期汇票的规定都适用于支票。此外，支票代表客户就其存款资产的处理而向银行发出委托或授权，因此出票客户与付款银行之间是委托人与代理人的关系，这种委托代理的标志是客户在银行开立支票账户与银行向客户授予支票簿，以此使客户获得委托银行处理其自有存款的权利。

一、支票的内容

支票具体包括以下几项内容，可参照示例2.5。
(1) "支票"字样。
(2) 出票日期和地点(出票人所在地)。
(3) 无条件支付命令。

(4) 一定的金额，但不能有利息记载。

(5) 付款银行名称及地址。

(6) 出票人签字。

(7) "即期"字样(如未载明，视为"见票即付")。

(8) 付款地点(付款行所在地)。

(9) 收款人或其指定人。

```
┌─────────────────────────────────────────────────────┐
│  BANK OF CHINA WUHAN BRANCH                           │
│                          A/C NO._____      │
│                          Wuhan, Date_____       │
│                                                        │
│  Pay to _____      │
│  Renminbi(in words)_____      │
│  In figures ¥ _____      │
│  Cheque  No._____                               │
│                                                        │
│                          Signature_____          │
└─────────────────────────────────────────────────────┘
```

示例2.5 支票

二、支票的特点

支票是一种特殊的即期汇票，具有如下几个特点。

(1) 支票的付款人必须是银行，而出票人一定是在该银行开立支票账户的客户，开立支票账户是签发支票的前提条件。

(2) 支票的签发必须以事实上存在的资金为基础，如果出现空头支票，即支票金额超过支票账户存款余额，或超过付款行允许的透支额度，则付款行不仅可以拒付，而且有权征收罚金。如果出现反复、恶意的空头支票现象，出票人不仅要支付罚款，还可能被撤销支票账户甚至被移交法律机构。

(3) 支票必须即期支付，支票上关于远期支付的文句不发生效力。付款行收到合格支票的提示时，只要出票人账户资金足够，就必须对持票人立即付款。

(4) 我国《票据法》规定，支票应自出票日起10日内提示，若异地使用，提示期限由中国人民银行另行规定。《日内瓦统一票据法》规定，国内支票的提示期限为自出票日起8天。若出票地与付款地处在同一洲的不同国家，则为20天；若为不同洲，则为70天。美国《票据法》规定，出票日后30天，要使背书人承担责任，应在背书日后7天内提示或转让。如果支票逾期提示，背书人责任即告解除。

三、支票的关系人

支票主要涉及出票人、收款人、付款人和代收行4个关系人。

(一) 出票人

出票人必须在该银行存有资金，必须向持票人承担保证付款的责任，支票金额不得超过其在付款人处实有的存款金额，不得签发与其预留签名式样或印签不符的支票。

(二) 收款人

收款人可以获得支票上的款项，但要按期提示，持票人未在合理时间内提示，出票人仍需对支票负责。但在此期间如果付款行倒闭，那么收款人就要自己负责，因为如果收款人及时取款，就不会受到任何损失。

(三) 付款人

付款人为出票人的开户行，当出票人的存款足以支付支票金额时，付款人应当在当日足额付款，付款时有责任核对出票人签字的真实性，但对于支票的背书，银行只检查是否连续而不管真伪。此外，注意支票是否被止付。付款后，即解除其出票人和持票人的责任。

(四) 代收行

代收行是指代替客户收取支票款项的银行，而且委托人必须与代收行有资金往来关系，且票款一定要收入客户的账户，而不是用来归还委托人对代收行的欠款。在代收行没有发现委托人的所有权有缺陷时，代收行要诚实地代客户收取支票款项。如果有所怀疑，就应查询，得到满意的签复后方可代收，否则代收行有责任退还票款。

四、支票的分类

(一) 记名支票

记名支票(Cheque Payable to Order)在支票收款人一栏写明收款人姓名，如"限付A"(Pay A Only)或"指定A"(Pay A Order)。取款时须由收款人签章，方可支取。流通时以背书方式转让，收款人姓名可以由出票人在出票时记载，也可以由其授权补记。

(二) 不记名支票

不记名支票(Cheque Payable to Bearer)又称空白支票，支票上不记载收款人姓名，只写"付来人"(Pay Bearer)。取款时，持票人无须在支票背后签章。此类支票仅凭交付实现转让。

(三) 划线支票

划线支票(Crossed Cheque)是在支票正面划两条平行线的支票,只能委托银行代收票款入账。使用划线支票是为了在支票遗失或被人冒领时,还有可能通过银行代收的线索追回票款。出票人和持票人均有权划线。划线支票分为普通划线和特殊划线两种。

1. 普通划线

普通划线支票仅划两条平行线,表明收款人可以委托任何银行向付款行收取票款(见示例2.6)。

永和银行	2-5-2004
祈付_____	_____或持票人
港币_____	HK$
_____	
Mary Wang	Mary Wong

示例2.6 划线支票

此外,如在划线中加列"NON NEGOTIABLE"(不可转让)字样(见示例2.7),则出票人只对收款人负责,收款人虽可转让支票,但受让人的权利不优于收款人。

如在划线中加列"Account Payee"(收款人账户)字样,则收款行只能将收到的票款记入收款人账户而不得直接付现。

示例2.7 不可转让支票

2. 特殊划线

在特殊划线支票上,在平行线中记有收款行的名字,只能通过该收款行向付款行提示付款。平行线内的银行只能有一个,如果有两个以上,付款行可以拒付,但若指定的两家银行属于相互委托关系,则允许例外。

非划线支票在由出票人、收款人、背书人、持票人加划横线后,或加注银行名称后,可成为划线支票,但划线支票不允许转化成非划线支票,必须由出票人签字授权另签支票。

对于划线支票，付款行必须向真正的所有人付款或按划线的要求付款。假设一个持票人捡到了一张支票，而非支票的真正所有人。如果是非划线支票，银行付款后并不负责，因为银行不知道持票人的权利有缺陷；但如果是划线支票，银行付款后要对真正的所有人进行赔偿，因为他付给的不是真正的所有人。

(四) 保付支票

为了避免出票人开出空头支票，在保付支票(Certified Cheque)上，付款行会加盖"保付"戳记，以表明支票提示时一定付款。银行在保付时，需要核查出票人的支票存款账户，并将相应余额转入保付支票账户名下。支票一经保付，付款责任即由银行承担，其他债务人一概免责。持票人可以不受付款提示期的限制，即便在支票过期后提示，银行仍要付款，所以保付支票提示时，不会退票。

(五) 现金支票

现金支票(Cash Cheque)即非划线支票，专门用于支取现金。当客户需要使用现金时，随时签发现金支票，向开户行提取现金，银行见票时无条件支付。

(六) 银行支票

银行支票(Banker's Cheque)是由银行签发并由银行付款的支票，也是银行即期汇票。银行代客户办理票汇汇款时，可以开立银行支票。

五、支票的止付

在进行支票的止付(Countermand of Payment)操作时，由出票人向付款行发出书面通知，通知银行不再对该支票付款，其原因大多是支票遗失或被窃。

《日内瓦统一票据法》禁止在有效期内止付支票，即使出票人死亡、破产也不受影响，目的是防止出票人开了空头支票然后又止付，从而逃避债务。支票的主债务人是出票人，在有效期内必须承担保证付款的责任，从而保障支票的流通和使用。如果过了有效期，付款人有权决定是否对持票人的提示予以付款，此时出票人有权撤销其授权。

英国《票据法》允许支票止付，但必须由出票人书面通知银行。需注意的是，止付后出票人并不能解除债务，在有确凿证据证明出票人已经死亡或破产时，银行有权止付，一般要收到书面通知才可执行。如果用电话通知，必须随后送交书面通知核实。

我国《票据法》对此没有规定，但规定出票人或持票人遗失支票时，可由失票人书面通知银行挂失，银行对此暂停支付。失票人挂失后3天内，可向法院申请公示催告或者向法院提起诉讼。

六、支票的拒付

银行对不符合付款条件的支票应退票，并拒绝付款，常见的拒付理由有如下几个。

(1) 出票人签名不符(Signature Differs)。

(2) 支票开出不符合规定(Irregularly Drawn)。

(3) 支票未到期(Post-dated)。

(4) 支票逾期提示(Out of Date)或过期支票(Stale Cheque)。

(5) 大小写金额不符(Words and Figures Differ)。

(6) 金额需大写(Amount Required in Words)。

(7) 缺少付款人名字(Payer's Name Omitted)。

(8) 托收款项尚未收到(Effect Not Cleared)。

(9) 支票已止付(Order Not to Pay)。

(10) 请与出票人联系(Refer to Drawer)。

(11) 存款不足(Insufficient Fund)。

(12) 需收款人背书(Payee's Endorsement Required)。

(13) 要项涂改，需出票人证明(Material Alterations to Be Confirmed by Drawer)，但来人支票改成记名支票则无须证明。

在某些小额交易中，进口商为了节省开证费用，常常开出支票作为付款工具。有些资信不好的进口商也趁机开出空头支票，导致持票人到付款行取不到款。这是因为，当收款人收到支票时，他要把支票存入银行，他的开户行从出票人银行收到款项，贷记到他的账户时，才能收到这笔钱。因此，当我们收到外商开出的支票后，应先去银行兑付，确认到账后再对外发货，以防上当受骗。为了确保稳妥，使用支票收款时，应采用保付支票，因为一经保付，付款责任即归银行，提示时不会遭到退票。

七、支票与本票、汇票的对比

(一) 三者之间的联系

(1) 三者都是设权有价证券。持票人凭票据的权利内容来证明其票据权利以取得财产。

(2) 三者都是格式证券。票据的形式和记载事项都是由票据法严格规定的，不遵守格式的票据其效力会受到影响。

(3) 三者都是文字证券。票据权利都以票据记载的文字为准，不受票据文字以外事项的影响。

(4) 三者都是可流通转让的证券。作为流通证券的票据，可以经过背书或不作背书仅凭交付即可自由转让与流通。

(5) 三者都是无因证券。票据权利的存在只依票据记载的文字确定，票据权利发生的原因均可不问。这些原因存在与否、有效与否，与票据权利原则上互不影响。

(6) 三者具有相同的票据功能，即汇兑功能、信用功能和支付功能。

(二) 三者之间的区别

(1) 票据性质不同。本票是约定(约定本人付款)证券；汇票是委托(委托他人付款)证券；支票是委托支付证券，但受托人只限于银行或其他金融机构。

(2) 票据使用区域不同。在我国，本票只用于同城交易及其他款项的结算；支票可用于同城或同一票据交换区域；汇票在同城和异地都可以使用。

(3) 当事人不同。汇票和支票有3个当事人；本票只有2个当事人。

(4) 付款期限不同。本票付款期为1个月，逾期兑付银行不予受理；支票付款期为5天(背书转让地区的转账支票付款期为10天，从签发的次日算起，到期日按惯例遇假日顺延)。在我国，汇票必须承兑，如商业承兑汇票到期日付款人账户不足支付，其开户行应将汇票退给收款人，由其自行处理。银行承兑汇票到期日已过而持票人没有要求兑付时，《银行结算办法》没有规定，各银行都自行作了补充规定。例如，工商银行规定，超过承兑期日1个月而持票人没有要求兑付的，承兑失效。

(5) 出票人与付款人关系不同。支票的出票人与付款人之间必须先有资金关系才能签发支票；汇票的出票人与付款人之间不必先有资金关系；本票的出票人与付款人为同一个人，不存在资金关系。

(6) 主债务人不同。支票和本票的主债务人是出票人；汇票的主债务人，在承兑前是出票人，承兑后是承兑人。

(7) 承兑不同。远期汇票需要承兑；支票为即期无须承兑；本票也无须承兑。

(8) 担保付款人不同。汇票的出票人担保承兑付款，若另有承兑人，由承兑人担保付款；支票的出票人担保支票付款；本票的出票人自负付款责任。

(9) 追索对象不同。支票、本票的持有人只对出票人有追索权；汇票的持有人在票据的有效期内，对出票人、背书人、承兑人都有追索权。

(10) 票据份数不同。汇票有复本；本票、支票没有复本。

✠ 第五节　电子支付

电子支付是指从事电子商务交易的消费者、厂商和金融机构，通过网络，使用安全的信息传输手段，采用数字化方式进行的货币支付或资金流转。电子支付的资金流是一种业务过程，而非一种技术。但是在开展电子支付活动的过程中，会涉及很多技术问题。

一、电子支付与传统支付的差异

(一) 数字化的支付方式

电子支付采用先进的技术通过数字流转来完成信息传输；传统的支付方式则是通过现金的流转、票据的转让及银行的汇兑等物理实体的流转来完成的。

(二) 开放的系统平台

电子支付的工作环境是基于一个开放的系统平台即因特网；传统支付则是在较为封闭的系统中运作。

(三) 先进的通信手段

电子支付使用的是比较先进的通信手段，如因特网、Extranet，对软件及硬件设施的要求很高，一般要求有联网的计算机、相关的软件及其他一些配套设施；传统支付使用的是传统的通信媒介，没有这么高的要求。

(四) 明显的支付优势

电子支付具有方便、快捷、高效、经济的优势，用户只要拥有一台联网的PC机，便可足不出户，在很短的时间内完成整个支付过程。支付费用仅相当于传统支付的几十分之一，甚至几百分之一。

二、电子支付类型

按电子支付指令的发起方式，可将电子支付分为网上支付、电话支付、移动支付、销售点终端交易、自动柜员机交易和其他电子支付。下面，我们主要介绍前三种支付方式。

(一) 网上支付

网上支付是电子支付的一种形式，它是通过第三方提供的与银行之间的支付接口进行的即时支付方式，其好处在于可以直接把资金从用户的银行卡中转账到网站账户中，汇款马上到账，不需人工确认。客户和商家之间可采用信用卡、电子钱包、电子支票和电子现金等多种电子支付方式进行网上支付，能够节省交易的开销。

基于Internet平台的网上支付流程如下所述。

(1) 客户接入因特网，通过浏览器在网上浏览商品，选择货物，填写网络订单，选择应用的网络支付结算工具，并且得到银行的授权使用，如银行卡、电子钱包、电子现金、电子支票或网络银行、账号等。

(2) 客户机对相关订单信息进行加密，如支付信息，然后在网上提交订单。

(3) 商家服务器对客户的订购信息进行检查、确认，并把经过加密的客户支付信息转发给支付网关，直到银行专用网络的银行后台业务服务器确认，以期通过银行等机构验证得到支付资金的授权。

(4) 银行验证确认后，通过经由支付网关的加密通道，向商家服务器反馈确认及支付结算信息。为了保证安全，还要向客户反馈支付授权请求。

(5) 银行得到客户传来的进一步授权结算信息后，把资金从客户账户转拨至商家银行账户，借助金融专用网结算，并分别给商家、客户发送支付结算成功信息。

(6) 商家服务器收到银行结算成功的信息后，给客户发送网络付款成功信息和发货通知。

至此，一次典型的网络支付结算结束。商家和客户可以分别借助网络查询自己的资金余额信息，进一步核对。网上支付流程如图2.4所示。

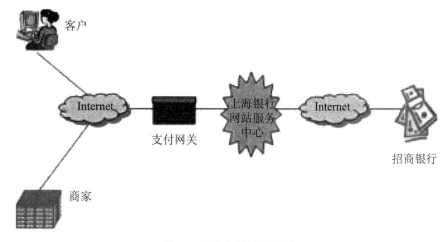

图2.4　网上支付流程示例

(二) 电话支付

消费者使用电话或类似电话的终端设备，通过银行系统就能从个人银行账户里直接完成付款。电话支付具有如下几个特点。

(1) 网络安全性。终端与电话支付平台通过PSTN网络连接，满足银行卡交易对网络安全的需要。

(2) 信息安全性。对磁道信息、密码等数据，由PSAM卡进行加密操作。

(3) 信息完整性。进行报文的MAC校验，保证报文完整且不被篡改。

(4) 密钥安全性。具有完备的密钥管理系统，每次交易使用不同的过程密钥，密钥不可读取。

(5) 操作简单。以菜单和操作提示信息提示用户完成业务交互，操作简单，用户界面友好。

(6) 成本低廉。与同类产品相比,电话终端具有较大的成本优势,运营维护成本较低。

(7) 业务扩展性较好。业务加载无须对终端、平台进行改造,承载业务内容丰富,具有较好的灵活性、可扩展性。

(三) 移动支付

移动支付也称手机支付,是指用户使用手机对消费的商品或服务进行账务支付的一种服务方式。它分为近场支付和远程支付两种。所谓近场支付,就是用手机刷卡的方式坐车、买东西等,很便利。所谓远程支付,是指通过发送支付指令(如网银、电话银行、手机支付等)或借助支付工具(如邮寄、汇款)进行支付,如"掌中付"推出的掌中电商、掌中充值、掌中视频等就属于远程支付。

移动支付是由移动运营商、移动应用服务提供商(Mobile Application Service Provider, MASP)和金融机构共同推出的,构建在移动运营支撑系统上的一个移动数据增值业务应用。移动支付系统将为每个移动用户建立一个与其手机号码关联的支付账户,其功能相当于电子钱包,为移动用户提供通过手机进行支付和身份认证的途径。用户通过拨打电话、发送短信或者使用WAP功能接入移动支付系统,移动支付系统将此次交易的要求传送给MASP,由MASP确定此次交易的金额,并通过移动支付系统通知用户。在用户确认后,可通过多种途径实现付费,如直接转入银行或者实时在专用预付账户上借记等,这些都将由移动支付系统来完成。

三、电子支付工具

随着计算机技术的发展,电子支付工具越来越多,主要可以分为三大类:电子货币类,如电子现金、电子钱包等;电子信用卡类,如智能卡、借记卡、电话卡等;电子支票类,如电子支票、电子汇款、电子划款等。下面,我们来介绍较为常见的5种电子支付工具。

(一) 电子现金

电子现金(E-Cash)是一种以数据形式流通的货币,它把现金数值转换成一系列加密序列数,通过这些序列数来表示现实中各种金额的市值。用户在开展电子现金业务的银行开设账户并在账户内存钱后,就可以在接受电子现金的商店购物了。

(二) 电子钱包

电子钱包(Electronic Wallet)是银行为客户提供的基于电子商务活动的网上购物常用的一种支付工具,是在小额购物时常用的虚拟钱包。

电子钱包有两种形式:一是纯粹的软件,主要用于网上消费、账户管理,这类软件通常与银行账户或银行卡账户连接在一起；二是小额支付的智能储值卡，持卡人预先在卡中存入一定的金额，交易时直接从储值账户中扣除交易金额。目前，世界上应用较为普遍的电子钱包服务系统有VISA Cash和Mondex。此外，还有HP公司的电子支付应用软件Vwallet，微软公司的电子钱包MS Wallet，IBM公司的Commerce Point Wallet、Master Card Cash、Euro Pay的Clip，比利时的Proton，等等。

(三) 电子支票

电子支票(Electronic Check，E-Check or E-Cheque)是利用数字传递将钱款从一个账户转移到另一个账户的电子付款形式，它是在与商户及银行相联的网络上以密码方式传递的，多数使用公用关键字加密签名，或用个人身份证号码(PIN)代替手写签名。

(四) 银行卡

银行卡(Bank Card)是由银行发行、供客户办理存取款业务的新型服务工具的总称。因为各种银行卡都是由塑料制成的，又用于存取款和转账支付，所以可称之为"塑料货币"。

银行卡一般分为借记卡和贷记卡，前者为储蓄卡，后者为信用卡。

1. 借记卡

借记卡(Debit Card)可以通过网络或POS消费或者通过ATM转账和提款，不能透支，卡内的金额按活期存款计付利息。消费或提款时，资金直接从储蓄账户划出。借记卡在使用时一般需要密码(PIN)。借记卡按等级可分为普通卡、金卡和白金卡，按使用范围可分为国内卡和国际卡。

申请借记卡时需要携带有效证件，主要是身份证，到开户行填写申请表，银行当时就可以将卡发给申请人。

2. 贷记卡

贷记卡(Credit Card)又称信用卡，是指发卡银行给予持卡人一定的信用额度，持卡人可在信用额度内先消费、后还款，享有免息缴款期(最长可达56天)，并设有最低还款额，客户如透支可自主分期还款。客户需要向银行交付一定数额的年费，各银行不相同。申请信用卡时，需要填写申请表，信息要求真实，其中有三项信息缺一不可，即个人身份证明、居住地证明、个人收入证明。填好之后到开户行总行备案，由开户行总行对申请资料进行审核，大约经过20个工作日才能将卡下发到客户手中。

国际上有五大信用卡品牌，即威士国际组织(VISA International)、万事达卡国际组织(Master Card International)，及美国运通国际股份有限公司(America Express)、大来信用卡有限公司(Diners Club)、日本国际信用卡公司(JCB)。

在各地区还有一些地区性的信用卡组织，如欧洲的EUROPAY、中国的银联、中国台湾地区的联合信用卡中心等。

▌ 资料链接　2017年中国银行卡发卡量、人均持卡量及渗透率分析

　　2017年，我国银行卡发卡量增速回升，渗透率稳定增长。根据央行公布的数据，截至2016年3季度，国内银行卡累计发卡量达到60.2万张，同比增长14.5%，增速有所回升，如图2.5所示。银行卡渗透率达到48.6%，人均持有银行卡数量为4.39张，均保持较为稳定的增长，如图2.6、图2.7所示。但银行卡人均消费金额增速明显放缓，如图2.8所示，2015年全年银行卡人均消费金额为4.03万元，同比增长29.01%；而2016年前3个季度银行卡人均消费金额仅为3.03万元，与上一年同期相比仅增加1.72%。

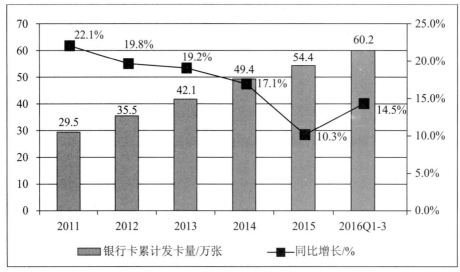

数据来源：公开资料整理

图2.5　2011—2016年3季度中国银行卡发卡量统计

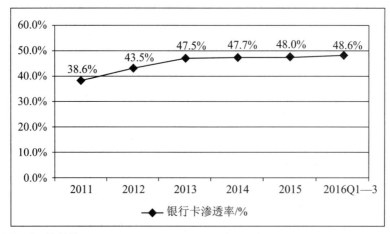

数据来源：公开资料整理

图2.6　2011—2016年3季度中国银行卡渗透率统计

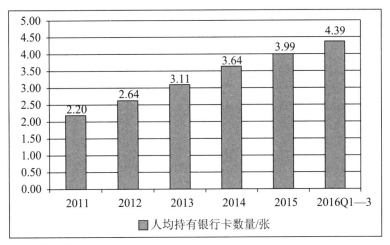

数据来源：公开资料整理

图2.7　2011—2016年3季度中国人均持有银行卡数量

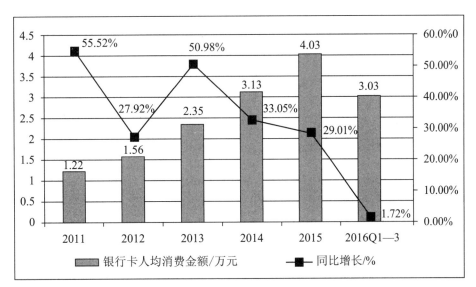

数据来源：公开资料整理

图2.8　2011—2016年3季度中国银行卡人均消费金额及增速

资料来源：http://www.chyxx.com/industry/201703/502650.html，2017-03-10.

(五) 电子票据

电子票据的核心思想就是将实物票据电子化，电子票据可以像实物票据一样进行转让、贴现、质押、托收等。传统票据中的各项票据业务流程均没有改变，只是在每一个环节都加载了电子化处理手段，使我们的业务操作手段和对象发生了根本改变。在实际操作过程中，电子票据的签发和流动，以及相应资金的划拨、结算都在网上实现，采用无纸化电子交易方式，电子交易的签章可通过电子签名的形式来实现。

我国《票据法》第四条规定: "票据出票人制作票据,应当按照法定条件在票据上签章,并按照所记载的事项承担票据责任。持票人行使票据权利,应当按照法定程序在票据上签章,并出示票据。其他票据债务人在票据上签章的,按照票据所记载的事项承担票据责任。" 我国现行《票据法》将签名这一形式要件严格限定在亲笔签名或签章的形式范围内,电子签名是否真正产生法律效力,这点在《票据法》中并未严格规定。

本 章 小 结

1. 票据结算代替现金流通加快了资金周转,进一步促进了贸易的开展。同时,通过银行买卖票据、提供信用、融通资金来结清国际债权债务,银行也增加了收益,因此成为国际结算中心。

2. 票据是由出票人签发的,无条件约定自己或指定他人支付一定金额的、可流通转让的有价证券。它具有流通转让性、无因性、要式性、设权性、文义性、提示性、返还性等特点,同时具有支付和流通功能、融资功能及信用功能。票据当事人包括基本当事人和非基本当事人。前者包括出票人、收款人和付款人,后者包括承兑人、背书人、被背书人、持票人、保证人。这些当事人既享有票据权利,又承担票据义务。票据权利包括付款请求权和追索权,票据义务包括付款义务和偿还义务。

3. 汇票是由出票人签发的,委托付款人在见票时或在指定日期无条件支付确定金额给收款人或持票人的票据。汇票的主要内容包括出票日期和地点、汇票金额(大小写)、付款期限、收款人、出票依据、付款人、出票人签章。汇票的使用指的就是汇票的处理手续,也称票据行为,包括出票、背书、提示、承兑、付款、拒付、追索、保证等。其中,出票、背书、承兑和保证需当事人在汇票上签字盖章,因此更具有法律效力。这些票据行为构成一个整体,但又各自独立承担责任。汇票按照不同的划分标准,主要分为银行汇票和商业汇票、光票和跟单汇票、即期汇票和远期汇票、商业承兑汇票和银行承兑汇票、国内汇票和涉外汇票、外币汇票和本币汇票、直接汇票和间接汇票、单一汇票和复数汇票、普通汇票和变式汇票。

4. 本票是由出票人签发的,承诺自己在见票时无条件支付确定的金额给收款人或持票人的票据,包括银行本票和商业本票、国际限额本票、国库券、旅行支票。本票是一种自付票据,只有两个当事人,即出票人和收款人。

5. 支票是由出票人签发的,委托办理支票存款业务的银行或者其他金融机构在见票时无条件支付确定的金额给收款人或持票人的票据,包括记名支票、不记名支票、划线支票、保付支票、现金支票、银行支票。

6. 电子支付是指从事电子商务交易的消费者、厂商和金融机构,通过网络,使用安全的信息传输手段,采用数字化方式进行的货币支付或资金流转。支付工具包括电子现金、电子钱包、电子支票、银行卡、电子票据、电子汇款(EFT)、电子划款等。

课后作业

一、名词解释

本票　汇票　票据　背书　承兑　拒付　追索

二、判断题

1. 债券、股票、提单等有价证券是狭义的票据。（　　）

2. 票据所有权通过交付或背书进行转让。（　　）

3. 信用卡属于借记卡。（　　）

4. 追索只能按顺序向前追索，而不能向后追索。（　　）

5. 汇票是出票人的支付承诺。（　　）

6. 其他条件相等时，票据贴现率越高，收款人所得净值就越大。（　　）

7. 支票是一种特殊的即期汇票。（　　）

8. SET是安全电子交易协议。（　　）

9. 融通人签字的目的是将自己的良好资信出借给被融通人以帮助其获得融资。（　　）

三、不定项选择题

1. 票据的基本特性是（　　）。

A. 无因性　　　　　　　　　　　　B. 要式性

C. 流通转让性　　　　　　　　　　D. 融资性

2. 出票后的定期条款，只包括（　　）。

A. 出票日　　　　B. 见票日　　　　C. 承兑日　　　　D. 付款日

3. 支票的关系人主要有（　　）。

A. 出票人　　　　B. 收款人　　　　C. 付款人　　　　D. 代收行

4. 本票适用的情况包括（　　）。

A. 远期付款　　　　　　　　　　　B. 借贷凭证

C. 提示付款　　　　　　　　　　　D. 筹集资金

5. 国际上知名信用卡品牌包括（　　）。

A. VISA　　　　　　　　　　　　　B. PICC

C. MASTERCARD　　　　　　　　　D. AMERICAN EXPRESS

6. 按付款期限划分，汇票有（　　）。

A. 即期汇票　　　　B. 远期汇票　　　　C. 光票　　　　D. 承兑汇票

7. 支票的出票人和付款人的关系是（　　）。

A. 债务人和债权人　　　　　　　　B. 债权人和债务人

C. 银行的存款人和银行　　　　　　D. 供应商和客户

8. 汇票的主要票据行为是（　　）。

A. 提示　　　　B. 承兑　　　　C. 付款　　　　D. 出票

四、简答题

1. 票据的转让有哪些类型？

2. 汇票具有哪些特点？

3. 持票人通过贴现提前获得现款的融资与普通的银行贷款有哪些区别？

4. 本票的成立应具备哪些条件？

5. 申请人如何开立支票存款账户？

6. 电子支付工具有哪些种类？

7. 支票、本票与汇票有哪些区别？

8. 如果汇票规定"Payable at 45 days after sight"，若8月20日持票人首次提示汇票，则付款到期日是哪一天？

五、操作题

2018年8月，上海立新外贸公司向伦敦ABC贸易有限公司出口一批皮革包，合同总值32 000美元。9月7日，上海立新外贸公司收到英国米兰银行于9月5日开出的、以其为受益人的第8808号不可撤销信用证。其中，汇票条款要求，受益人开具以米兰银行为付款人、金额为100%发票金额、即期付款的汇票。2018年9月25日，该批货物装运完毕。9月27日，上海立新外贸公司向中国银行上海分行交单议付。请根据上述资料填写两份式汇票。

六、案例分析题

甲公司向某工商银行申请一张银行承兑汇票，该银行做了必要的审查后受理了这份申请，并依法在票据上签章。甲公司得到这张票据后没有在票据上签章便将该票据直接交付给乙公司作为购货款，乙公司又将此票据背书转让给丙公司以偿债。到了票据上记载的付款日期，丙公司持票向承兑银行请求付款时，该银行以票据无效为由拒绝付款。

请问：1. 从案情来看，这张汇票有效吗？

2. 根据我国《票据法》关于汇票出票行为的规定，记载了哪些事项的汇票才是有效票据？

3. 银行既然在票据上依法签章，它可以拒绝付款吗？为什么？

第三章

国际结算方式

学习目标

通过对本章的学习，掌握汇款、托收、信用证、银行保函等结算方式的概念、特点及业务操作流程，从而能够辨别各种结算方式的风险及其防范，能够结合国际贸易惯例，灵活选择并运用结算方式，针对国际贸易结算纠纷提出解决办法。

导读案例

我国沿海一家进出口集团A公司与澳大利亚B公司有3年多的合作经历，双方一直保持良好的贸易关系。合作初期，A公司出口的小型家电在众多海外市场上较为畅销，B公司订货量较大。由于该产品初次进入澳大利亚市场，且双方之前没有贸易往来，因此A公司要求B公司以即期信用证方式进行结算，并且对开证行的资质进行了严格规定。后来，随着双方的相互了解，贸易往来日益增加，我方A公司的多款产品都进入了当地市场，B公司每次订单量不大，但订货稳定，因此，我方A公司为B公司提供了优惠的付款条件，逐渐采用便捷的D/P即期托收、D/A 60天远期托收、D/A 90天远期托收、货到付款方式，双方贸易额由初期的几万美元增加到七八十万美元。

2009年9月，B公司与我方A公司签下一笔订单，金额为10万美元，价格条件为CIF墨尔本，A公司认为B公司是长期合作客户，没有进行严格的信用审核，依据惯例，采用D/A 90天的信用条件。2009年11月，货物全部出口，同时A公司及时向我方托收行提交了全部单据。2010年2月，汇票到期时，B公司以市场行情不好、大部分货物尚未售出为由，要求延迟付款。之后，我方A公司不断给B公司发邮件要求付款或退货，B公司对迟付表示歉意并表示尽快偿付。2010年3月，B公司支付了2万美元，其余货款继续拖欠。同年7月，B公司总经理K先生辞职，而在此之前，我方所有业务都是K先生经手的，之后澳大利亚B公司对我方A公司的所有函件没有答复。2010年10月，我方A公司委托东方国际保理中心受理此案，调查得知，B公司已于2010年9月申请破产。东方国际保理中心为我方A公司及时申请了债权，尽力将损失降低，但是，我方A公司仍遭受巨大损失。

由此可见，在国际贸易中选择结算方式时，应综合衡量、全面考察，可多种方式结合，避免出现重大风险。

⊕ 第一节　国际结算方式概述

国际结算要想顺利完成，除了要运用一定的结算工具，如汇票、本票或支票外，还需要通过一定的方式，如汇款、托收、信用证等。本章将介绍主要的国际结算方式，这是国际结算的核心内容。

一、国际结算方式的概念及分类

国际结算方式是通过货币收付，结清国际贸易中产生的债权债务的具体方式。

国际结算方式的具体内容包括：①为了买方获得物权单据，卖方收取货款，双方采取提交单据与付款的方式；②结算过程中，买卖双方和银行之间各自权责明确；③买卖双方交货及付款时间、使用币种、所需单据的种类；④银行之间的汇款头寸划拨安排；⑤银行提供的融资服务；等等。

从不同的角度，国际结算方式可以进行以下分类。

(一) 从信用角度，分为商业信用结算方式和银行信用结算方式

商业信用结算方式是指银行接受委托，以代理人身份办理款项收付及单据传递，不以自身信用为其提供担保，如汇款和托收方式等。

银行信用结算方式是指银行不仅接受委托为双方结算款项提供中介服务，而且为双方交易提供信用保证，如信用证和银行保函等。

(二) 从结算演进的历程，分为传统结算方式和新型结算方式

汇款、托收和信用证一直是国际贸易结算中较为常用的三种方式。近年来，随着国际贸易竞争的日趋激烈，贸易结算方式发生了明显的变化，企业迫切需要新的结算方式来满足其在融资、信息咨询和风险控制等方面的需求。在这一背景下，银行保函、国际保理、福费廷等新型结算方式应运而生，并以运用范围广、应用灵活、针对性强等特点被越来越多地应用于国际贸易、劳务和其他经济活动中。

二、国际结算方式应具备的条件

任何结算方式的广泛应用都并非偶然，它需要考虑买卖双方的利益，通常要具备以下条件。

(1) 要能保证安全、快速地结清债权债务。

(2) 要能照顾双方利益。在结算货款时，双方利益是矛盾的，买方希望先收货后付

款，卖方则愿意先收款后发货，双方的结算方式必须保证安全、高效和费用平衡。

(3) 要便于融资，能使双方(包括中间商)从银行筹措到所需资金。

三、顺汇与逆汇

考察一种结算方式，首先要清楚"顺汇"和"逆汇"这两个概念。所谓顺汇，又称汇付法，它是付款人主动将款项交给银行，委托银行采用某种结算工具支付给收款人的结算方式，由于资金流向与结算工具的传递方向相同，故称顺汇。汇款方式即属于顺汇。

顺汇流程如图3.1所示。图中，结算工具(如银行间的SWIFT报文)的走向与货款的流向是同一方向，这是债务方主动付款给债权方。

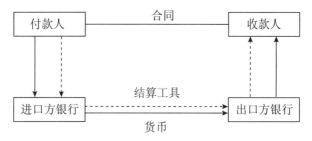

图3.1　顺汇流程

逆汇也称出票法，是由收款人出具汇票，委托银行向国外的付款人收取一定金额的结算方式。由于资金流向与结算工具的传递方向相反，故称逆汇。托收和信用证属于逆汇。如图3.2所示，逆汇的结算工具(如汇票)走向与货款流向呈相反方向，这是收款人发出支付命令主动向付款人索取货款。

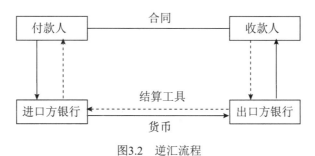

图3.2　逆汇流程

⊕ 第二节　汇款

汇款作为一种重要的国际结算方式，由于手续简单，手续费较少，是国际贸易和非贸易结算的一种重要手段。

一、汇款方式及当事人

汇款(Remittance)方式是指汇出行应汇款人的要求,将款项通过其国外代理行(汇入行)交付给收款人的结算方式。汇款属顺汇方式,可单独使用,也可与其他方式结合使用,既适用于贸易结算,也适用于非贸易结算。它是基本的结算方式,也是银行的主要外汇业务之一。汇款有4个基本当事人,即汇款人、汇出行、汇入行及收款人。

(一) 汇款人

汇款人(Remitter)是向银行交付款项并委托其将该款项汇交给收款人的当事人,在国际货款结算中,汇款人即进口商。汇款人的责任是填写汇款申请书、提供汇出款项并承担相关费用。汇款申请书是汇款人与汇出行之间的委托契约,也是汇款人的委托指示,它明确了双方的权利和义务。汇款人须根据自身需要详细填写必要项目,如收款人名称、地址、国别、开户行名称及账号、汇款用途等,凡是汇款申请书上的错漏及应交款项与汇款手续的错漏、延误引起的后果均由汇款人负责。

(二) 汇出行

汇出行(Remitting Bank)是接受汇款人委托汇出款项的当事人,通常是汇款人的银行或进口方的往来银行。汇出行办理的是汇出汇款业务,其职责是按汇款人的要求将款项汇交收款人。汇出行应认真审核汇款申请书,对任何模糊之处或危及汇款解付的地方,应立即要求汇款人修改。汇款申请书一旦被接受,汇款人和汇出行之间的契约即生效。汇出行须严格遵照申请书内容办理汇出汇款业务。操作中还应注意:尽量拉直汇款路线,对于迂回路线应征求汇款人确认;付款指令必须正确表达头寸偿付办法;注意自身的头寸安排,避免延误解付款项或负担不必要的透支利息。

(三) 汇入行

汇入行(Paying Bank)也称解付行,是接受汇出行的委托,办理汇款业务并解付一定金额给收款人的银行,通常是收款人所在地银行,即出口方的往来银行。汇入行收到支付委托书后必须确认其是由汇出行发出,如有疑惑须用加押电报确认。汇入行解付款项要严格按照汇出行的支付委托书执行,汇出行与汇入行是联行或代理行关系,业务中接受委托解付款项。

(四) 收款人

收款人(Payee)是指接到汇入行通知后收取款项的当事人,在国际货款结算中,收款人即出口商,他有权凭证取款。在贸易汇款实务中,汇款人和收款人是债权债务关系。

汇款当事人之间的关系如图3.3所示。

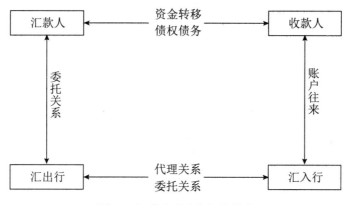

图3.3 汇款当事人之间的关系

二、汇款的分类及业务流程

按照汇款使用的支付工具，可将汇款分为电汇、信汇、票汇三种。

(一) 电汇

1. 电汇业务流程与特点

电汇(Telegraphic Transfer,T/T)是汇出行应汇款人的请求，用加押电报(Cable)、电传(Telex)或通过SWIFT报文向国外的汇入行(即分行或代理行)指示其解付一定款项给收款人的一种汇款方式，目前使用较为普遍。在进出口贸易中，电汇业务流程如图3.4所示。

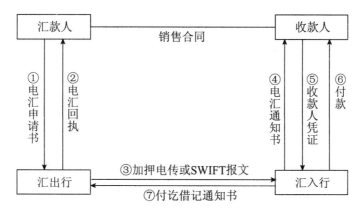

图3.4 电汇业务流程

图示说明：

①汇款人填写汇款申请书，一式两份，提交款项、手续费并在申请书上注明使用电汇方式；②汇出行核实汇交资金，盖章后退给汇款人一联，汇款人取得电汇回执；③汇出行发出加押电传或SWIFT报文给汇入行，委托其解付款项给收款人；④汇入行收到报文核对密押后，缮制电汇通知书，通知收款人收款；⑤收款人收到通知书后在收据联上盖章，提示汇入行；⑥汇入行与汇出行处理头寸划拨，同时解付款项给收款人；⑦汇入行通知汇出行款项已经解付

电汇方式具有速度快、安全、费用高的特点，原来主要用于金额较大的业务，但由于通信网络技术的发展使电汇成本逐渐降低，现在人们越来越多地采用电汇方式。对银行来讲，电汇可以收取较高的手续费，但交款迅速，银行无法占用客户资金。

2. 采用SWIFT系统的电汇方式

SWIFT系统是当前国际银行间采用的主要通信手段之一，它联通世界各国不同的支付、清算和账户系统，具有高效、安全、快捷的特点，因此国际银行间的电汇主要采用该系统。

SWIFT系统编制了一套银行识别代码(BIC)，可以保证自动支付系统准确、无误地识别会员及有关金融交易中的金融机构。例如，"BKCHCNBJ300"是中国银行上海分行的BIC，其中，"BKCH"是银行代码，"CN"是国家代码，"BJ"是方位代码，"300"是分行代码。为了有效传递客户信息，清算资金头寸，SWIFT系统还设计了一套标准化的统一格式，其报文类型共有10类。

第1类，客户汇款与支票。

第2类，金融机构间头寸调拨。

第3类，资金市场交易。

第4类，托收与光票。

第5类，证券。

第6类，贵金属。

第7类，跟单信用证与保函。

第8类，旅行支票。

第9类，现金管理与账务。

第10类，SWIFT系统电报。

其中，每一类(Category)包含若干组(Group)，每一组又包含若干格式(Type)，每个电报格式代号由三位数字组成。例如，MT103是客户汇款的常用格式，MT400是托收的付款通知，MT700/701是开立跟单信用证等。

下面具体解释一下客户汇款MT103的报文格式，如表3.1所示。所有SWIFT电汇方式只要按照规定的格式在系统中输入电文内容，即可实现客户资金的跨境转移。

表3.1　SWIFT客户汇款MT103格式

Status	Tag	Field Name(英文)	项目名称(中文)
M	20	Sender's Transaction Reference Number (TRN)	发报行业务参考号
M	32A	Value Date, Currency Code, Amount	起息日，货币，金额
M	50a	Ordering Customer	汇款人
O	52A	Ordering Bank	汇出行
M	53A	Sender's Correspondent Bank	发报行代理
O	54a	Receiver's Correspondent Bank	收报行代理
O	56a	Intermediary Bank	中间行

(续表)

Status	Tag	Field Name(英文)	项目名称(中文)
O	57a	Account With Bank	账户行(收款人开户行)
M	59a	Beneficiary Customer	收款人
O	70	Details of Payment	汇款信息
M	71A	Details of Charges	费用信息
O	72	Sender to Receiver Information	发报行给收报行的信息

注：M=Mandatory(必要项目)，O=Optional(可选项目)

(二) 信汇

信汇(Mail Transfer,M/T)是汇出行应汇款人的要求，以航空邮寄方式将信汇委托书(M/T advice)或支付委托书寄给汇入行，授权其解付一定金额给收款人的一种汇款方式。信汇速度较慢、费用低，只在小额的个人汇款中使用，目前在贸易实务中已较少采用。

信汇业务流程与电汇业务流程基本相同，不同的是汇出行应汇款人的申请，以信汇委托书或支付委托书作为结算工具，通过航空邮寄至汇入行，委托其解付。信汇委托书或支付委托书上须加具有权签字人的签字，汇入行收到委托书后，凭汇出行的印鉴样本核对无误后，即按委托书地址通知收款人前来取款。收款人领取汇款时，须持身份证件并在汇款收据上签名或盖章。

(三) 票汇

票汇(Remittance by Banker's Demand Draft,D/D)是汇出行应汇款人的申请，代汇款人开立以其分行或代理行为解付行的银行即期汇票，支付一定金额给收款人的一种汇款方式。票汇灵活、方便，且汇票可代替现金流通，用途广泛。票汇业务流程与电汇和信汇稍有不同，如图3.5所示。

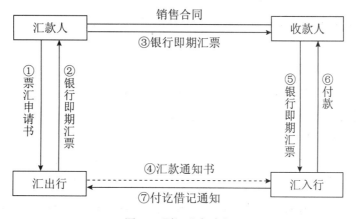

图3.5　票汇业务流程

三、汇出汇款和汇入汇款的操作

银行在办理汇款业务时，根据接受委托的不同，可分为汇出汇款和汇入汇款。

(一) 汇出汇款的操作

汇出汇款是银行接受客户委托，以加押电报、电传、SWIFT方式或通过开立银行即期汇票方式，将外汇通过银行的国外代理行，汇到客户指定的收款人所在银行账户的业务。汇出汇款的操作程序：客户→汇出行→汇入行→收款人。

我国企业办理汇出汇款时，应向汇出行提交汇出汇款申请书 (二维码)和我国外汇管理规定提及的有效商业单据。如果是须经国家外汇管理局批准的业务，还需提供外汇管理局的批准件。个人客户办理此项业务需在银行开立外汇或人民币账户，提供有效单据和有效凭证。

汇出汇款业务的操作流程：①客户填写"汇出汇款申请书"；②向银行支付汇款金额、缴付手续费等，汇出款项可以从现汇账户中汇出，也可用人民币购汇汇出；③根据国家外汇管理规定，客户须按付汇项目向银行提交有效单据；④银行审核汇付单据，审核"汇出汇款申请书"；⑤银行对外发送报文或签发以境外分行、代理行为付款人的银行即期汇票；⑥如需修改汇款指示，由客户提交修改申请后办理。

资料链接　中国银行汇出汇款业务

一、产品说明

汇出汇款业务是指我行接受汇款人的委托，以约定汇款方式委托海外联行或代理行将一定金额的款项付给指定收款人的业务，用于满足国际资金汇划结算需求。汇款方式包括电汇、信汇和票汇，目前常用的是电汇和票汇。

二、产品特点

(1) 费用少。与信用证和托收方式相比，汇款具有手续简便、费用低廉的特点。

(2) 速度快。电汇速度较快，有利于出口商及时收款，加快资金周转速度。

(3) 操作简便。操作简单易行，适用范围较广。

三、适用客户

(1) 进口商流动资金充足，当前主要目标是控制财务费用而不是取得融资便利。

(2) 贸易结算项下，出口商接受货到付款的条件，但对收款速度有较高要求。

(3) 进口商与出口商有良好的合作关系且充分信任，愿意接受预付货款的条件。

(4) 资料费、技术费、贸易从属费用(包括运费保费)等宜采用汇出汇款方式。

(5) 贸易项下的尾款一般宜采用汇出汇款方式。

四、提交材料

(1) 办理各类汇出汇款均需向银行提供汇出汇款申请书、现汇账户的支款凭证、用于购汇的人民币支票。

(2) 办理汇出汇款需符合国家有关外汇管理规定, 提交外汇管理办法要求的有效凭证, 例如有关批汇文件、国际收支申报表(如需)等。

五、申请条件

(1) 依法核准登记, 具有经年检的法人营业执照或其他足以证明其经营合法性和经营范围的有效证明文件。

(2) 拥有贷款卡。

(3) 拥有开户许可证, 并在我行开立结算账户。

(4) 具有进出口经营资格。

(5) 在我行有授信额度。

六、办理流程

汇出汇款业务办理流程如图3.6所示, 电汇和信汇以实线表示, 票汇以虚线表示。

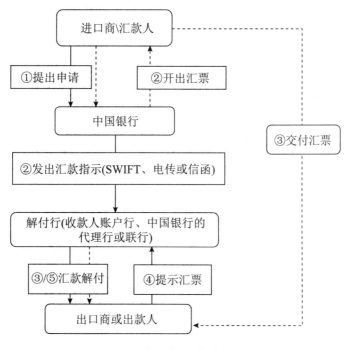

图3.6 汇出汇款业务办理流程

(1) 汇款人向我行提交"汇出汇款申请书", 以及现汇账户支款凭证或用于购汇的人民币支票。

(2) 我行经审核后向海外联行或代理行发出汇款指示电报(电汇)或指示信函(信汇), 或开具汇票(票汇)交付汇款人。

(3) 在电汇或信汇项下, 海外联行或代理行按我行指示向收款人解付汇款。

(4) 在票汇项下，汇款人将汇票自行交给收款人，收款人向汇票的付款银行提示汇票，付款行向收款人解付汇款。

七、中行优势

(1) 凭借发达的清算网络和丰富的专业经验，在国内率先推出了"环球汇兑一日通"服务和对韩美元汇款的"韩汇通"服务，可为客户选择更为便捷的汇款路径。

(2) 与主要清算银行建有多币种往来账户，可为客户提供各种可自由兑换货币的汇款服务。

(3) 依靠先进的科技手段和良好的代理行关系，可提供大额汇款全程跟踪服务，确保款项安全到达。

资料来源：中国银行. http://www.boc.cn/cbservice/.

(二) 汇入汇款的操作

汇入汇款是国外的代理行通过SWIFT、电传等发出的汇款指示，委托银行将款项解付给收款人的业务。操作程序：汇出行→汇入行(办理)→客户。汇入行收到账户行发来的汇款报文，审核无误即可解付入账或结汇。如果是票汇汇款，客户收到以我国某银行为付款行的银行汇票后，在汇票背面进行背书(背书人与汇票抬头人一致)并写上账号后提交付款行。银行核对背书，签字相符即可解付入账或结汇。汇入行在办理汇入款时，应以"收妥头寸"为解付原则，坚持"谁款谁收"。以公司为收款人的，只能办理入账或结汇。

四、汇款的退汇

退汇是指汇款在解付以前的撤销。收款人、汇款人和汇入行都可以申请退汇。

(一) 收款人退汇

收款人退汇比较简单、方便，在电汇、信汇方式下，只要收款人拒收款项并通知汇入行，汇入行就可以将汇款委托书退回汇出行，由汇出行通知汇款人前来办理退汇，取回款项。在票汇方式下退汇，收款人只要将汇票寄给汇款人，再由汇款人到汇出行办理退汇即可。

(二) 汇款人退汇

汇款人退汇的手续比较复杂。退汇原则上是在汇入行解付款项之前进行。在电汇、信汇方式下，汇款人向汇出行填写退汇申请书，说明退汇理由后办理退汇。汇出行应立即通知汇入行停止解付，撤销汇款。汇入行接到退汇通知，如果款项尚未解付，可以将汇款退回汇出行；如已解付，则汇入行不能向收款人追索要求退汇，只能由汇款人自行联系收款人协商。在票汇方式下，汇出行处理退汇申请时应尤其谨慎，如汇出行已经签发汇票交汇款人，则汇款人必须持原汇票到汇出行申请注销汇款；如汇票已寄收款人或汇票已经流通，则不能办理退汇。

汇款人退汇在实务中较为常见，具体流程如图3.7所示。

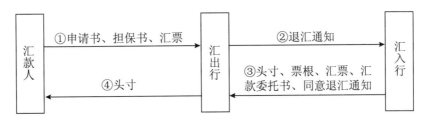

图3.7　汇款人退汇流程

(三) 汇入行退汇

在电汇和信汇方式下，如果收款人迟迟不来汇入行取款或汇入行无法联系收款人，则汇入行有权通知汇出行办理退汇。

无论是哪种退汇，除了将款项退还给汇款人外，每一笔退汇都伴随银行间的头寸划拨，两者必须同时操作。

五、汇款方式的应用

在国际贸易结算中，使用汇款方式结清双方债权债务时，根据货款支付时间和货物装运时间的不同，可以分为预付货款、货到付款和交单付现三种方式。

(一) 预付货款

预付货款是指买方先将货款通过银行汇交出口商，卖方收到货款后再发运货物的一种汇款方式。随着国际买方市场的形成，预付货款也有了灵活方式。例如，先付20%～40%的定金，其余的60%～80%出货前补全。再如，以装运为限，部分货款(30%)可在装运前预付，剩余货款(70%)可在装运后由客商凭传真过去的正本提单付款，待款项到账后再邮寄整套单据给买方。这种方法属于部分先付和部分后付的结合，目前较为流行。这种结算方式对卖方有利，货未发出款已收到，等于从买方那里获得一笔无息贷款；收款后发货，降低了出售风险，掌握出口主动权。这种结算方式对买方十分不利，不仅占压资金，容易造成周转困难及利息损失，而且要承担收到不合格货物的风险。但即便如此，仍有买方愿意采用这种方式，主要有以下几方面原因。

(1) 出口货物是紧俏商品，买方迫切需要以取得高额利润。

(2) 买卖双方往来关系密切，彼此十分信任。

(3) 出口货物旺销，买方预付货款可以吸引卖方成交。

(4) 这是卖方提出的要求。例如，在成套设备、大型机械工具交易中，卖方往往要求预付定金，余款采取其他结算方式。

(5) 跨国公司内部交易。

案例分析

案情： 唐山某国际贸易有限公司于2007年8月20日与泰国某公司签订了进口铁矿石合同，约定以每吨52美元的价格为另一家公司代理进口铁矿石，并于2007年8月29日预付80%的货款62.4万美元，预计到货日期为2007年12月30日。后卖方以铁矿石涨价为由，没有及时发货，经双方协商同意每吨加价30美元。但后来由于泰国局势动荡，卖方至今没有发货。无独有偶，唐山某实业有限公司于2009年6月采用预付货款的方式与澳大利亚某公司签订了进口废电线合同，并于2009年7月预付外方30%的货款17 281美元，预计到货日期为2009年8月24日。然而，国外客户一直未发货，该公司很难与外方取得联系，认为已经受骗。

分析： 这两家进口企业均为初次与外国公司进行贸易往来，对企业信誉了解不够，与国外客户结算都采用了预付款方式，没有要求外方提供收款行出具的预付款银行保函。另外，国外进口商品价格普遍偏低，对国内进口企业极具诱惑力，而代理进口操作不规范，导致进口付汇等不能按时办理相关手续。

资料来源：中国新闻网. http://www.chinanews.com/cj，2010/07-22/.

(二) 货到付款

货到付款是卖方先发货，买方收货后将货款通过银行汇交卖方的一种汇款方式，属于赊账交易(Open Account Transaction)，具有延期付款的性质。

货到付款对买方极为有利，如货未到达或不符合要求买方均可不付货款，占据主动地位，相当于占用卖方的资金。货到付款对卖方很不利，先发货后必然承担对方不付款的风险，同时会造成资金周转困难。

货到付款在国际贸易中的应用方式主要有如下几种。

1. 售定

售定是买卖双方签订合同，明确规定售价及付款时间，买方按照实际收货数量将货款汇交卖方的一种汇款方式。

售定是用于向我国港澳地区出口鲜活商品的一种特定方式。由于鲜活商品时间性较强或以实收数量结算，卖方就采取先发货物的方式，出口单据随货交给买方，买方收货时按实际收到的数量、规定的价格、期限将货款通过银行汇交卖方。

2. 寄售

寄售是指卖方(委托人)将货物运交进口国的约定代销人(受托人)，暂不结算货款，仅委托其按照约定条件代为销售的方式。当货物售出后，所得货款由代销人扣除佣金和费用交给委托人(寄售方)。这种方式的价格和付款时间均不确定，能否收回货款取决于国外受托人的营销能力，卖方承担的风险很大。因此，必须重视受托人的资信和经营能力，一般适用于推销新产品、处理滞销品或一些不看实物难以成交的商品。

(三) 交单付现

交单付现(Cash Against Documents, CAD)又称凭单付汇，是买方通过银行将款项汇给卖方银行(汇入行)，并指示该行凭卖方的装运单据即可付款的一种结算方式。这种方式是卖方收款以装运交单为前提条件，平衡了买卖双方的利益需求。

对于预付货款的买方和货到付款的卖方，一旦付款或一旦发货就失去了控制对方的手段，最终，买方能否收到货物或卖方能否收取货款完全取决于对方的信用，风险负担极不平衡。在交单付现的条件下，卖方交单才能收到货款，既能避免买方付了货款而收不到货物的风险，也能免除卖方发货后收不到货款的风险，所以这种方式极易被双方接受。

六、汇款的特点与风险防范

汇款方式以其手续简便、费用低廉的优点而被广泛采用，但汇款方式对于已付款或已发货的一方来说往往存在较大风险，因此，掌握汇款的特点及了解风险防范措施尤为重要。

(一) 汇款的特点

1. 属于商业信用

汇款是以银行为中介来结算进出双方的债权债务关系，它可以单独使用，也可以与其他结算方式结合使用。在其他结算方式下，资金的划拨最终也要通过汇款来完成，因此它是基本的结算方式。汇款建立在商业信用的基础上，进出双方能否顺利结清货款，归根结底取决于对方的信用状况。在汇款的过程中，银行只是按委托方的指示处理业务，提供中介服务，收取手续费用，并不介入双方合同的履行，不对任何一方提供担保，因此它属于商业信用。

2. 风险较高

对于预付货款的买方和货到付款的卖方，一旦付了款或发了货就无法制约对方，能否如期收到货物或货款，完全依赖对方的信用，如果信用不好，很可能钱货两空。

3. 资金负担不平衡

对于预付货款的买方和货到付款的卖方而言，资金负担较重，整个交易过程所需资金全由他们提供。

4. 手续简便、费用低廉

汇款方式的优点就是手续简便、费用低廉，一般支付数额较小的汇款手续费和电信费用即可，没有额外支出。因此，相互信任的双方或跨国公司的内部结算，采用汇款方式比较理想。

(二) 汇款方式的风险防范

汇款方式虽然是由银行完成款项转移，但本质上还是商业信用，如果双方缺乏信任，风险还是很大的。因此，从企业的角度来看，首先要充分了解对方的信用状况；其次合同应规定保障条款，来获得银行担保或其他商业信用担保，如要求银行提供付款保函或卖方履约保函等。从银行的角度来看，收到付款指示时，通常要确认已收妥头寸后才能解付，避免垫付，除非双方银行事先签订垫付协议。

⊕ 第三节 托收

托收是介于货到付款和预付货款之间的一种结算方式，虽然也是商业信用，但托收中的结算工具与资金的流向相反，因此又不同于汇款，属于逆汇。

一、托收的定义

托收(Collection)是由委托人(出口商)向银行(出口地银行)提交金融票据或商业单据，委托银行通过其国外分行或代理行，向进口商收回款项的一种国际结算方式。简言之，托收就是债权人委托银行向债务人代为收款的一种结算方式。

从上述定义可见，托收本身是利用银行间的代理关系和资金划拨渠道，使两端客户间的债权债务得以清偿，它本身是依靠债权人与债务人之间的信用完成结算的，属于商业信用。银行只是受托人，按照客户指示提供转账服务，对货款能否收到不负责任。

从具体业务来看，银行办理托收要比汇款复杂，其中要涉及提交票据和单据的过程，涉及国际惯例，而且各国银行对托收的做法不尽相同，因此熟悉托收业务流程，掌握有关国际惯例对各方当事人都十分必要。

二、托收当事人

银行接受委托结算时必须通过国外的联行或代理行才能完成托收业务。因此，托收涉及的基本当事人有委托人(债权人、出口商或出票人)、托收行(债权人银行)、代收行

(债务人银行)、付款人(债务人或进口商)、提示行、需要时的代理人等。

(一) 委托人

委托人(Principal)是将单据交给银行并委托其向国外付款人收款的人，即委托银行办理托收业务的当事人。委托人受两个合同约束：作为出口商，他应该履行贸易合同，这是付款的前提条件；作为委托人，他受与托收行签订的委托书的约束，该委托书是他与银行之间的托收契约，他向托收行提出托收指示、提交单据及交付托收费用等。在结算业务中，委托人通常是出口商，也是汇票的出票人。

(二) 托收行

托收行(Remitting Bank)是指接受委托人的委托，通过自己的国外分行或代理行向债务人收款的银行，通常是出口商开立账户的往来银行。它可以作为托收汇票的收款人，也可以作为托收汇票的被背书人。托收行根据委托书的指示和托收国际惯例办理业务，不能擅自超越、修改、遗漏、延误托收委托书的指示，否则后果由托收行负责。

(三) 代收行

代收行(Collecting Bank)是接受托收行委托，向债务人收取款项的银行，一般为托收行的国外分行或代理行。在国际贸易中，代收行是进口商所在地银行。它可以是托收汇票的收款人，也可以是托收汇票的被背书人。代收行一旦接受委托，就应严格按照托收行指示办理，不得擅自处理。

(四) 付款人

付款人(Drawee)是指代收行接受托收行的委托向其收取款项的人，也是委托人开立汇票的受票人。在国际货款收付中，付款人即进口商，他拥有审查票据能否接受的权力，如有正当理由，可以拒绝接受票据，同时也有按照交单方式付款或承兑的义务。

(五) 提示行

提示行(Presenting Bank)是托收中向付款人提示跟单汇票的银行，也称为交单行，它是进口地银行。一般情况下，由代收行自己作为提示行。但是如果代收行与付款人没有账户关系，却与付款人的往来银行有账户关系，代收行可以委托付款人的往来银行作为提示行。

(六) 需要时的代理人

需要时的代理人(Customer's Representative in Case of Need)是指委托人为了防止付款

人拒付(拒绝付款或承兑)，货到后无人照料而受损失，在付款地事先指定的代理人。遭到拒付后，代理人代为料理货物存仓、投保、运回或转售等事宜。委托人在托收申请书中注明代理人权限，一般请代收行作为需要时的代理人。

在托收当事人中，委托人与托收行是委托代理关系，托收行与代收行同样也是委托代理关系。期间存在两个契约关系：①委托人与托收行以托收申请书为契约关系，托收行按照申请书的指示进行操作。②托收行与代收行以托收指示书为依据办理业务，托收指示书与托收申请书必须一致。

三、托收的种类及流程

托收分为光票托收和跟单托收两种，在国际贸易中主要使用跟单托收。

(一) 光票托收

光票托收(Clean Collection)是指委托人凭金融单据委托银行代为收款的托收方式。常见的金融单据有银行汇票、本票、支票等，有时还可附带一些非货运单据，如发票、垫款清单等。它不涉及货权的转移或货物的处理，一般用于贸易从属费用和非贸易款项的收付。

金融票据以汇票为例，有三个关系人，即出票人、付款人、受益人。出票人签发票据给受益人，指示付款人向受益人(收款人)支付一定金额的款项。受益人将票据提交当地银行，当地银行接受委托，向异地的付款行收款。如果受托行与付款行无直接的账户关系，则委托其国外分行或代理行向付款人收款，这个过程为光票托收。光票托收的业务流程如图3.8所示。

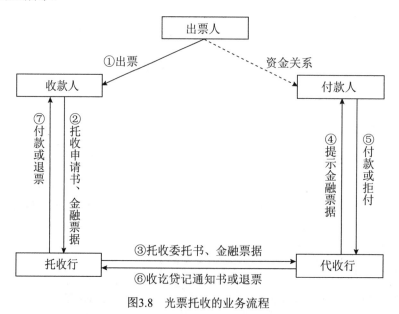

图3.8 光票托收的业务流程

(二) 跟单托收

跟单托收(Documentary Bill for Collection)是指伴随货运单据的托收。在国际贸易结算中，跟单托收是出口商将汇票连同货运单据交给银行，委托银行代为收款的一种托收方式。根据交单条件的不同，可以分为付款交单和承兑交单两种方式。

1. 付款交单

付款交单(Documents Against Payment，D/P)是指代收行在付款人(进口商)付清票款后，才能将货运单据交给进口商的一种托收方式。它的特点是先付款后交单，付款之前，出口商仍然掌握货权，风险较小。

根据汇票付款期限的不同，付款交单可分为即期付款交单和远期付款交单。

(1) 即期付款交单(D/P at Sight)是指委托人(出口商)开立即期汇票，代收行向付款人提示汇票时，付款人立即付款以获得单据的托收方式，业务流程如图3.9所示。

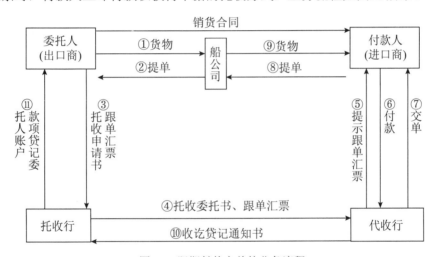

图3.9 即期付款交单的业务流程

案例分析

案情：2000年，江苏一家外贸公司与欧洲一家外贸公司签订了一笔16万美元的出口合同(FOB连云港)，结算方式为D/P at Sight(即期付款交单)，进口商指定货代公司为B公司。之前双方采用信用证结算，合作比较愉快，出口商对货代公司没有认真调查了解。出货后，出口商将全套单据通过中国银行转交对方指定的代收行收款，在规定的时间，出口商没有收到货款。在之后的一个多月里，进口商以各种理由不付款。在这种情况下，出口商指示代收行将全套单据转交出口公司在欧洲的分公司，让其先代售此货后再与进口商交涉，以减少损失。当欧洲分公司拿着提单提货时，发现货物已被进口商提走。公司与进口商交涉，对方没有回应。公司去找B公司，这时B公司早已人去楼空，经工商部门查验，该公司根本没有货代资质。出口公司只好通过欧洲分公司起诉进口商，但得知其申请了破产保护，只好撤诉。

分析：本案例中，由于出口商只根据以往的经验，轻信进口商，采用托收方式，给自己造成了巨大损失，不仅全部货款无法追回，而且浪费了人力和物力以及其他额外费用。

资料来源：道客巴巴. http://www.doc88.com/.

(2) 远期付款交单(D/P at ×× Days After Sight)是指委托人开立远期汇票，代收行向进口商提示汇票时，进口商承兑远期汇票并于汇票到期日付款赎单。国际商会在《托收统一规则》(URC522)中明确表示不赞成使用远期付款交单的托收方式，因此，实务中较少运用。远期付款交单的业务流程如图3.10所示。

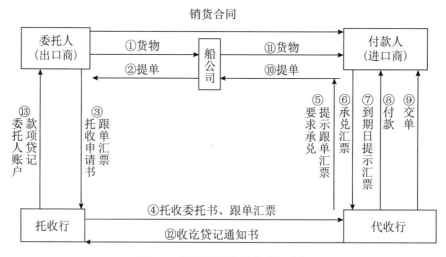

图3.10 远期付款交单的业务流程

西方国家中的有些银行对远期付款交单方式采取了一种变通的做法，即付款交单凭信托收据(T/R)借单，简称D/P项下的T/R，即代收行允许进口商付款前开立信托收据(Trust Receipt, T/R)，凭此收据从代收行借出单据提货，待货物出售后再将货款偿还银行。显然，这是代收行(或出口商)对进口商提供的一种融资便利，提供融资方要承担进口商违约的风险。

2. 承兑交单

承兑交单(Documents Against Acceptance，D/A)是指代收行根据托收指示，在付款人承兑汇票后，即将单据交给付款人，汇票到期时付款人再付款的一种托收方式。在此方式下，进口商承兑汇票后出口商即失去对单据的控制，双方风险承担极不平衡，而且承兑的期限越长，风险越大，出口商一般不愿采用这种方式。承兑交单的业务流程如图3.11所示。

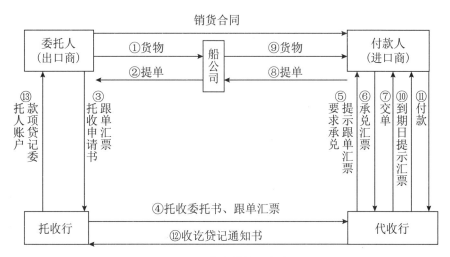

图3.11　承兑交单的业务流程

3. 托收指示

托收指示是根据出口商向银行提交的托收委托书缮制的，它是托收行和代收行处理业务的唯一指令。托收指示样本是一种标准的授权书形式，包括放单指示、付款指示和附加指示。

1) 放单指示

D/A(承兑交单)是代收行凭进口商承兑的远期汇票放单。

D/P at Sight(即期付款交单)是代收行凭进口商对即期汇票的付款放单。

D/P after Sight(远期付款交单)是代收行凭进口商对远期汇票的付款放单。为了避免和承兑交单混淆，应在托收指示中注明"付款后交单"。

2) 付款指示

如托收行在代收行设有账户，托收指示："请贷记我行账户，通过SWIFT/航空邮件通知我方。"

如代收行在托收行设有账户，托收指示："请收款并通过SWIFT/航空邮件授权我方借记你方在我处的账户。"

当托收行和代收行无账户关系时，托收指示："请代收款项并汇至××银行贷记我方在该行的账户，该行凭SWIFT/航空邮件通知我方。"

3) 附加指示

(1) 进口商地址应明确。

(2) 遭到拒付后，提示行必须通过托收行通知出口商，否则银行不会作出拒绝证书。

(3) 出口商应给出需要时的代理人的名址，遭到拒付时，代理人将会负责货物存储和再销售。

(4) 即使托收指示没有注明，托收行也有权向出口商收取自己和代收行的佣金和费用。托收指示必须说明，如遭到拒付，是否可以放弃收取费用和利息。

托收行指示及代收行责任纠纷

案情： 在一笔托收业务中，托收行在托收指示中规定"DOCS TO BE RELEASED ONLY AGAINST ACCEPTANCE"以及"PAYMENT ON DUE DATE TO BE GUARANTEED BY XX BANK(代收行)。TESTED TELEX TO THIS EFFECT REQUIRED"(单据凭承兑交单放行以及到期付款由××银行(代收行)担保。这一点要求需要电传确认)。代收行办理承兑交单后，向托收行寄出承兑通知书，明确指出"THE BILL ACCEPTED BY DRAWEE"(汇票由付款人承兑)，到期日为2001年9月13日。不久后，当托收行查询有关承兑情况时，代收行复电再次告知"DOCS HAVE BEEN ACCEPTED BY DRAWEE TO MATURE ON 20010913"(单据已被付款人接受并于2001年9月13日到期)。在上述承兑通知书及查询答复中，代收行均未表明担保付款，亦未发出承诺担保电传，托收行亦未就此提出任何异议。承兑汇票到期后，进口商拒付货款，代收行即向托收行发出拒付通知。托收行认为托收指示中要求凭代收行到期付款的担保放单，而代收行已将单据放给付款人，因此要求立即付款。代收行反驳，放单是基于付款人的承兑，根据URC522的规定，代收行没有担保到期付款的责任。虽经多次交涉，但此纠纷仍未得到解决。

请问此案中代收行的做法正确吗？

分析： (1) 本案争论的焦点是代收行未完全执行托收指示的责任问题。托收行认为，根据国际法律一般原则，如代收行做不到托收行所要求的担保付款，应该回复托收行。至于未征求托收行的意见便放单给付款人，则是严重违反合同约定的行为，代收行应对此负责。代收行强调，放单系根据URC522第十一条的规定承担责任，托收指示规定凭承兑放单，代收行正是在付款人承兑后才放单的。至于托收指示要求代收行担保，同时要求发加押电传证实，而事实上代收行并未发出这样的电传，在有关的承兑通知书及函电中也仅仅明确通知托收行付款人已承兑，托收行未提出任何异议，代收行因此认为自己不承担任何担保责任。

(2) 根据URC522关于托收指示的规定，如果代收行不能遵守指示，应当回复托收行，而代收行并未这样做，只是在托收行查询单据下落时才告知仅凭承兑放单。应该说，代收行在这一点上违反了URC522的规定。然而，并不能因此得出代收行应当承担责任的结论。

首先，托收行的指示不符合托收业务的基本原则，实际上改变了托收的性质。在托收中，银行作为中间环节，只是为客户提供必要的服务，并不因此承担额外的风险。作为代收行，其义务无非是在进口商付款或承兑的情况下放单，强行赋予其担保客户付款的义务并不是银行业务的通行做法。

其次，托收行在寄单面函中不仅指示代收行担保到期付款，而且要求代收行以加押电传加以证实。尽管代收行并未明确通知托收行拒绝接受该指示，但也未按照托收行的要求加押电报告知托收行。代收行对托收行发出的两项密切相关的指示均未做出反应，而其中的加押电报证实一项是不能通过默示方法来完成的，将这两项要求结合起来看，托收行的指示是不能默示接受的。因此，不能仅凭代收行未作答复的事实，就简单认定代收行已接受了托收行关于担保到期付款的指示。

资料来源：道客巴巴. http://www.doc88.com/.

四、托收的特点及风险防范

(一) 托收方式的特点

1. 商业信用

托收同汇款一样，都属于商业信用，进口商能否按期取得货物，出口商能否如期收到货款都取决于对方的信誉。托收行只是接受委托提供服务，不提供任何信用担保，对托收中的风险、费用和意外事故不承担责任。

2. 风险负担较为平衡

相较于汇款方式，托收的风险负担相对平衡。对于出口商来说，进口商必须在付款或承兑后才能掌握货权，使出口商在控制物权、安全收款方面比货到付款更有保证。对于进口商来说，在被提示付款或承兑时，表明出口商已按要求发货，与预付货款相比，进口商收货风险降低，利益更有保障。而且在承兑交单下，进口商承兑汇票即可赎单提货，用销售款支付货款，相当于获得出口商的资金融通，对进口商更为有利。

3. 手续较复杂，费用较高

托收业务流程比汇款方式复杂，涉及更多的当事人，手续较多，银行为双方提供更为专业的结算服务，费用也相对较高。

(二) 托收方式的风险

1. 出口商的风险

托收是出口商先发货后收款，有利于进口商，因此，托收中出口商面临的风险较大，常见的有以下几种

(1) 进口商的经营风险。如进口商破产、倒闭或失去偿付能力。

(2) 进口地市场风险及进口商信用风险。主要有市场行情下跌，不利于销售；付款人借故不履约或借机压价。

(3) 进口国的国家风险。一些国家实行进口配额，在单据到达或付款到期时，进口

商未能取得该类证明文件，致使货物被禁止进口或处罚；或因外汇管制，付款人未申请到外汇不能付款赎单。

(4) 其他风险。如由以上情况导致货到后发生的提货、存仓、保险费用和货物变质、短量的风险；转售货物的价格损失风险；转运费用较高以及因储存时间过长被政府拍卖的风险。

2. 进口商的风险

对于进口商而言主要是货物风险，即在付款交单项下，凭单据提取的货物有可能与合同不符。

(三) 托收方式的风险防范

针对托收项下出口商面临的风险，为了安全收汇，出口商应采取如下措施。

1. 加强对进口商的资信调查

在托收项下，出口商能否收汇取决于进口商的信用。因此，必须事先调查进口商的资信和经营状况，成交金额不宜超过其经营能力和信用程度。

2. 选择适当产品和慎用结算方式

出口货物应当具有价格平稳、品质稳定、金额不大的特点，或选择新产品。当出口市场行情看跌、货物滞销时，出口商应谨慎选择承兑交单方式。

3. 了解进口国的贸易法令和外汇管制

货物运出国境之前，出口商应当确定对方已获得官方许可证明及核准的外汇额度，避免货物滞港、罚没及无法收到外汇。

4. 选择适当的价格术语

出口商应尽量争取使用CIF或CIP术语签订合同，并要办理投保，一旦货物受损，在控制物权的情况下可凭保险单向保险公司索赔，获得赔款。

5. 投保出口信用险

出口信用险是政府为了鼓励出口、保障收汇安全而开办的一项政策性保险，适用于付款期限不超过180天的承兑交单或赊销项下的保险。投保该险后，如果进口商无力支付或违约不支付货款，以及进口国家风险导致不能如期付款，保险公司将予以赔偿。这种保险是将进口商的信用风险或国家风险转由保险公司承担，是目前规避进口商风险的有效手段之一。

案例分析

进口商偷梁换柱，改变代收行地址

案情： 近年来，欧元区的希腊等国由于受欧债危机的困扰，希腊银行和进口商深受打击，他们在与国外交易时更易违约，甚至不惜牺牲自己的商业信用，实施欺诈行为。

2010年5月，国内某公司在G银行叙作出口托收业务一笔，付款方式为D/P at Sight(即期付款交单)，付款人为希腊某公司。G银行受理业务后，按照客户提供的代收行地址，将单据通过快递公司寄给国外代收行。

一个月后，出口商向银行反映进口商已将货物提走，但是代收行没有付款。出口商向货运公司查询后得知，进口商已经使用正本提单提取了货物。G银行紧急向代收行查询，但是代收行没有答复。G银行又多次查询，但是代收行仍然不予理睬。经过核实，得知进口商提供的代收行地址其实是进口商的地址。也就是说，出口商被蒙骗，将错误的代收行地址告知银行，而G银行在不知情的情况下，把本应寄给代收行的单据寄给了进口商。进口商收到单据后将货物提走，而代收行根本没有收到单据，因此对G银行的查询不予理睬。

分析：跟单托收是一种商业信用，出口商能否按时足额取得货款取决于进口商的信用。当进口商所在国经济状况不景气、市场销售不利时，进口商就容易违约甚至实施欺诈行为。因此，在实务中，不仅要对进口商的资信情况进行深入调查，还应该密切注意进口国的经济形势和市场状况。

资料来源：王腾. 关注希腊——防范商业欺诈[J]. 中国海关，2011(6).

第四节　信用证

信用证是以银行信用为基础的结算方式，它的产生与运用解决了贸易双方互相不够信任、结算过程中风险利益分担不均衡的问题，是进出口双方都易于接受的一种结算方式。信用证拓展了贸易范围，促进了国际贸易的发展，目前仍是各国进出口商采用的主要结算方式之一。

一、信用证概述

(一) 信用证的概念

信用证(Letter of Credit)是开证银行根据申请人(进口商)的要求作出的在满足信用证要求和提交规定单据的条件下，向受益人(出口商)做出的承诺在一定期限内支付一定金额的书面文件。简言之，信用证是银行有条件的付款承诺。

国际商会(International Chamber of Commerce，ICC)第600号出版物《跟单信用证统一惯例》(Uniform Customs and Practice for Documentory Credits 600，UCP600)第2条规定："信用证，无论如何命名与描述，意指一项不可撤销的安排，据此构成开证行在相符交单下的确定的承付责任。"其中，承付(Honour)是指：①即期付款信用证项下，即期付款；②延期付款信用证项下，承担延期付款责任并到期付款；③承兑信用证项下，承兑受益人出具的汇票并到期付款。

这一定义表述较为复杂，主要是为了考虑法律上的严谨和完整。实际上，信用证就是指由银行做出承诺，当受益人(出口商)达到信用证的条件时，就可以从开证行或其授权的银行顺利拿到货款。由此可见，当出口商觉得风险较大时，会要求进口商向银行申请开立信用证，由银行做出付款承诺，从而降低收款风险。

(二) 信用证的特点

1. 开证行承担第一付款责任

开证行一旦开证，就表明以自己的信用做了付款保证，并因此处于第一性付款人的地位。所谓第一性付款责任，就是开证行不管进口商能否付款，只要受益人提交的单据与信用证规定一致，开证行就必须付款，而不能以申请人的情况为由，拒绝付款。而且开证行对受益人的付款是终局性的，没有追索权。可见，信用证是一种银行信用。

案例分析

开证行需要承担第一性付款责任

案情： 我国某出口公司收到一份国外银行开立的不可撤销信用证，该公司按信用证要求将货物装船后，在尚未交单议付时，突然接到开证行通知，通知称"申请人(进口商)已经倒闭，本开证行不再承担付款责任"。那么，开证行的做法是否正确呢？

分析： 开证行的做法不正确。申请人的倒闭不是撤销/修改信用证的理由，开证行必须履行信用证的义务。但是在实务中，考虑到信用证款项最终是由申请人来承担的，因此申请人的倒闭将使受益人的权益失去保障，贸然发货很可能会受到开证行的百般刁难。

资料来源：庞红. 国际结算[M]. 4版. 北京：中国人民大学出版社，2012.

---

2. 信用证是一项独立自足文件，不依附于贸易合同

虽然信用证是以买卖合同为基础开立的，但一经开出并被受益人接受，便成为独立于合同的自足文件，不受合同约束。

UCP600第4条A款规定："就性质而言，信用证与可能作为其开立基础的销售合同或其他合同是相互独立的交易。即使信用证中含有对此类合同的任何援引，银行也

与该合同无关,且不受其约束。因此,银行关于承付、议付或履行信用证下其他义务的承诺,不受申请人基于开证行或与受益人之间的关系而产生的任何请求或抗辩的影响。""受益人在任何情况下不得利用银行之间或申请人与开证行之间的合同关系。"

可见,信用证是独立于贸易合同的、完整的自足文件。银行只对信用证负责,没有审查和监督执行贸易合同的义务,合同的修改、变更甚至失效都丝毫不影响信用证的效力,当事人只受信用证条款的约束。

案例分析

信用证独立于贸易合同

案情: 我国某公司向美国出口一批货物,合同规定8月份装船,后国外开来信用证,将装船期定为8月15日之前。但8月15日前无船去美国,我方立即要求美国将船期延至9月15日前装运。美商来电称:同意修改合同,将装船期、有效期顺延1个月。该公司于9月10日装船,15日持全套单据向指定银行办理议付,但被银行以单证不符为由拒绝议付。试问议付行的做法合理吗?

分析: 议付行的做法正确。根据UCP600第4条的规定,信用证是独立于贸易合同的另一份契约,是一份独立、完整的自足文件。银行只对信用证负责,对贸易合同没有审查和监督执行的义务。合同的修改、变更甚至失效都丝毫不影响信用证的效力。该出口商应在出运前联系进口商要求改证,使信用证与修改的合同有关内容相符。出口商在收到开证行修改书后方能发货,这样才能保障自己的利益。

资料来源:庞红.国际结算[M].4版.北京:中国人民大学出版社,2012.

3. 信用证业务是一种纯粹的单据业务

UCP600第5条规定:"银行仅处理单据,而不是单据可能涉及的货物、服务或其他行为。"因此,信用证方式是一种纯粹的单据业务,只要提交的单据与信用证相符,开证行就应付款。按照这一原则,银行是否履行信用证责任,完全取决于单据是否符合信用证条款。银行依据UCP及信用证条款来审核单据的相符性,而不管货物是否与合同一致。

由于信用证的这一性质,UCP600第14条A款规定:"按照指定行事的被指定银行、保兑行(如有)以及开证行必须仅以单据为基础对提示的单据进行审核,并且以此决定单据是否在表面上与信用证条款构成相符提示。"G款规定:"提交的非信用证所要求的单据将不予理会,并可被退还交单人。"H款规定:"如果信用证含有一项条件,但未规定用以表明该条件得到满足的单据,银行视为未作规定并不予理会。"

银行判断单据是否与信用证相符,是以单据的"表面"为依据。UCP600第34条进一步规定:"银行对任何单据的形式、完整性、准确性、内容真实性、单据真伪性或法律效力,或对于单据中规定的或附加的一般性或特殊性条件,概不负责;银行对于任何单据所代表的货物、服务和其他履约行为的描述、数量、重量、质量、状况、包装、交货、价值或存在，对于发货人、承运人、货运代理人、收货人、保险承保人或其他任何人的诚信、行为、疏忽、清偿能力、履约能力和信誉状况，也概不负责。"

案例分析

信用证是一项纯粹的单据业务

案情： 有一纸禁止分批空运的信用证，飞机到达目的地后，部分货物不见，几天后才随另一架飞机到达。

分析： 货物明显由两架飞机运输，实际发生了分批装运。尽管如此，由于运输单据表面并未显示由两架飞机分别装运，与信用证的规定并无不符，根据银行仅处理单据，而不是与单据有关的货物的原则，申请人无权要求开证行拒付或拒不补偿开证行的对外付款。

资料来源：阎之大. UCP600解读与例证[M]. 北京：中国商务出版社，2007.

(三) 信用证的作用

跟单信用证能使买卖双方的债权债务得以迅速清偿，较好地平衡双方的权利和义务，为进出口商提供融资便利，因而在国际结算中发挥了重要作用。总体来说，跟单信用证具有付款保证和资金融通的作用。

1. 对进口商的作用

信用证可以提高出口商对进口商的信任度，有助于贸易达成；有助于进口商如质、如数、按期收货；申请开证时进口商只需交纳少量的保证金，可避免资金占用；当进口商有资金困难时，还可以申请融资。

2. 对出口商的作用

开证行的信用使出口商的利益得到有效保证，只要将相符单据提交议付行，出口商就可以议付单据，提前取得货款；可避免钱货两空，如果开证行不能付款，出口商仍然掌握物权单据，可减少损失；在外汇管制下出口商可以安全收汇，避免进口国禁止外汇转移的风险；出口商可以进行融资，解决资金周转困难。

3. 对开证行的作用

开证行为进口商开证贷出的是信用而不是资金，可以收取开证手续费；开证行提供有条件的信用，要求进口商开证时提供一定的保证金，付款时以物权单据为保证，能够减少提供信用的风险。

4. 对通知行/议付行的作用

通过办理信用证的通知和议付，出口地银行可以获得手续费、议付费、垫款贴息等收入，而且有开证行作为担保，银行风险较小。

■ 资料链接　信用证统一惯例的沿革

《跟单信用证统一惯例》(Uniform Customs and Practice for Documentary Credits, UCP)是在长期的贸易实践中发展起来，由国际商会(International Chamber of Commerce, ICC)加以成文化，旨在确保在世界范围内将信用证作为可靠支付工具的一套国际惯例。

1933年5月，在维也纳举行的ICC第七次年会通过了关于采用《商业跟单信用证统一惯例》的决定。

1951年1月，ICC在里斯本举行的第十三次年会上对UCP进行了第一次修订。

1962年4月，ICC在墨西哥城举办的第十九次年会上通过了新版UCP。

1974年，ICC再次对UCP进行了修订，以ICC第290号出版物公布(即UCP290)。

1983年，ICC再度对UCP进行了修订，以ICC第400号出版物公布(即UCP400)。

1993年3月10日，ICC第500号出版物公布(即UCP500)，并于1994年1月1日起生效。

2007年7月1日，ICC正式启用了UCP600。

UCP600基于UCP500的49个条款作了大幅度的调整及增删，变成现在的39条。其中，第1～5条为总则部分，包括UCP的适用范围、定义条款、解释规则、信用证的独立性等；第6～13条明确了有关信用证的开立、修改、各当事人的关系与责任等问题；第14～16条是关于单据的审核标准、单证相符或不符的处理规定；第17～28条属单据条款，包括商业发票、运输单据、保险单据等；第29～32条规定了有关款项支取的问题；第33～37条属于银行的免责条款；第38条是关于可转让信用证的规定；第39条是关于款项让渡的规定。

资料来源：苏宗祥，徐捷. 国际结算[M]. 5版. 北京：中国金融出版社，2011.

二、信用证的业务流程

(一) 信用证的当事人及主要权责

信用证的主要当事人有申请人、开证行、受益人和通知行。其他当事人有议付行、保兑行、付款行、偿付行，统称为指定银行(The Nominated Bank)，是开证行在信用证中明确指定的有关银行。

1. 申请人

申请人(Applicant)是指向银行申请开立信用证的当事人，一般是合同的进口商。在信用证业务中，进口商受两种合同的约束：一是买卖合同；二是开证申请书和担保协议。虽然信用证与合同是相互独立的，但合同是开立信用证的基础，是开证的依据，也是受益人审证的依据。

申请人的责任包括：①按规定时间申请开证。②合理指示开证。申请人应完整、明确地填写开证申请书，向开证行指示开证内容，即所谓的合同条款化、条款单据化，避免非单据化条款。③缴纳开证手续费和提供开证担保。④向开证行付款赎单。

申请人的权利包括：①要求开证行严审单据，并仅对相符单据付款。②有权通过开证行修改信用证。

2. 开证行

开证行(Issuing Bank)是指接受申请人的委托，或者根据自身的需要，开立信用证的银行。一般是进口地银行，它受开证申请书的约束，遵照申请人的指示行事并对自己的过失负责。

开证行的责任包括：①按照申请人的指示开立和修改信用证，但开证行有义务向申请人提供建议和咨询服务。②合理、审慎地审核单据，开证行的审单为"终局性审单"，即审单付款后，开证行便无权追索。③承担第一性独立的付款责任，在相符交单的条件下对受益人付款。如有其他银行进行了议付或付款，开证行有责任偿付。

开证行的权利包括：①开证行有权收取手续费和开证押金。②对不符单据有权拒付。③如果进口商拒绝付款赎单，有权处理单据。

3. 受益人

受益人(Beneficiary)是指有权使用信用证并享有信用证权益的人，即出口商或实际供货人。

受益人的责任：提交符合信用证条款规定的全套单据。

受益人的权利包括：①审核信用证及修改书内容，并对不能接受的条款提出修改要求或删除或拒绝接受。②在提交相符单据后，有权取得银行承付或议付。③如遇开证行倒闭，有权向进口商提出付款要求。

4. 通知行

通知行(Advising Bank)是指受开证行委托将信用证通知给受益人的银行，通常是出口地银行。

通知行的责任包括：①核验信用证及其修改书的真实性并澄清疑点。如果因无法确定信用证的真实性而不予通知，则应及时告知开证行；如果通知行同意通知信用证，就需审核信用证的表面真实性。②已经通知的信用证若有修改，则有关修改书也必须由这家银行通知。

通知行的权利：向受益人收取通知费。

5. 议付行

议付行(Negotiation Bank)是根据开证行的授权，买入受益人符合信用证规定的汇票及(或)单据的银行。

议付行的责任包括：①审查受益人提交的全套单据，确认单据相符后向受益人垫付货款进行议付。②议付后向开证行或其指定银行寄单索偿。

议付行的权利包括：①收取手续费和垫款利息。②向受益人追索垫款。③发生意外时，有权处理单据，变卖货物。

6. 保兑行

保兑行(Confirming Bank)是应开证行的要求在信用证上加具保兑的银行，一般是出口地信誉良好的银行，它接受开证行的邀请在信用证上加注保证条款后，该证的可接受性大大增强。通常是通知行充当保兑行，也可另找一家银行充当。

保兑行的责任包括：①在单证相符的条件下，付款责任与开证行一样。②保兑信用证如需修改，必须得到保兑行的同意；若同意信用证修改内容，则对信用证负有不可撤销的义务。

保兑行的权利包括：①向开证行收取保兑费。②有权决定是否将保兑责任扩展到信用证修改书中，并将该决定通知开证行和受益人。③单据相符并支付款项后，有权向开证行索偿款项及利息。④有权拒收不相符的单据，但必须向受益人声明这一态度。

7. 付款行

付款行(Paying Bank)就是开证行的付款代理人，是开证行指定的一家异地银行，是汇票的付款人或执行付款的银行，也称代付行。如果开证行资信不佳，该被指定银行有权拒绝代为付款。付款行一经接受开证行的代付委托，它的付款责任与开证行一样，不得向受益人追索，只能向开证行索偿。

8. 偿付行

偿付行(Reimbursing Bank)是指受开证行委托或授权，对议付行或代付行清偿垫款的银行。通常在来证使用第三国货币且开证行与议付行无账户关系时，开证行会指定另一家与它有账户关系的银行(货币所在国)充当偿付行。信用证有偿付行时，开证行应向偿付行发出偿付授权书(Reimbursement Authorization)，通知授权付款的金额、有权索偿的银行等内容。出口地银行在议付或代付之后，一方面把单据寄给开证行，另一方面向偿付行寄出索偿书(Reimbursement Claim)。偿付行核对偿付授权书，如果与有权索偿银行相符，且索偿金额不超过授权金额，则立即付款，然后再向开证行索偿；如果索偿行(议付行、付款行、保兑行)因故不能从偿付行那里获得偿付，开证行要负责偿付并支付利息。

(二) 信用证的基本程序

本小节以即期付款信用证为例说明信用证的业务流程，信用证所使用的货币是自由兑换货币，出口地银行在开证行开立该货币账户。信用证的业务流程如图3.12所示。

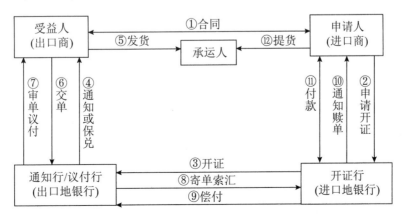

图3.12　信用证的业务流程

其中，与银行关系密切的5个环节是申请开证、开证、通知信用证、议付与索汇、付款赎单。

三、信用证业务处理

(一) 双方签订合同

进出口双方经洽谈签订合同，双方除了规定各项条款外，还需明确该笔交易以信用证方式结算，以及信用证的种类、金额、付款期限、到期日、所需提交的单据等内容。

(二) 进口商申请开证的流程

进出口双方确定信用证方式后，进口商应按合同规定的期限向进口地银行提出申请开立信用证。

1. 选择开证行，填写开证申请书

进口商在自己的开户行中选择信誉较好的银行作为开证行，申请开证时应填写开证申请书 (二维码)，它是申请人与开证行之间的书面契约，也是开证的依据，主要依据合同条款填制。

2. 填写开证担保协议

申请人还需与开证行签订"开证担保协议"，由开证行根据信用证惯例，提供合同文本由申请人填写，用以明确双方责任。

(三) 开立信用证的流程

1. 审查申请人及核验文件

开证行首先审查开证申请书内容，具体包括：有无违反国际惯例的条款；申请人和受益人的信息是否准确；信用证要求的单据、支付金额及方式、信用证到期日或有效期、货物描述、装运细节、有无保兑等是否明确。其次，要审查申请人的资信情况，资信良好可以降低开证行的风险，维护开证行的信誉。最后，要核验进口商提供的批准文件是否有效和可靠。

2. 落实开证抵押

开证行会要求申请人提供一定的抵押保证。抵押主要有三种形式：一是收取保证金；二是以其他资产作为抵押；三是凭其他银行保函，开证行可自行决定抵押种类。

3. 开立信用证

开证行开证时，一般会选择自己在受益人当地的分支机构或代理行作为通知行。开证行根据申请人的要求，缮制信用证，并经开证行审核签字后，以SWIFT方式开出信用证。

(四) 通知信用证的流程

出口地银行收到开证行的信用证后，应将信用证通知或转递给受益人。

1. 通知行受理审核信用证

通知行收到国外开来的信用证后应立即核验印鉴或密押，同时审核以下几方面：①开证行资信，经营作风，对有风险的来证是否提醒受益人采取保障措施。②审查有无软条款(受益人不易做到)，如果有应提醒受益人删除或修改。③来证的条款、单据之间是否存在矛盾。④兑付方式。⑤有效到期地点。⑥寄单方式、索汇路线是否合理。⑦是否注明依据《跟单信用证统一惯例》(UCP600)开立等。

2. 通知信用证

印押核符、审核完毕后，通知行立即向受益人通知信用证。信用证通知是针对电开证而言的。电开证以通知行为收件人，收到信用证并核押无误后，通知行以自己的通知书格式照录全文，通知受益人。

3. 转递信用证

信开信用证在寄送到出口地银行后，由银行核对印鉴，若相符，银行只需将原证照转给受益人，办理该业务的银行称为转递行(Transmitting Bank)。

(五) 修改信用证的流程

由于进出口交易情况发生变化、信用证开立出现失误或某些条款不被接受等原因，申请人或受益人有可能要求对信用证进行修改。

若进口商提出修改，应经开证行同意以修改通知书的形式告知通知行，并由其转告出口商，出口商接受后方才生效。倘若出口商拒绝接受，则修改无效，信用证条款仍以原证条款为准。如果修改通知涉及两条以上，出口商只能全部接受或全部拒绝，不能部分接受、部分拒绝。

若出口商提出修改，应先征得进口商同意并由其向开证行办理修改手续，方能生效。

修改通知仍要由通知行转送，不得直接通知出口商，也不得委托其他银行通知修改。修改指示要明确、完整，修改手续费由提出修改一方负担。

(六) 保兑信用证的流程

受益人如果认为开证行资信不好或对其不够了解，可要求开证行找一家受益人熟悉的银行对信用证进行保兑。受开证行邀请，在信用证上加具"保兑"(Confirmation)的银行称为保兑行。开证行在委托通知行通知信用证时，同时要求其为信用证加具保兑，如果两家银行事先有约定或通知同意，通知行即为保兑行。通知行或其他银行保兑后，便承担与开证行相同的责任。

(七) 议付与索汇

出口商收到信用证后应进行核对，若与合同相符即可交货，并备齐规定的单据，签发汇票连同信用证一起在有效期内送交通知行或其他银行并要求议付。

1. 议付行审单

出口商按照要求发货，制作单据，取得信用证规定的全套单据后，在规定时间内向议付行交单。接受出口商的单据、汇票、信用证，审单后购进汇票及单据并付出对价的银行称为议付行，它可能是通知行、转递行、保兑行等，也可能是信用证指定的其他银行。

议付行审单步骤：①审核信用证的真实有效性，信用证是否为正本，是否过期等。②清点单据种类、正本份数等是否符合要求。③以信用证为中心审核单据，确保单证一致，如有不符应及时记录，并联系修改或采取其他措施。④以发票为中心审核单据，确保单单相符。

最新的《跟单信用证统一惯例》(UCP600)对审单标准进行了明确的规定，包括：①单证一致，单单相符。②交单须与UCP600的相关适用条款保持一致。③交单须与国际标准银行实务保持一致。只有同时做到以上三点，才能被视为相符交单。

2. 议付行议付单据

议付行确认相符交单后，将汇票金额扣除自议付日至估计收到票款日的利息和手续费后的余额付给出口商。议付行议付后，在信用证背面作批注后再退还出口商，留下跟单汇票。议付行成为正当持票人，对前手背书人和出票人拥有追索权。

议付时遇到不符单据时有三种处理方式：①正常议付。若单证不符，议付行可要求出口商修改单据。如果无法修改，议付行可以致电开证行联系申请人，如其同意接受不符单据，开证行则电复议付行同意议付，议付行对不符单据作正常议付处理。②担保议付。如果单据不符之处无法修改，但金额较小，议付行可凭受益人的担保书进行议付。如果开证行拒付，出口商应接受议付行的追索并承担相关费用。③托收寄单。如果不符之处较多或有实质性差错，议付行可托收寄单，并在寄单面函中说明不符之处，这时银行信用就变成了商业信用，出口商就失去了银行保证付款的机会。

3. 议付行寄单索汇

议付行议付单据后，即向开证行或其指定银行寄单索汇。开证行收到单据后进行审核，如果单证相符，则将票款偿还议付行；如果不符，即可拒付并立即通知议付行。如果信用证指定第三家银行代为偿付，则应一方面把单据寄给开证行，另一方面须将汇票寄给偿付行索汇。

开证行规定议付行的索汇方式一般有4类，即单到付款、主动贷记、授权借记、向偿付行索汇。

(八) 开证行审单付款

开证行必须在收到单据次日起5个工作日内判断单据是否相符，如果确认相符，就必须向受益人办理付款、延期付款或承兑；如果认为单据不符合信用证要求，也须从收到单据次日起5个工作日内，一次性明确提出全部不符之处，在拒付通知中说明对不符单据的处理办法，并以最快方式发出。

案例分析

信用证业务中倒签提单

案情： 某年7月，中国丰和贸易公司(以下简称"丰和公司")与美国威克特贸易公司(以下简称"威克特公司")签订了一份出口货物的合同，双方约定装船日期为11月份，以信用证方式结算货款。合同签订后，丰和公司委托我国宏盛海上运输公司(以下简称"宏盛公司")运送货物到美国纽约港。但是，由于丰和公司没有很好地组织货源，直到次年2月才备妥货物，于2月15日装船。丰和公司为了能够如期结汇、取得货款，要求宏盛公司按11月的日期签发提单，并凭借提单和其他单据向银行办理了议付手续，收清了全部货款。但是，货运抵达纽约港时，威克特公司对装船日期产生疑问，遂要求查阅航海日志，船方被迫交出航海日志。威克特公司审查航海日志后发现，该批货物真正的装船日期是次年2月15日，比约定的装船日期要延迟3个多月。于是，威克特公司向当地法院起诉，控告丰和公司和宏盛公司串谋伪造提单，实施欺诈，既违背了双方合同约定，也违反了法律规定，要求法院扣留该运输公司的运货船只。

美国当地法院受理了威克特公司的起诉，并扣留了该运货船舶。在法院审理过程中，丰和公司承认了违约行为，宏盛公司亦意识到其失理之处，遂经多方努力，争取庭外和解。最后，我方终于与威克特公司达成协议，由丰和公司和宏盛公司支付美方威克特公司赔偿金，威克特公司方撤销起诉。

问题： 倒签提单对承运人的影响如何？

分析： 提单是承运人在接管货物或把货物装船后签发给托运人证明双方订立运输合同，并保证在目的港按照提单所载条件交付货物的一种书面凭证。可以说，提单是国际货物运输合同的一种基本形式，是重要的国际货运单据。

本案中，承运方宏盛公司应托运人请求倒签日期，以掩盖托运人的违约事实，属于伪造单据的违法行为。提单日期应该是该批货物装船完毕起运的日期，根据买卖合同，卖方应在信用证规定的装运日期之前或当日完成装运，原则上买方可无条件撤销合约并提出索赔。在实践中，有许多交货人未能在信用证的装运日期之前交付运输，如同丰和公司一样，为使提单符合信用证规定，便于发货人顺利结汇，交货人往往要求承运人将提单日期签成与信用证相符的日期，即倒签提单。

倒签提单是伪造单据的行为，属于托运人和船公司合谋欺骗收货人的行为。收货人一旦证明提单装船日是伪造的，即有权拒绝接受单据和拒收货物。收货方不仅可以追究卖方的法律责任，还可以追究船公司的责任。所以，承运人遇到倒签的情况要格外谨慎。如果收货人同意延期发运，那么发货人可以要求对方改证，而不必倒签提单。在多数情况下，发货人要求倒签是因为收货人不同意延期装运，收货人会认为是船货双方共同伪造单据实施欺诈行为，从而使承运人卷入纠纷之中。如果承运人没能如实注明装船日期，它就要为造成的损失负责。在一些地区，倒签提单甚至会被列入诈骗案的范畴，依法给予刑事处理。

资料来源：道客巴巴. http://www.doc88.com.

(九) 进口商付款赎单

开证行向议付行偿付后，应立即通知进口商付款赎单。如单证相符，进口商就应将开证行垫款付清，取得单据，这时，开证行和进口商之间的权利义务关系即告结束。如果进口商发现单证不符也可以拒绝赎单，此时开证行就会遭受损失，它不能向议付行追索票款。

进口商付款赎单后，即可凭货运单据提货。若发现货物不符合同规定，不能向开证行提出赔偿要求，只能向出口商索赔，也可以申请仲裁或提起诉讼。

四、信用证的内容与格式

在实务中，开证基本采用SWIFT电信方式。所谓SWIFT信用证，就是依据国际商会制定的电报信用证格式，利用SWIFT的特殊格式来传递信用证的信息，它具有标准化、传递速度快的特征。

(一) 信用证的主要内容

(1) 开证行(Issuing Bank)名称，不可缺少。

(2) 信用证号码(L/C Number)，不可缺少。

(3) 信用证形式(Form of Credit)，即明确表示是不可撤销的，是可转让还是不可转让。

(4) 开证日期(Date of Issue)必须标明，这是信用证是否生效的基础。

(5) 受益人(Beneficiary)，即出口商，它是唯一可以支取信用证款项的人，因此，名称和地址要确切。

(6) 申请人(Applicant)，即合同的买方(进口商)，应标明完整的名称和地址。

(7) 信用证金额(L/C Amount)，即付款的最高限额，金额用大小写分别记载。

(8) 有效期限(Terms of Validity/Expiry Date)，即受益人交单的最后期限，超过期限，开证行就不再承担付款责任。

(9) 生效地点，即交单地点，一般为出口地银行，必须明确。

(10) 汇票出票人(Drawer)，即信用证受益人，只有可转让信用证经转让后，出票人才可能不是原证受益人。

(11) 汇票付款人(Drawee)，通常是开证行或其指定银行。

(12) 汇票出票条款(Drawn Clause)，表明汇票是根据某家某号信用证开出的。

(13) 列明需要的单据，说明单据的名称、份数和具体要求。其中，商业发票(Commercial Invoice)、运输单据(Transport Documents)、保险单据(Insurance Policy)属于基本单据。此外，进口商还要提供原产地证明、品质证书等单据。

(14) 货物描述，包括品名、货号、数量、单价、包装、唛头、价格术语等内容和合同号码。

(15) 装运地/目的地，包括装货港(Port of Loading/Shipment)、卸货港或目的地 (Port of Discharge or Destination)等，还应注明装运期限(Latest Date of Shipment)。

(16) 分装/转运，即说明可否分批装运(Partial Shipment Permitted/not Permitted)和可否转运(Transhipment Allowed/not Allowed)。

(17) 开证行对有关银行的指示条款，包括对议付行、通知行、付款行的指示条款(Instructions to Negotiating Bank/Advising Bank/Paying Bank)。这一条款对于通知行来说，常要求加注或不加注保兑；对于议付行或代付行来说，一般规定议付金额背书条款、索汇方法、寄单方法。

(18) 开证行保证条款，用于表明其付款责任。一般的保证文句以"We hereby engage..."或"We hereby undertaking..."之类的句式开头，表示开证行做出的单方面承诺。

(19) 开证行签章，即开证行代表签名(Opening Bank's Name and Signature)，信开本信用证必须有开证行有权签名的人签字方能生效，一般采取"双签"即两人签字的办法。

(20) 其他特别条件(Other Special Condition)，如限制由某行议付、限制某国籍船只装运、装运船只不允许在某港口停靠或不允许选择某航线、发票应加注信用证号、受益人交纳履约保证金后信用证方可生效等。

(21) 根据UCP600开立信用证的文句，一般为"本证以国际商会《跟单信用证统一惯例》2007年修订本，第600号出版物条款为准"(This L/C was issued subject to Uniform Customs and Practice for Documentary Credits, 2007 revision ICC, Publication No.600)，这样受益人和银行才愿意接受该证。

(二) SWIFT信用证标准格式

开证格式代码为MT700和MT701，改证格式代码为MT707。MT代表标准电文(Model Text)，只有SWIFT的成员银行才能使用，该系统自动加押和解押。SWIFT信用证(二维码)受《跟单信用证统一惯例》约束，可省去银行承诺条款，但不能免去银行义务。

代码的对应内容见表3.2。

表3.2　SWIFT信用证项目代码解释(M700格式)

代码	解释(英文)	解释(中文)
27	SEQ OF TOTAL	电文页次
40A	FORM OF DOC CREDIT	信用证格式
20	L/C NO	信用证号码
31C	DATE OF ISSUE	开证日期
31D	DATE AND PLACE OF EXPIRY	到期时间和地点
50	APPLICANT	申请人
59	BENEFICIARY	受益人
32B	CURRENCY CODE AND AMOUNT	货币代码和金额
41D	AVAILABLE WITH... BY...	指定银行及兑付方式
42C	DRAFTS AT...	汇票期限
42D	DRAWEE	汇票付款人
43P	PARTIAL SHIPMENT	分批装运
43T	TRANS SHIPMENT	转运
44A	LOADING ON BOARD	装船
44B	TRANSPORTATION TO	目的港
44C	LATEST DATE OF SHIPMENT	最迟装运期
45A	GOODS DESC RIPTION	货物描述
46A	DOCUMENTS REQUIRED	所需单据
47A	ADDITIONAL CONDITIONS	附加条件
71B	CHARGES	费用
48	PERIOD FOR PRESENTATION	交单期限
49	CONFIRM INSTRUCTIONS	保兑指示
78	INSTRUCTIONS TO PAY/ACCEPT/NEG BANK	对付款行、承兑行及议付行的指示
40E	APPLICABLE RULES	适用规则

五、信用证的主要种类

信用证可以从不同的角度，如信用证的性质、期限、是否保兑、是否转让等进行分类。这些不同种类的信用证是为了满足客户的不同需求逐步演化而来的，下面分别介绍具体内容。

(一) 光票信用证和跟单信用证

信用证按照是否附有货运单据，可分为光票信用证和跟单信用证。

1. 光票信用证

光票信用证(Clean Credit)是指凭不随附装运单据的汇票付款的信用证，主要用于非贸易结算以及贸易从属费用的结算，其功能逐渐被旅行支票和信用卡代替，现已很少使用。申请人要向银行申请开立信用证并交受益人，在信用证有效期内，受益人在信用证总额范围内，一次或数次向指定银行凭汇票支取现金。

2. 跟单信用证

跟单信用证(Documentary L/C)是指受益人凭附带货运单据的汇票付款、承兑或议付的信用证。这里"货运单据"是代表货物所有权或表明货已装运的证明文件，如提单、保单、商检证书、产地证书、包装单据等。跟单信用证处理的都是单据，在实务中，绝大多数使用的是跟单信用证。

(二) 不可撤销信用证和可撤销信用证

1. 不可撤销信用证

不可撤销信用证(Irrevocable L/C)是指信用证一经通知到受益人，在有效期内，除非得到信用证所有当事人的同意，否则开证行不得单方面撤销或修改信用证。开证行的付款责任是第一位的，只要提供的单据符合信用证规定，开证行必须付款。

2. 可撤销信用证

可撤销信用证(Revocable L/C)是指开证行开证后，无须经过所有当事人的同意，可以随时撤销或修改的信用证。该种信用证造成了开证行付款责任的随意性和不确定性，对受益人没有保障。鉴于此，UCP600第3条规定，信用证都是不可撤销的。这一方面强化了开证行的责任，另一方面增强了受益人对信用证的信任。

尽管各行开出的都是不可撤销信用证，但在实务中，有些进口商或开证行会利用"信用证是开证行有条件的付款承诺"这一特点设置"陷阱条款"，即故意在信用证中设置某些条款，使出口方很难甚至根本办不到，使信用证成为事实上的可撤销信用证，这些条款被称为软条款。在实务中，要加强对软条款的识别，防范风险。

案例分析

信用证的软条款导致其成为可撤销的信用证

案情：中国北方某市的一个出口商接到国外某行开来的信用证，购买石碱，FOB术语，在装运条款中虽有装运效期，但又规定具体的装运日期和船名由进口商在装运前另行通知。为此，出口商在装运效期前，将全部货物运到大连港，等待进口商的装船具体日期。孰料此时，石碱的国际市场行情下跌，进口商毁约，没有发来具体的装运日期和船名，致使出口商无法使用该装运货物，从而造成不小的损失。

　　分析： UCP600规定信用证都是不可撤销的，从而保障出口商只要按信用证的要求办理出口和缮制单据，就能收到货款。但是，信用证的条款和要求必须是出口商能够办到的，更不能有受制于进口商的条款。案例中的规定"具体的装运日期和船名由买方在装运前另行通知"，导致交易完全由进口商控制。进口商不发装运日期和船名，出口商就无法装船取得与信用证相符的单据，不能结汇，风险极大。因此，出口商在签约时要注意信用证的软条款陷阱，凡是出口商无法做到或由进口商控制的条款都应提高警惕，拒绝接受，免得上当受骗。

　　资料来源：庞红. 国际结算[M]. 4版. 北京：中国人民大学出版社，2012.

■ 资料链接　常见的信用证软条款

　　软条款通常有个基本特征，即它单方面被申请人或开证行所控制，使不可撤销信用证变为可撤销信用证。典型的信用证软条款有以下几种。

　　(1) 规定信用证在开证行到期。

　　(2) 规定某些单据应由特定人会签。

　　(3) 规定议付时提交买方收到货物的证明。

　　(4) 规定货物抵达后经买方检验合格方予付款。

　　(5) 故意使信用证条款与合同条款不一致。

　　除上述几条比较典型的软条款之外，还有其他方式。例如，各条款之间互相矛盾，指定FOB价格的同时又要求预付运费；利用信用证和修改书构筑矛盾，如信用证要求提交海运提单，后又改为空运方式，但是对运输单据闭口不谈，使海运提单和空运方式互相矛盾；将内陆城市指定为发运港；信用证须在收到对方的确认书后才能生效；信用证中要求记名提单；等等。

　　资料来源：庞红. 国际结算[M]. 4版. 北京：中国人民大学出版社，2012.

(三) 保兑信用证和不保兑信用证

1. 保兑信用证

　　保兑信用证(Confirmed L/C)是指信用证由另一家银行保证对相符交单进行付款。一旦加具保兑，保兑行与开证行承担同样的责任。

　　信用证加保后，由开证行和保兑行两家银行做出付款承诺，受益人有了双重的收款保证。保兑行对受益人负有第一性的付款责任，受益人可凭表面合格的单据直接向保兑行提出付款要求。具体兑付的顺序，受益人要服从信用证条款的规定。若保兑行是出口地银行，则受益人必须向保兑行交单。保兑行有权决定是否将自己的保兑责任延展到信用证的修改书，并在决定传递修改书的同时，通知开证行和受益人。

2. 不保兑信用证

不保兑信用证(Unconfirmed L/C)是指只有开证行的付款保证的信用证。在实务中，不保兑信用证居多，资信良好的银行开出的信用证均不保兑。因为保兑行要收取保兑费，还可能提出其他保兑条件，这都将增加进出口商的结算成本。

(四) 即期付款信用证、延期付款信用证、承兑信用证和议付信用证

UCP600依据信用证的付款期限与方式，将信用证分为即期付款信用证、延期付款信用证、承兑信用证、议付信用证。

1. 即期付款信用证

即期付款信用证(Sight Payment L/C)是指开证行或其指定付款行收到相符交单后立即付款的信用证，一般载有"L/C is available by sight payment"等类似词句。

这里的"即期付款"又分为由开证行付款和被指定银行付款两种，被指定银行付款与开证行付款都是终局性的，对出口商无追索权。由开证行付款的信用证，使用的货币通常是开证行所在国货币，当付款行不是开证行时，被指定的付款行付款后寄单给开证行索偿或按规定方式索偿款项。如果出口商强势，可要求开立由出口地银行作为被指定银行的即期付款信用证；如果进口方强势，则可以开立仅由开证行付款的即期付款信用证。付款银行不同，将会影响出口商收款的早晚及进口商利息损失的多少。

即期付款信用证可以规定是否需要汇票，如需汇票，则汇票付款人应是开证行或其指定银行。

即期付款信用证的原始设想是出口商尽早收款及银行对出口商没有追索权，所以对出口方有利，而进口商则会早付款且是终局性付款。

2. 延期付款信用证

延期付款信用证(Deferred Payment L/C)是指进口商先进口货物，开证行收到单据后过一段时间再付款的信用证，一般载有"L/C is available by defered payment at ×× days after"等类似语句。

延期付款信用证不用开立汇票，银行收到单据后将其交给申请人，在付款到期日再付款。因此，出口商交单后不能立即收到货款，加上没有汇票，出口商也不能通过贴现远期汇票而获得资金融通。延期付款信用证多用于资本货物交易，旨在便于进口商付款前先凭单提货，安装调试投入使用后，再支付设备价款，对进口商比较有利。

3. 承兑信用证

承兑信用证(Acceptance L/C)是受益人开立以指定银行为付款人的远期汇票，连同货运单据向指定银行交单，经审单相符，该行承兑汇票并在到期日付款的信用证，一般载有"L/C is available by acceptance"等类似语句。承兑行可以是开证行，也可以是开证行指定的银行。

指定银行对单证相符的汇票必须承兑并到期付款，受益人可以凭借承兑过的汇票

进行贴现，提前得到货款，比延期付款信用证更具融资优势。申请人获得远期付款的融资，有助于成交，且受益人还可以提前收款，融通资金。

4. 议付信用证

议付信用证(Negotiable L/C)是指开证行邀请其他银行买入受益人提交的相符单据，并保证对议付行及时付款的信用证。UCP600对于"议付"(Negotiation)给出了明确定义，其第2条规定："议付意指被指定银行在相符交单下，在其应偿付的银行工作日或之前，通过向受益人垫付或同意垫付款项的方式，购买相符交单项下的汇票及/或单据的行为。"我们可以从4个方面理解议付：首先，议付的前提是相符交单；其次，议付是一种单据买入(Purchase)行为；再次，议付是指定银行对受益人提供的融资——垫付或同意垫付款项；最后，议付并不局限于议付信用证，即期付款、延期付款、承兑都有可能构成议付。

议付信用证可分为如下几种。

(1) 限制议付信用证和自由议付信用证。限制议付信用证是只能由开证行指定的银行进行议付的信用证。受益人无权自由选择议付行，如被指定银行远离受益人所在地，将增加受益人费用及延误交单，对受益人不利。

自由议付信用证是指可以在任何银行进行议付的信用证。受益人可就近交单议付。

(2) 即期议付信用证和远期议付信用证。按照议付行向受益人预付信用证款项的时间，可分为即期议付信用证和远期议付信用证。在即期议付信用证下，受益人(出口商)只要提供符合信用证规定的单据，开证行见单必须立即付款。但是出口地的议付行要先行垫付该笔货款，再将单据寄交开证行索取货款。在远期议付信用证下，受益人出货后，提交相符单据到指定银行，银行审核无误将单据寄送开证行，开证行承兑汇票后受益人再向议付行做贴现，议付行扣除贴现费，同时扣除从垫款给受益人直至开证行付款期间的占款利息、议付手续费及其他银行费用，再把余款付给受益人。

(五) 可转让信用证、不可转让信用证和背对背信用证

1. 可转让信用证

可转让信用证(Transferable Credit)是指注明"可转让"字样的信用证。它是开证行授权转让行(即被授权付款、承兑或议付的银行)在原受益人(第一受益人)的要求下，将信用证的执行权利(即装运货物、交单取款)全部或部分转让给一个或数个第二受益人的信用证。若是自由议付信用证，则开证行应明确指定一家转让行。信用证转让后，即由第二受益人办理交货，但原证受益人仍须负责合同出口方的责任。

可转让信用证适用于进口商与中间商的交易。第一受益人是中间商，他们向国外进口商出售货物，自己不是供货人，只是从中赚取差价利润。由开证行开立以中间商为第一受益人的可转让信用证，再由中间商将信用证权利转让给一个或多个供货人(第二受益人)，从而完成一笔交易。可转让信用证的业务流程如图3.13所示。

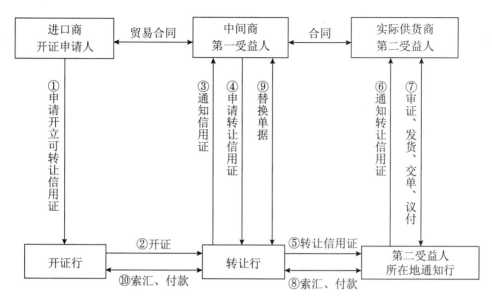

图3.13 可转让信用证的业务流程

UCP600第38条对可转让信用证的操作进行了如下专门规定。

(1) 银行无办理信用证转让的义务，除非其明确同意。

(2) 可转让信用证系指注明"可转让(Transferable)"字样的信用证，可应第一受益人的要求转为全部或部分由第二受益人兑用。

(3) 信用证使用诸如"Divisible""Fractionable""Assignable""Transmissible"等用语，并不能使信用证可转让，银行可不予理会。

(4) 除非另有约定，转让费用(如佣金、手续费、成本或开支)须由第一受益人支付。

(5) 只要允许部分支款或部分发运，信用证就可以转让给数名受益人，但已转让信用证不得再度转让。

(6) 任何转让须注明是否允许将修改通知到第二受益人。如果转让给数名受益人，其中一名或多名受益人对信用证的修改并不影响其他受益人接受修改。对接受者而言，该已转让信用证即被相应修改；而对拒绝修改的第二受益人而言，该信用证未被修改。

(7) 已转让信用证须准确转载原证条款，包括保兑(如有)，但信用证金额、单价、截止日、交单期限或最迟发运日除外，任何一项均可减少或缩短。此外，必须投保的保险比例可以增加，可用第一受益人名称替换原证申请人名称。如果原证要求申请人名称应在除发票以外的任何单据出现时，已转让信用证必须反映该项要求。

(8) 第一受益人有权以自己的发票和汇票替换第二受益人的发票和汇票，其金额不得超过原证金额。替换后，第一受益人可在原证项下支取自己的发票与第二受益人发票之间的差价。

(9) 如果第一受益人提交自己的发票和汇票(如有)，但未能在第一次要求时照办，或第一受益人提交的发票导致第二受益人交单中本不存在的不符点，而其未能在第一次要求时修正，转让行有权将从第二受益人处收到的单据照交开证行，并不再对第一受益人承担责任。

(10) 第一受益人可以要求转让后的兑用地点，在原证的截止日之前(包括截止日)，对第二受益人承付或议付。

(11) 第二受益人或代表第二受益人的交单必须交给转让行。

2. 不可转让信用证

不可转让信用证(Non-transferable Credit)是指受益人不能将信用证权利转让给他人的信用证。根据UCP600的规定，除非信用证注明"可转让"，否则，均为不可转让信用证。

3. 背对背信用证

背对背信用证(Back to Back Credit)又称对背信用证，是指中间商收到进口商开来的原始信用证后，要求原通知行以原始证为基础，另外开立一张新证，这张新证就是背对背信用证。

一笔交易经由中间商成交，中间商以原证为抵押，申请开立一张内容近似的新证给实际供货商。新证开立后，原证仍有效并由开立新证的银行保管，以原证项下收到的款项来支付背对背信用证开证行垫付的资金，这样中间商就不必支付货款。通过背对背信用证既能做成交易，又可从中获得利润。背对背信用证的业务流程如图3.14所示。

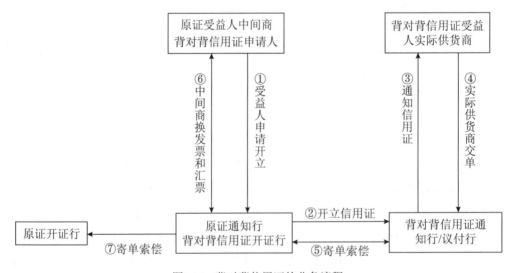

图3.14 背对背信用证的业务流程

背对背信用证与可转让信用证有相似之处，但性质不同。可转让信用证是将信用证权利全部或部分转让给供货人，允许供货人使用，其新证根据原证所开，两者是同一份信用证。而背对背信用证的原证与新证是两张独立的信用证，分别由两家开证行保证付款，新证开立时，原证仍有效。原证开证行和进口商与新证毫无关系，新受益人与原证也不发生关系，也即背对背信用证有两个开证行，分别对各自的受益人负责，即原证开证行对原受益人负责，新证开证行对新受益人负责。

案例分析

背对背信用证项下利用单证瑕疵拒付货款案

案情：某年，我国M进出口公司与港商N贸易公司签订了一份总价值242万美元的钢材出口合同。港商将合同项下货物转售，并以下家(实际进口商)开出的信用证为抵押，通过中国香港K银行向M公司开出背对背信用证。但港商转售时，无意中填错了钢材规格，因而导致其无法向下家履约和收款。该港商遂伙同开证行利用M公司提交的结汇单据的非原则性瑕疵，拒绝付款。M公司与上海议付行分别与客户及开证行进行了长时间交涉无果，遭受了重大损失。

分析：这是背对背信用证下中间商利用单据的非实质性不符点逃避本来应由自己付款的责任。M公司应吸取的教训来自两方面：首先，对贸易对手了解不够，以为拿到了信用证收汇就有了保证；其次，制单水平有待提高。

资料来源：庞红. 国际结算[M]. 4版. 北京：中国人民大学出版社，2012.

(六) 对开信用证

对开信用证(Reciprocal L/C) 是指两份信用证的申请人互以对方为受益人而开立的信用证。一国出口货物到另一国，同时又从另一国进口货物，可以把一张出口信用证和一张进口信用证联系起来，互为条件，这种做法称为对开信用证。它的特点是：第一张证的受益人和申请人分别是第二张回头证的申请人和受益人，第一张证的开证行和通知行分别是第二张回头证的通知行和开证行。对开信用证的业务流程如图3.15所示。

图3.15　对开信用证的业务流程

注：①申请开证；②开立信用证；③通知信用证

对开信用证用于来料加工、补偿贸易和易货贸易。在这类交易中，双方都须向对方支付款项，但又担心对方只享受权利而不履行义务，于是就产生了把双方的付款承诺联系在一起的对开证业务，使其相互制约，共同维护双方利益。例如，在我国来料加工业务中，进口原材料时我方开出远期信用证，成品出口时国外开来即期信用证，两证在金额、装运日期、交单日期上有所不同。两证同时生效，以防范违约风险。

对开信用证的生效方法：①两张证同时生效，即第一张证开出后先不生效，等对方回头证被受益人接受后，通知对方银行两证同时生效。②两张证分别生效，即第一张证开立后立即生效，回头证另开；或在第一证受益人议付时提交保函，保证若干天内开出回头证，以确保双方权益。

(七) 循环信用证

循环信用证(Revolving L/C)是指信用证金额被使用后仍可恢复到原金额继续使用的信用证。循环信用证适用于大宗商品交易,双方订立长期合同,分批交货、分批付款。由于每次的装运条件、金额、单据相同,进口商为了节省开证手续费用,往往开立一张信用证循环使用,如此,出口商也可以省略逐笔审证的手续。循环信用证分为按时间循环和按金额循环两种。

1. 按时间循环的信用证

按时间循环的信用证规定了受益人在一定时间内可循环使用信用证的金额。例如,信用证金额为10 000美元,1个月循环1次,有效期为6个月。根据每期信用证余额处理方式的不同,又分为累积性循环证和非累积性循环证。前者是指受益人在规定期限内支取的信用证金额有余额,则该余额可以移到下期使用;后者是指上期未用完的信用证余额不能移到下期使用。

2. 按金额循环的信用证

按金额循环的信用证是指信用证每期金额用完后,可恢复到原金额循环使用,直到规定的总金额用完为止。循环方式:①自动循环,即信用证每期金额用完后,自动恢复到原金额使用。②非自动循环,即每期金额用完后,须等待开证行通知才可恢复到原金额使用。③半自动循环,即每期金额用完后,若干天内未接到开证行停止使用通知,则可恢复到原金额使用。

(八) 预支信用证

预支信用证(Anticipatory L/C)是指开证行授权议付行在交单前可以垫款给出口商的一种信用证。开证行在申请人的请求下,授权出口地议付行仅凭出口商签发的光票,即可在交单前向出口商垫付货款,待出口商交单议付时,议付行再从议付金额中扣还垫付本息,将余额付给出口商。银行支款后要求出口商将信用证正本交到银行,以控制其向该行交单。若到期出口商未能装运交单,则由开证行负责向垫款行偿还本息,再由申请人对开证行负责。这是进口商利用开证行信用帮助出口商融资的一种方式,由进口商承担融资风险。

六、信用证的特点与风险防范

(一) 信用证结算的特点

信用证通过运用银行的金融服务及信誉,加快国际付款的速度。买方可以从信用证规定的单据中获得安全保障,而卖方只要提交无瑕疵的单据就可以从银行取得货款,对双方都有保障。

1. 信用证结算的优点

(1) 出口商收款风险较小。信用证是银行信用，开证行取代进口商成为第一付款人，只要出口商提交相符单据，开证行即会付款，或者说出口商能够收回货款。

在外汇管制的国家，开证行开出信用证须经管理机构的批准，所以出口商取得信用证后，就可避免进口国禁止进口或限制外汇转移的风险。另外，如果开证行不能付款或拒绝付款，它必须把单据退给出口商。这样，出口商虽收不到货款，但物权仍在手中，可以减少损失。

(2) 进口商可以控制履约情况。通过信用证条款规定装货日期，使货物销售适合时机。通过适当的检验条款，保证货物装船前的质量、数量符合合同规定。

(3) 融资便利。在信用证方式下，双方都能从银行得到资金融通且融资手续简单。

对进口商来说，申请开证时不用交付全部货款，只交一定的保证金即可，还可以凭开证行的授信额度开证，可以避免流动资金的大量占用。开证行付款后，如果进口商遇到资金困难，还可以凭信托收据向开证行借单提货，待货款回笼后再付款。

对出口商来说，收到资信良好的银行开出的信用证，就可以向往来银行申请打包放款，还可以在出运之后，将单据交到银行，由该行议付单据，取得货款，加速资金周转。

(4) 能给相关银行带来收益。对进口地银行而言，开出信用证，贷出的是银行信用，并不占用自身资金，就能获得开证手续费收入，而且贷出的信用是有担保的，申请人要提供开证抵押。另外，开证行付款后，如进口商不付款，则开证行以单据为保证，处理货物，抵补欠款。如果货款不足抵偿，仍可向进口商追偿。

对出口地银行而言，有开证行的付款保证，向出口商垫款风险较小，还可收取议付和贴息费。

2. 信用证结算的缺点

(1) 贸易风险依然存在。贸易风险包括进口商的提货风险和出口商的收款风险。由于信用证是一种纯粹的单据买卖，只要单据相符，开证行就要对外付款，进口商也要付款赎单，出口商就有可能通过伪造单据骗取银行的信任。另外，出口商收款的风险仍然存在。例如，开证行无理拒付或无力支付；出口商履行合同后，由于单据不符导致开证行拒付。

(2) 进口商资金占用时间长。为降低开证风险，开证行通常要向进口商收取一定的押金。由于信用证结算周期长(例如2个月)，该项资金被长时间占用，增加了进口商的资金负担。

(3) 结算速度慢、费用高。信用证结算环节多，单据量大，货款收付时间较长，速度较慢，降低了双方资金的使用效率。由于银行承担了风险，所以它收的费用也高，大多由进口商承担。

(二) 信用证结算的主要风险

虽然信用证结算为贸易双方提供了一定的保障，但它不可能完全避免商业风险，由于它是一项单据业务，还可能产生伪造单据的欺诈风险，因此必须加以防范。

1. 进口商的风险

(1) 出口商违反合同交货。信用证是一项独立于合同的自足文件，买卖双方完全依据信用证来履行义务。银行对货物品质、数量不符合同规定不负责任，只要提交单据与证相符即可得到货款，进口商则要承担货物不符的风险。

(2) 出口商伪造单据骗款。UCP600第34条规定："银行对任何单据的形式、充分性、准确性、内容真实性、虚假性或法律效力……概不负责；银行对任何单据所代表的货物、服务或其他履约行为的描述、数量、重量、品质、状况、包装、交付、价值或其存在与否……也概不负责。"这一规定为出口商伪造单据骗取货款提供了可能，使开证行和进口商面临风险。

(3) 出口商与承运人勾结。由承运人出具预借提单或倒签提单或勾结船长中途将货卖掉，都可能使进口商面临货物风险。

2. 出口商的风险

(1) 交货与证不符的风险。出口商交货品质与证不符、数量与证规定有异、逾期交货等，任何不符点都可能使信用证失去银行保证，导致出口商收不到货款。即使完全按规定出货，但由于疏忽造成单证不符，也同样会遭到拒付。

(2) 软条款风险。有些进口商为了保护自己的利益或恶意欺诈，在来证中设置一些"软条款"，这些条款使支付权完全操纵在进口商手中，所以对受益人收汇构成极大威胁。

(3) 假证风险。进口商利用伪造的信用证绕过通知行直接寄给出口商，诱使其发货，骗取货物。

(4) 正本提单径寄进口商。有些路途较近的货物会很快抵达目的港，此时信用证规定"1/3正本提单径寄客商，2/3提单送银行议付"的条款，进口商可凭一纸提单提货，出口商收款极为被动。

(5) 开证行的信用风险。信用证虽然是一种银行信用，但仍存在因开证行倒闭、无力偿付或信用较差而无理拒付等风险。此时，出口商只能凭借合同要求进口商付款。

(6) 开证行所在国风险。进口国缺乏外汇储备将阻碍开证行支付或延误支付货款。

3. 银行的风险

(1) 进口商拒付或破产。当进口商拒绝付款赎单或破产无力偿付时，开证行将面临风险。

(2) 买卖双方合谋欺诈。具体包括通过伪造合同骗取银行开证以及通过伪造单据骗取银行付款。

(三) 风险防范措施

1. 进口商的防范措施

(1) 对出口商做资信调查。通过驻外机构、银行对出口商的营业资质、信用进行调查，通过相应手段加以控制。例如，要求对方选择信用良好的承运人和质检部门，以降低其伪造单据的风险。

(2) 确保货物符合规定。进口商可以请权威的检验机构实施装船预检、监造和监装、签发装船证明等，这是防止诈骗的有效办法。在我国进口大型成套设备时，应指定中国商检部门或委托国外公证机构对货物实行装船前的检验及监装。

(3) 认真审核单据。收到货运单据后，由有经验的人员对单据真伪进行鉴别，降低伪造单据的风险。如有疑问应与有关部门核查属实后再付款，否则通知开证行冻结资金，拒绝付款。

2. 出口商的防范措施

(1) 认真订立合同。合同是信用证的基础，出口商应根据合同对信用证内容作明确规定，以免进口商不按合同开证及日后发生争议。

(2) 调查进口商的资信。可以通过驻外领使馆和一些大银行、咨询机构实施详细调查，不可贸然与资信不明的新伙伴进行交易。

(3) 调查开证行的资信。可以通过出口地银行了解开证行的信誉、经营状况、银行的习惯做法等，防止一些资信不良的小银行与进口商勾结开证又以各种理由拒付，使出口商遭受损失。

(4) 认真审证。为确保信用证无"陷阱条款"，出口商一要审核信用证是否与合同一致，是否有履约困难的"陷阱"，是否有主动权不在手中的"软条款"，若有这些问题，应立即要求对方修改或删除；二要审核信用证的真伪、开证行的信用、信用证的种类等，确保出口商安全结汇。

(5) 认真缮制单据。制作并提交与证相符的单据是出口商取得货款的前提条件，所以出口商应严格按证要求制作单据，确保单据的内容表述、种类及份数要求与证完全一致，顺利结汇。

3. 银行的防范措施

(1) 充分调查申请人的资信状况，核定申请人的授信额度。为非授信企业开证，应落实保证金，一般不低于开证金额的20%，其余部分要落实担保措施。

(2) 合理选择通知行、议付行，开证行可要求开立限制议付信用证，以降低开证行风险。

案例分析

根据非单据条款扣减滞期费是否合理

案情： A行根据申请人的指示开立了7 000 000.00美元的跟单信用证，证中含有如下条款："在信用证开立之前发运货物而造成的滞期费用由受益人承担。"议付行提交了相符单据，汇票与发票金额为7 000 000.00美元。A行接到船公司的通知后，从中扣除滞期费951 184美元。然而，议付行坚持认为A行应该全额付款。议付行的理由是：上述条款只供受益人参考，而不是授权A行扣款。此外，根据UCP600的有关规定，对于此类非单据化条款，应不予理会。

问题： A行能否扣减滞期费？

分析： "在信用证开立之前发运货物而造成的滞期费由受益人承担"的表述应该被视为一项非单据化条款，因为它未说明这一费用是从信用证金额内支付，还是在信用证条款之外由受益人支付。信用证应当明确，滞期费(如有)应从信用证全额中扣除。这样做能使议付行在受益人议付单据时，对可能被扣减的金额引起重视。未经协商且未经议付行同意而扣减信用证金额的行为是不应该的。在全额支付或按协议金额支付之前，向开证行提交的单据仍然是交单者的财产。

资料来源：庞红. 国际结算[M]. 3版. 北京：中国人民大学出版社，2010.

第五节 银行保函和备用信用证

在国际经济交易中，由于双方处在不同的国家和地区，相互之间缺乏了解和信任，给交易的达成和合同的履行造成一定的障碍。为促使双方顺利达成交易，确保经济活动正常进行，可由信誉良好的银行充当担保人，它为一方(申请人)向另外一方(受益人)提供书面担保文件(保函)，担保申请人履行合同义务。原则上，出具保函的担保人可以是商业银行、保险公司、担保公司或其他金融机构，也可以是商业团体。其中，商业银行的保函具有良好信用，应用十分广泛。

一、银行保函的概念与当事人

(一) 银行保函的概念

保函(Letter of Guarantee，L/G)，也称为保证书，是指银行等相关机构应申请人的要求，向第三方(受益人)开立的一种书面信用担保凭证，保证在申请人没能履行其责任与义时，由担保人代其履行职责。其中，由银行出具的担保书就称为银行保函，它是银行有条件承担一定经济责任的契约文件。银行保函是以银行信用代替或补充商业信用，信用性更好，灵活性更强，因此被广泛应用于国际结算的众多领域中，如贸易支付、工程承包、租金支付、资金借贷等。保函从本质上来说具有两大基本作用：第一，保证合同价款的支付；第二，发生违约时，对受害方进行补偿并对违约责任人进行惩罚。

(二) 银行保函的当事人

1. 申请人

申请人(Applicant/Principal)也称委托人，即向担保行申请开立保函的人。他应按照合同规定履行其责任与义务，负担保函项下的费用和利息，在担保行向受益人赔付款项时，立即进行补偿。在保函实务中，因业务种类不同，申请人可以是投标人、供货人、买方、卖方、签约人、承租人等。

2. 受益人

受益人(Beneficiary)是接受保函并有权向担保行提出索偿要求的合同当事人。当合同对方违约时，受益人可凭保函向担保行提出索偿要求。受益人可以是招标人、卖方、买方、雇主、签约人、出租人等。

3. 担保行

担保行(Guarantor Bank)是受申请人的委托向受益人出具保函，并承担有条件或无条件的付款及保证责任的银行。担保行的责任是促使申请人履行合同义务，在申请人违约时，根据受益人提出的索偿文件和保函规定进行赔偿，并在赔偿后有权向申请人或反担保人索偿。

4. 通知行

通知行(Advising Bank)也称转递行(Transmitting Bank)，即受担保行的委托将保函通知或转递给受益人的银行，通常是受益人所在地银行。通知行负责核实保函表面的真实性，并严格按照担保行的要求和指示及时将保函通知或转递给受益人。

5. 转开行

转开行(Reissuing Bank)是指根据原担保行的要求，向受益人开立以原担保行为申请人、以自身为担保行的保函的银行。转开行转开保函后，原担保行便成为新保函的指示行(Instructing Bank)。转开行一般为受益人所在地银行，而指示行一般为申请人所在地银行。

6. 反担保行

反担保行(Counter Guarantor Bank)是指接受申请人的委托，向担保行出具担保，承诺在申请人违约且无法付款时，负责赔偿担保行全部支付款的银行。反担保行负有向担保行(或转开行)赔偿的责任，同时也有权向申请人索偿。

7. 保兑行

保兑行(Conforming Bank)是指根据担保行的要求，在保函上加具保兑，承诺当担保行无力赔偿时，代其履行担保责任的银行，也称第二担保行。当受益人认为担保行的资信状况不足以信任时，可要求担保行寻找一家知名银行作为保兑行进行保兑，实际上相当于双重担保。保兑行有权向担保行索赔。

二、银行保函的种类

从不同的角度，可以对银行保函进行多种分类，具体包括以下几种。

(一) 根据保函与基础合同的关系划分

1. 从属保函

从属保函是商务合同的附属性契约，其法律效力依附于基础合同。在从属保函项下，银行承担第二性付款责任，即当受益人索赔时，担保行只能以合同条款及实际执行情况来确定保函的违约责任及赔偿责任。基础合同与保函的关系是一种主从关系，传统保函都属于这一类型。

2. 独立保函

独立保函根据基础交易合约的需要开立，一经开立其本身的效力并不依附基础交易合约，其付款责任仅以其自身的条款为准。在独立保函下，担保行承担第一性的偿付责任，即当受益人提交了书面索赔要求及保函规定的单据时，担保行就必须付款，而无须申请人同意，也无须调查基础合同履行的事实。在这种保函项下，保函与基础合同之间不再具有主从关系，目前的保函大多属于独立保函。

(二) 根据保函索赔条件划分

1. 有条件保函

有条件保函是指担保人在保函中对索赔的受理设定了限制条件，只有这些条件满足后，担保行才会履行义务。这种保函保护了申请人的利益，可防止受益人无理索赔和欺诈。

2. 无条件保函

无条件保函是"见索即付"保函，是担保人凭在保函有效期内提交的符合保函条件的书面要求书及保函规定的单据支付规定金额的付款承诺。无论合同执行情况如何，也不论受益人是否履行合同义务，只要担保行在有效期内收到了受益人提交的符合规定的书面索赔，就应立即付款。从目前国际银行保函业务来看，无条件保函占较大比例。

案例分析

见索即付保函毁约诉讼案

案情： 伦敦一家出口商与埃及一家进口商签订了一份商务合同，合同中规定出口商必须经银行开立一份以进口商为受益人的履约保证书，金额为货价的5%。为此，出口商委托国民西敏寺银行开立了该项保证书，并向担保行提供了反担保。国民西敏寺银行根据出口商的要求向买方开立了履约保证书，其中规定在进口商第一次提示后立即付款。后来，埃及进口商以出口商未履约为由向国民西敏寺银行提出付款要求。然而，出口商却取得当地法院的批准向国民西敏寺银行发出禁令不得支付。为此，国民西敏寺银行要求撤销该禁令。法院在审理后作出判决，认为该履约保证书的有关规定是出口商自己同意的，因此，这些条款应该是有约束力的，并不违反公共政策，应该执行。该判决认为，出口商既然同意那些无保留付款的措施，就要承担风险，银行的机制和其承担的责任与商人不同，前者必须履行其职责，不应受法庭干涉，否则国际商业中的信任就会遭到无法挽救的破坏，除非发生欺诈行为，但就本案来说，还只是属于合同执行的争议，谈不上欺诈，更谈不上确定的欺诈，为此，应撤销对国民西敏寺银行发出的止付禁令。

分析：这是一起见索即付的保函业务。见索即付实际上就是无条件的。从法院的判决中可以看出，如果申请保函的当事人同意见索即付，也就是同意"无条件"的支付条款，那么，他就要承担由此产生的风险。然而，在实务中，大多数的履约保函都接受"无条件"条款。因此，申请人为了维护自身利益，应力争在合同中加入有防卫措施的内容。例如，受益人在索偿时应提供申请人违约的书面证明，或要求提供有关的仲裁书，或须经申请人会签等。担保行在接到"无条件付款"的申请后，应向申请人提醒其可能会遇到的风险，如申请人坚持该条款，银行应要求申请人在反担保函中列明其责任。

资料来源：庞红.国际结算[M].4版.北京：中国人民大学出版社，2012.

(三) 根据保函的使用范围划分

1. 出口类保函

出口类保函是银行应出口商的申请向进口商开立的保函，适用于国际承包业务和商品出口业务，常见的出口类保函有以下几种。

(1) 投标保函(Tender Guarantee)。投标保函是银行应投标人的要求向招标人出具的保证投标人中标后履行标书义务的书面保证文件，保函金额一般为投标金额的2%～5%，有效期从开立保函日起到开标日后的一段时间为止。若投标人中标，则保函的有效期自动延长至投标人与招标人签订合同为止。

(2) 履约保函(Performance Guarantee)。履约保函是银行应出口商或承包商(即中标方)的请求向进口商或接受承包的业主(招标方)出具的保证文件，保证出口商或承包商履行合同义务，否则担保行将负责赔偿。履约保函的金额为合同金额的5%～10%。

(3) 预付款保函(Advanced Payment Guarantee)。预付款保函是进口商或接受承包的业主在预付定金时要求出口商或承包商提供的银行担保。担保行向受益人保证在出口商或承包商因故不能履约时，由银行负责退还预付款及利息。

(4) 质量保函(Quality Guarantee)和维修保函(Maintenance Guarantee)。它是银行应出口商或承包商的要求，就合同标的物的质量向受益人出具的保证文件。质量保函应用于商品买卖合同，维修保函则应用于劳务承包工程。

(5) 关税保付保函(Customs Guarantee)。关税保付保函是指银行应进口商(不含加工企业)、承包商或展销商的申请向商品入关所在地海关出具的、保证其履行缴纳关税义务或将临时进口商品复出口的书面承诺。

2. 进口类保函

进口类保函是银行应进口商的请求向出口商开立的保证文件，适用于货物、技术进口，补偿贸易及来料加工等业务，常见的进口类保函有以下几种。

(1) 付款保函(Payment Guarantee)。付款保函是指银行为有关合同货款的支付提供的担保函，是银行应进口商的请求就其合同付款责任向出口商出具的保证文件。担保行保证进口商收到货物后一定付款，否则担保行代为支付。

(2) 延期付款保函(Deferred Payment Guarantee)。延期付款保函是银行就其合同部分付款责任向出口商出具的保证文件。当进口大型设备延期付款时，担保行保证进口商按时支付货款及利息，否则它代为支付。

(3) 补偿贸易保函(Compensation Guarantee)。补偿贸易保函是银行应进口设备方的要求，向设备供应商出具的书面保证文件，保证进口设备方用其产成品返销设备供应商或指定的第三方以偿付进口设备价款。

(4) 租赁保函(Lease Guarantee)。租赁保函是银行应承租人的要求对其租赁合同项下的付款义务向出租人出具的保证文件，适用于租赁进口设备、运输工具等。担保行向出租人保证承租方按时交付租金，否则由银行代交。

3. 其他类保函

除出口类和进口类保函外，还有借款保函、保释金保函、票据保付保函、费用保付保函等。

案例分析

担保行开立借款保函的风险

案情： 甲银行于某年4月为乙公司出具2000万港币的借款保函，受益人为丙银行，期限为9个月，利率12%。由于乙公司投资房地产失败，导致公司负债累累，在还款期满后未能依约归还丙银行贷款。两年后的3月，丙银行向当地人民法院起诉乙公司和甲银行，要求归还本金及利息，当地法院作出如下裁定。

1. 乙公司在4月30日之前将其债权1100万港币收回用于偿还丙银行，余款在12月底还清。

2. 如乙公司不能履行，由甲银行承担代偿责任。

至5月底，乙公司只归还了600万港币，仍欠本金1400万港币及利息未归还。鉴于此，当地法院多次要求甲银行履行担保责任，否则将采取强制措施，查封甲银行资产。而该笔担保的反担保单位丁酒店，只剩下一个空壳公司，难以履行反担保责任。为维护银行声誉，经上级银行批准后，甲银行垫付丙银行本金1400万港币及利息。

问题： 本案中，甲银行应吸取怎样的教训？

分析： 本案中，担保行甲银行根据乙公司的申请向丙银行开立的是借款保函。所谓借款保函，是由借款人委托银行向贷款人出具的用以担保借款人按月还本付息的一种保函，一旦借款人无力偿还或不愿偿还，则由银行对贷款人还本付息。甲银行开立保函时，没有对申请人的资信及财务状况、反担保人的资信及财务状况和项目可行性及效益等进行详尽的审查，盲目开出银行保函，导致银行担保后又不能从申请人处得到补偿，造成较大的损失。保函业务是银行的一项担保业务，必须注意风险控制。保函开立之前，必须详尽地审查和了解申请人以及反担保人的信用；保函开立之后，担保行应及时对申请人和反担保人进行监控，一旦出现信用问题，应及时采取积极措施加以规避，以减少损失。

资料来源：道客巴巴. http://www.doc88.com/.

三、银行保函的开立方式与业务流程

根据银行保函的用途和实际交易需要，其开立方式可分为下述三种。

1. 直接开给受益人

直接开给受益人是指担保银行应申请人的要求将保函直接开给受益人，中间无其他当事人，这是较为简单、直接的一种保函，其业务流程如图3.16所示。

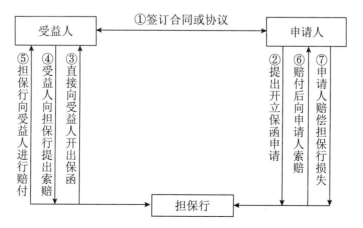

图3.16 直接向受益人开立保函的流程

这种保函的特点是当事人少,关系简单,但是受益人不易辨别保函的真伪,索偿也很不方便,受益人的权利难以得到保障,因此,很少采用。

2. 通过通知行通知

通知行通知保函经由通知行验证,真假易辨,但受益人只能通过通知行向国外担保行索赔,仍然不便,其业务流程如图3.17所示。

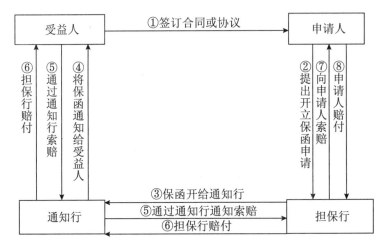

图3.17 通过通知行开立保函的流程

3. 通过转开行转开

这是原担保人要求受益人银行作为转开行,转开保函给受益人的方式。原担保人成为反担保人,转开行则成为担保人。这种方式解决了受益人对国外担保行不了解、不信任的问题,索赔简便,对受益人有利,其业务流程如图3.18所示。

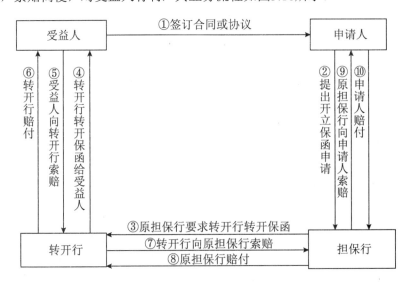

图3.18 通过转开行转开保函的流程

四、银行保函的内容

银行保函的内容包括保函当事人、合同的内容、担保金额及金额递减条款、先决条件条款、索偿条件、保函有效期及其他条款。

1. 保函当事人

保函应详细列出主要当事人，即申请人/委托人、受益人、担保行的名称和地址。若有通知行、保兑行或转开行，亦应列明。

2. 合同的内容

保函开立的依据是合同，保函必须对合同事项予以说明，包括申请人、受益人名称，合同日期，合同编号，标的陈述，签约双方及合同有无修改等。

3. 担保金额及金额递减条款

保函金额是银行担保的限额，也是受益人的最高索偿金额，因此必须明确规定金额和货币种类。一般担保金额只是所担保债务的一定比例，受益人的要求不能超过担保的最大数额。担保金额递减条款是指随着申请人逐步履行合同，担保的最大数额相应减少。预付金退还在保函中普遍使用，但履约保函的担保金额递减条款并不常见。

4. 先决条件条款

保函的先决条款是保护申请人的利益，即在先决条款满足后保函才能生效，而不是开立生效。因此，只有满足与合同有关的先决条款时，受益人才能对保函的偿付提出要求。

5. 索偿条件

索偿条件是担保行判断是否存在违约并进行赔偿的条件。对此有如下处理方式：一是以担保行的调查意见作为是否付款的依据；二是凭申请人的违约证明付款；三是凭受益人提交的符合保函规定的单据或证明文件付款。目前，多采用第三种索偿条件。

6. 保函有效期

除非另有规定，保函一般自开立之日起生效。失效日期通常有三种规定：一是规定一个具体的日历日期为保函失效日期，这是较为常用的方法；二是将保函的有效期与合同直接联系起来；三是综合前两种方法，如规定保函在合同履行完毕再过若干天终止，并以两者中较早者为准。保函还可以规定延期条款。投标保函与履约保函往往赋予受益人延长有效期的权利。

7. 其他条款

其他条款包括与保函有关的转让、保兑、修改、撤销和仲裁等内容。

五、备用信用证

(一) 备用信用证的定义

备用信用证(Stand-by Letter of Credit，SL/C)，也称担保信用证，是指开证行根据申请人的请求，以自身名义向受益人开立的承诺承担某项义务的凭证。当申请人未能履行其义务时，受益人只要凭信用证规定的单据，即可取得开证行的偿付。

备用信用证虽然有"信用证"的名义，但性质上更接近银行保函，对受益人来说是备用于申请人毁约时取得补偿的一种方式。如果申请人按期履约，受益人就无须要求开证行支付货款或赔款。虽然形式上是第一性的付款承诺，但实际上是在委托人违反合同时使用，具有"备用"之意。

备用证的用途几乎与银行保函相同，既可用于成套设备、大型机械、运输工具的分期付款和租金支付，也可用于一般进出口贸易、国际投标、国际融资、加工装配、补偿贸易及技术贸易的履约保证等。

(二) 备用信用证的性质与特点

根据国际商会第590号出版物《国际备用信用证惯例》 (International Standby Practices，ISP98)，备用信用证具有以下几个特点。

(1) 不可撤销性。除非备用证双方同意或另有规定，否则开证人不得修改或撤销该证项下义务。

(2) 独立性。备用证项下开证行义务的履行并不受开证行从申请人那里获得偿付能力的影响，受益人从申请人那里获得的付款权利也不取决于在备用证中对任何偿付协议或基础交易的援引。

(3) 跟单性。备用证与跟单信用证一样，都是以单据为依据决定是否履行义务。不同的是，跟单信用证适用于商品贸易，单据要求大致相同；而备用证范围更广，对单据的要求差距也很大。

(4) 强制性。备用证一经开立，开证人即受其强制性约束，与开证人是否向申请人收取保证金或其他担保，以及受益人是否收到该备用证无关。

备用信用证与跟单信用证的性质基本相同，因此，国际商会连续三个版本的《跟单信用证统一惯例》都规定了该惯例"适用于所有在其文本中明确表明受本惯例约束的跟单信用证，在其可使用的范围内，包括备用信用证"。

六、备用信用证与跟单信用证的比较

(一) 相同点

(1) 都是独立于合同的自足文件。

(2) 都以受益人提交的单据为审理对象。

(3) 在相符交单条件下，开证行都承担第一性付款责任。

(4) 当事人及其权利与责任基本相同。

(5) 环节相同，如开证、通知、修改、保兑、转让、议付、偿付、付款等。

(二) 不同点

(1) 使用范围不同。跟单信用证多用于有形商品结算；备用信用证则多用于非贸易结算或经济活动的担保及融资业务。

(2) 适用的国际惯例不完全相同。《跟单信用证统一惯例》(UCP600)适用于跟单信用证；对备用信用证来说，只有上述与跟单信用证相同的部分才适用，备用信用证主要适用于《国际备用信用证惯例》(ISP98)。

(3) 开证行付款的条件不同。跟单信用证以受益人履约为前提；备用信用证以申请人违约为前提。

(4) 跟单信用证的受益人是在完成其在信用证项下的责任后才能获得付款，因此，开证行的付款是必然的；备用信用证项下申请人的违约并非必然，因此，开证行的付款是或有发生。

(5) 对单据要求不同。跟单信用证对单据种类要求一致；备用信用证对单据要求差别较大，但就某个备用信用证来说，对单据要求比较简单。

七、银行保函与备用信用证的异同

(一) 相同点

(1) 都是应申请人要求，向受益人开立的书面保证。

(2) 都是用银行信用代替商业信用的不足。

(3) 都适用于诸多经济活动中的履约担保。

(4) 都具有单据性，即仅以单据为对象，而不涉及货物或服务。对不是备用证或银行保函规定的单据，则不予理会。

(二) 不同点

(1) 适用的国际惯例不同。备用证适用《国际备用信用证惯例》(ISP98)的全部条款和《跟单信用证统一惯例》(UCP600)的部分条款；银行保函一般参照《合约保函统一规则解释》(URCG)。

(2) 开证行或担保行维护利益的手段不同。备用证以向申请人收取费用让开证行得到偿付；银行保函的担保行则可以要求申请人提交反担保来保证担保行的利益。

(3) 银行偿付的责任不同。备用证的开证行承担的是第一性付款责任；银行保函的担保行视保函性质不同，承担第一性或第二性的付款责任。

(4) 付款的依据不同。在备用证项下，只要受益人提供符合规定的文件或单据，开证行即验单付款；银行保函在有条件保函项下，当条件满足后或反映客观事实的单据提交之后，担保行才会履行支付义务。

(5) 单据不同。备用证项下要求提交即期汇票和证明申请人违约的书面文件；银行保函不要求汇票，但要求除了提交证明申请人违约的文件外，还需要提交证明自己履约的文件。

¥ 第六节 国际保理

近年来，国际保理业务发展迅速，应用日益广泛，它是集融资、结算、担保管理于一体的综合性金融服务。目前，我国国际保理业务还处于起步阶段，尤其是中小外贸企业应充分认识到国际保理在加速资金周转、减少信用风险、扩大出口和开拓市场方面的重要作用。

一、国际保理的含义和功能

(一) 国际保理的含义

国际保理(International Factoring)又称为保付代理、承购应收账款，是指在国际贸易中，出口商以承兑交单(D/A)、赊销(O/A)等商业信用形式向进口商销售非资本性货物时，由出口保理商和进口保理商共同提供的集应收账款管理与催收、贸易融资、销售账务管理、信用风险控制、买方信用调查与担保于一体的综合性金融服务。

在国际市场竞争中，出口商为了争取客户，在贸易结算时往往采取对进口商更为有利的承兑交单或赊销方式，但是这些方式对出口商来说风险巨大，往往不易被接受，从而失去一些贸易成交的机会。而在国际保理业务中，出口商以商业信用形式出卖商品，货物装船后将应收账款的发票和单据无追索权地卖给保理商，即可收回大部分货款。这样由保理机构提供信用风险担保和融资，可使进出口双方顺利达成交易。那些规模不够大、在国外没有专门负责信贷托收业务的出口商，或出口地分散、出口时间不定、公司内部组织应收账款回收有困难的出口商，寻求保理商的帮助有助于避免风险、及时收款、扩大出口。

(二) 国际保理的功能

1. 信用控制

国际市场千变万化，对于一般的出口企业来说，很难跟踪客户的资信及其变化情况。而保理商则不同，它可以利用保理商联合会的代理网络和官方或民间的动态资料，还可以利用其母银行在国外广泛的分支和代理网络获取可靠资料。同时，保理公司设有专门的收集各国政治、经济和市场变化的信息资料，使其能够随时了解客户的资信现状和清偿能力，为出口商提供客户的信用销售额度，从而降低应收账款的风险。

2. 出口贸易融资

保理业务可以为出口商提供无追索权的贸易融资。出口商发货后将单据卖断给保理商，即可获得80%～90%的货款，基本解决了出口商在途资金占用问题。同时，出口商卖断单据意味着一旦进口商拒付，保理商对出口商的预支货款没有追索权。因此，出口商可以将这种预支款项作为销售收入，加速资金周转，改善清偿能力，有助于提高公司的信用等级。

3. 应收账款回收

应收账款回收是一项技术性和法律性较强的工作。面对海外应收账款，由于地区、语言、法律、贸易习惯等差异，出口商往往不能及时收回，保理商却可以依靠自身优势提供这种专门服务。保理商具有四大优势：一是专业优势，包括专门的技巧、方法和专业的人员；二是全球网络优势，在全世界多数国家和地区拥有合作伙伴；三是资信优势，除了自身的良好信誉外，还能有效监督债务人的资信状况；四是法律优势，与世界各地的律师机构和仲裁机构有密切的业务联络，随时提供律师服务。这些都使其能够在全球范围帮助企业管理应收账款。

4. 销售账务管理

管理出口企业销售分户账是确保出口企业正常生产、经营和销售的必要手段。出口商在将应收账款转让给保理商之后，有关的账目管理也可移交给保理商。由于保理商通常是大型商业银行的附属机构，拥有完善的财务管理制度、先进的管理技术和丰富的管理经验，可以提供优良的管理服务。出口商只需管理与保理商往来的总账，不必管理具体的销售分户账目，还可以定期获得保理商提供的统计资料，这就减少了财务管理人员及相应的开支费用，集中精力于生产和销售。

5. 坏账担保

保理商根据客户资信调查结果，来规定出口商对客户赊销的信用限额。出口商在核准的信用限额内销售，称为已核准应收账款。保理商对该应收账款提供100%的坏账担保，如果进口商因无偿付能力或企业倒闭、破产等导致不能付款，保理商承担偿付责任。因此，只要供应商对每个客户的销售控制在保理商核定的信用销售额度之内，就能有效消除坏账风险。当然，出口商必须保障出售的商品完全符合合同规定，因出口商违约导致的坏账不在保理商的赔偿之内。

二、国际保理的运作程序

国际保理有两种做法，即国际单保理和国际双保理。国际单保理业务是指仅涉及一方保理商的保理方式，通常是指出口商与进口保理商之间的业务往来。国际双保理业务是指买卖双方各自与所在地的保理商进行保付代理业务的方式，这是应用较为广泛的一种保理模式。

以双保理为例，买卖双方经过谈判，决定采用保理方式结算，由出口商向出口保理商提出申请，签订保理协议，提出信用额度申请，出口保理商选择进口保理商签订代理协议，将保理申请委托给进口保理商。进口保理商对进口商进行资信调查，确定信用额度。出口商在信用额度内发货，并向出口保理商转让应收账款债权，出口保理商再将债权转让给进口保理商，进口保理商负责应收账款的管理和催收，并提供买方信用风险担保。进口商在应收账款到期日向进口保理商付款，进口保理商将全部款项扣除费用后，转入出口商银行账户。如果出口商有融资需求，可由出口保理商在收到发票副本后，向出口商提供发票金额80%～90%的无追索权的短期贸易融资，余款在收到进口商付款后，由出口保理商扣除费用利息后转入出口商银行账户。国际双保理业务流程如图3.19所示。

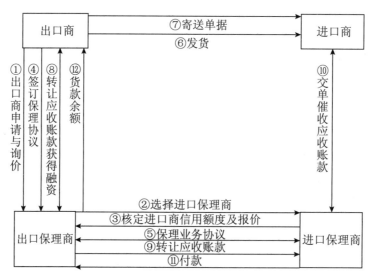

图3.19　国际双保理业务流程

三、国际保理的注意事项

(一) 国际保理的适用范围

保理业务通常适用于下列情况：一是出口商对国外客户或者新客户的信誉状况不够了解，对方又不愿意使用信用证结算；二是出口商对进口商采用赊账或托收方式，出于融资和规避风险的需要；三是在中小额贸易中，出口商每次发货数量少但批次多，为减少中间环节，适应市场变化。

(二) 谨慎选择国际保理商

保理商的资信状况、经营能力对保理业务有重要影响。若保理商对进口商的信用调查不全面，或进口商拒付、破产不能履约，出口商及出口保理商都可能面临风险。因此，选择信誉良好、富有经验的国际保理商尤为重要。保理商通常是国际保理商联合会的成员，与其他会员和客户建立广泛的业务联系，能准确地评估买方资信，迅速收取账款，适当处理争议，财务实力足够履约。出口商可以预先查阅出口保理商的资料，了解其从业历史、业务规模、以往纠纷的解决情况、在保理商联合会的资格与排名、是否具有国际性大银行的背景等，谨慎选择合适的保理商。

(三) 明确保理合同条款

在保理业务中，出口商要与保理商和进口商签订合同。与出口保理商的合同是双方进行保理业务的基础，要明确保理服务范围和条件。保理业务涵盖多方面的服务，出口商可根据需要约定服务项目及保理商提供服务的必要条件，如对结算方式的要求，对出口商提交单据的要求等，以及明确保理服务的收费。在约定保理结算后，出口商应在核准的信用额度内与进口商签订合同，明确各项条款，特别是交货时间、货物品质、数量、包装等条款。

(四) 认真履行合同约定

国际保理的债权转让是以出口商履行销售合同和保理合同为前提条件的。出口商应按时、保质、保量发货，将货物金额控制在核定的信用额度内，并按照保理合同，提交合格单据，以便获得无追索权的融资。保理项下的单据一般由出口商发货后寄给进口商，并应保证单据与合同完全一致。

■ 资料链接 国际保理商联合会简介

国际保理商联合会(Factors Chain International, FCI)成立于1968年，总部设在荷兰阿姆斯特丹，是国际上最具影响力的国际保理组织。它的成立目的是为会员公司提供国际保理服务的统一标准、程序、法律依据和规章制度，负责组织协调和技术培训。

FCI现有68个国家的247个成员，所涉及的国际保理业务占全球的90%以上，允许一国的多家保理公司加入该组织。截至2011年，我国有22家银行加入。

FCI有联系世界主要保理公司的网络，旨在通过保理和有关的财务服务，促进国际贸易发展。FCI利用EDI(Electronic Data Interchange)通信系统对数据进行集中处理，有报告、报文认证、邮件交换功能，支持任何操作平台，用户数不限，使得保理业务的开展更加便捷、准确和高效。此外，FCI还协助各会员公司制定标准程序以保持优良服务质量，构建可靠的法定框架来保护进出口商，提供一揽子培训方案，在世界上推广国际保理服务，使其成为行之有效的贸易财务服务方法。

  FCI的宗旨是促进保理业务在全球范围内的竞争与发展，为会员提供国际保理业务的统一标准、规章制度以及人员的业务培训，并负责会员间的组织协调，以提高保理业务的服务水准。FCI是开展双向国际保理业务的枢纽，它颁布的《国际保理业务管理规则》已经成为世界保理业务运行必需遵循的法律依据。FCI统一为FCI会员公司提供业务资信服务，扩大国际保理商的业务代理网络。FCI会员公司大多数是资金雄厚、营业规模很大的金融机构，这些公司加盟保理商联合会后，相互委托业务，相互提供信息资料，为保理业务的扩张开辟了新的空间。随着国际贸易规模的进一步扩大，国际保理商联合会业务代理网络也将随之扩大，这将促使跨国业务的开展更加便利、快捷，从而推动世界经济的快速发展。

  资料来源：MBA智库百科. http://wiki.mbalib.com/.

㊅第七节 福费廷

  福费廷产生于20世纪50年代后期，主要用于向前东欧国家和发展中国家出口大型成套设备的贸易中。严格地说，福费廷并不是一种独立的结算方式，一般要结合其他结算方式使用，以加速资金周转，降低利率和汇率风险，从而满足出口商安全收汇和融资的需求。

一、福费廷业务的含义

  福费廷(Forfaiting)业务，又称为"包买票据"业务，其名称含有"让与权利"和"放弃追索权"的意思。福费廷业务是票据持有者(出口商)将其经进口商承兑和进口方银行担保的远期票据无追索权地转让给票据包买商(福费廷融资商)，提前获得融资的一种金融服务。票据包买商通常是商业银行，使用的票据是远期汇票或本票。福费廷主要用于金额较大、付款期限较长的大型设备或大宗耐用消费品的贸易中，是一种新型的结算和融资方式。

  银行为出口商提供福费廷服务，买断出口商的远期债权，使出口商不仅获得资金融通，而且消除了出口商远期收汇及汇率和利率变动的风险，使出口商减少应收账款，优化资产负债表，有利于提高企业信用。

二、福费廷的业务程序

(一) 福费廷业务的当事人

1. 包买商

包买商多为出口商所在地银行及大型金融公司。当包买商与出口商达成包买票据协议并购入出口商的中长期商业票据后，它就是为该项延期付款融资的信贷机构，承担向进口商分期收回货款的责任，并承担利率与汇率变动的风险。

2. 出口商

出口商是向进口商提供商品并向包买商无追索权地出售金融票据，取得融资的当事人。这些金融票据既可能是出口商出具的汇票，也可能是进口商出具的本票。

3. 进口商

进口商是以赊购方式接受出口商提供的商品，对包买商购入金融票据保证到期付款的当事人。

4. 担保人

担保人又称保付人，是对进口商付款提供担保的当事人，通常是进口商所在地的大型银行。福费廷业务金额大，期限长，担保至关重要。若进口商不能按期还款，则担保人代其偿还。担保人的介入提高了福费廷票据的可靠性，降低了融资商的风险，有助于业务顺利开展。

(二) 福费廷业务的操作流程

福费廷业务包括6个步骤，具体流程如图3.20所示。

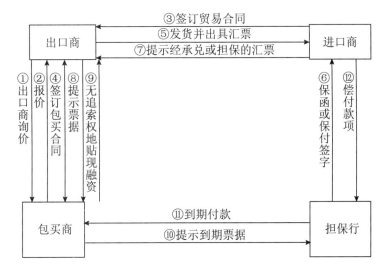

图3.20　福费廷的业务流程

1. 询价

出口商签订贸易合同之前应做好融资准备，将进口商的详细情况、合同金额、延期付款期限、支付方式、预计订立合同的时间等信息以书面形式提交银行，向银行(包买商)询价。

2. 报价

银行接到出口商询价后，分析进口商所在国的政治风险、商业风险和外汇风险，核定对该国的信用额度，然后审核担保人的资信情况、偿付能力，由银行根据福费廷市场情况作出报价，内容包括：①贴现率(Discount Rate)。②承诺费(Commitment Fee)，一般为年利率的0.5%~2%。③多收期(Grace Days)，即从票据到期日至实际收款日的延期天数，通常为3~7天。

3. 签约

出口商向银行确认报价后，与进口商签署贸易合同，同时与银行签订包买票据合同，确定使用福费廷业务。

4. 发货并交单

出口商按照要求发货，签发远期汇票并向包买银行提交票据。

5. 审单及付款

包买银行收到出口商单据后，确认汇票(本票)已经得到进口方银行的付款承诺及进口国政府和法律的有关许可文件，审核无误后向出口商付款。

6. 到期索偿

包买银行在票据到期日向担保行或付款行提示要求付款。

三、福费廷的特点及风险提示

(一) 福费廷的特点

1. 无追索权

福费廷的包买商从出口商处无追索权地购入票据，属于买断性质，包买商承担了福费廷业务的最大风险。因此，融资时要严审票据，对担保行资信从严掌握，对出口商贴现率要慎重计算后再确定。

2. 中长期融资

福费廷业务是适用于资本性货物贸易的中长期融资方式。融资期限多为3~7年，最长为10年。为了安全收回资金，往往根据融资期限的长短，分成若干期办理款项收付，并开立相应的远期汇票或本票。

3. 批发性融资

福费廷主要用于资本性货物交易，金额较大，一般在50万美元以上。出口商出运后将合格票据交给融资商，就可以无追索地获得扣除贴现利息后的货款。因此，它相当于批发性的融资方式。

4.适用于资本性商品和大宗耐用消费品的交易

出口商将贴现利息、选择费和承担费都计入报价中，因此，商品价格较高。对于成交金额小、付款期限短的贸易并不适用，它主要运用于资本性商品和大宗耐用消费品的交易，其金额大，交货和付款期限长，出口商有迫切的融资需求，而福费廷融资手续简便、程序简单，可满足出口商的要求。

(二) 福费廷业务的风险提示

(1) 出口商须全面调查开证行所在国的风险和开证行本身的信用状况，只有所在国政治、经济稳定且开证行信誉良好，该项业务才易于得到受理。

(2) "无追索权"是相对的，若出口商存在欺诈行为，必须返还融资款项。

(3) 福费廷业务的利息支出一般高于出口押汇，融资成本会加在价格中，因此出口商要充分考虑企业的竞争能力和进口国的市场状况。

(4) 包买银行是福费廷风险的主要承担者，银行对出口商的资料必须严格审核，对于信用证项下单据必须交由本行议付。如开证行在本行没有授信额度，不得办理该项业务。

(5) 包买银行要充分考虑开证行所在国家的政治、经济风险，注意担保行的担保声明或保付签字的有效性。

(6) 风险较高的包买票据，可考虑单独买入或邀请其他银行提供担保，即风险参与，从而使初级包买商有开证行和风险参与行的双重保障。

案例分析

福费廷案例——风险防范

案情： 瑞士某汽轮机制造公司向拉脱维亚某能源公司出售汽轮机，价值3 000 000美元。因当时汽轮机市场很不景气，而拉脱维亚公司坚持延期付款，瑞士公司找到其往来银行ABC银行寻求福费廷融资。该银行表示，只要拉脱维亚公司能提供拉脱维亚XYZ银行出具的票据担保即可。在获悉拉脱维亚XYZ银行同意担保之后，ABC银行与瑞士公司签署包买票据合约，贴现条件是：6张500 000美元的汇票，每隔6个月为1个到期日，第一张汇票在装货后的6个月到期，贴现率为9.75%p.a.，宽限期为25天。瑞士公司于×××年12月30日装货，签发全套6张汇票寄往拉脱维亚公司。汇票于次年1月8日经拉脱维亚公司承兑并交拉脱维亚XYZ银行出具保函担保后，连同保函一同寄给ABC银行。该银行于1月15日贴现全套汇票。由于汽轮机的质量有问题，拉脱维亚公司拒绝支付到期的第一张汇票，拉脱维亚XYZ银行因保函签发人越权签发保函并且出保前未得到中央银行用汇许可，而声明保函无效，并根据拉脱维亚法律，保函未注明"不可撤销"，即为可撤销保函。而此时，瑞士公司因另一场官司败诉，导致资不抵债而倒闭。

问题： 本案中包买商的处境如何？如何防范包买风险？

分析： 此案例中的包买商ABC银行受损基本成为定局。按照福费廷业务程序，ABC银行在票据到期前首先向担保行拉脱维亚XYZ银行提示要求付款。但由于该银行签发的保函不符合本国保函出具政策规定及银行保函签发人的权限规定而无效，并根据该国法律规定，即便有效，因未注明"不可撤销"，该行如不愿付款，也可随时撤销保函的付款责任。因此，ABC银行通过第一收款途径已不可能收回款项。如果转向进口商要求付款，进口商作为汇票的承兑人，应该履行付款责任，该责任不应受到基础合同履行情况的影响。但由于拉脱维亚属于外汇管制国家，没有用汇许可，进口商无法对外付款，因而，虽然包买商在法理上占据优势地位，但事实上从进口商处收款同样受阻。福费廷属于无追索贴现融资，ABC银行已与出口商瑞士公司事先就贸易纠纷的免责问题达成协议，但由于瑞士公司已经倒闭，因而即使ABC银行重新获得追索权，也难以通过追索弥补损失。因此，在签订福费廷协议、办理福费廷业务之前，一定要重视对出口商、进口商以及担保人的资信和进口国的调查，这对于判断一笔福费廷业务的风险、确定报价甚至决定是否接受业务都具有重要意义。其中，担保人资信尤为关键，它通常由包买商指定。

资料来源：道客巴巴. http://www.doc88.com.

第八节 结算方式的综合运用

一、一般贸易中的结合运用

各种贸易结算方式都有利弊，因此，将多种结算方式结合起来使用就成为新的发展趋势。

1. 信用证与汇款结合

信用证与汇款结合是指大部分款项以信用证付款，余额用汇款支付。在实务中，发货数量与到货数量不易吻合的货物，常采用90%货款信用证结算，根据实到数量用汇款方式结算余款。

2. 信用证与托收结合

信用证与托收结合是指大部分货款以信用证付款，余款用托收支付。卖方开立两张汇票，信用证结算多数货款，少数按付款交单托收。单据也是两套，分别制作。

3. 托收与备用信用证结合

卖方采用托收结算货款，并要求买方开立备用信用证担保。一旦买方拒付，根据备用信用证的要求，卖方可凭买方的违约证明要求银行偿付。

4. 电汇与托收结合

买方预先电汇一部分货款，卖方发货后从发票中扣除已收款项，余额委托银行代收。如果买方不付款，卖方可运回货物并从订金中扣除运费。

5. 汇款、保函、信用证结合

对成套设备、飞机及轮船交易，往往采用汇款、保函和信用证结合的方式，按照工程和交货进度分期付款，具体分为以下两种情况。

(1) 分期付款(Progression Payment)。它是指买方电汇支付订金，余款根据交货进度分若干期支付，交付完毕付清货款。买方支付订金之前，要求卖方提供银行保函确保其按时交货，余款由买方开立即期信用证支付。

(2) 延期付款(Deferred Payment)。它是指买方预付订金后，在卖方交货后分期支付余款，即合同签订后，买方电汇支付订金，要求对方开立银行保函，保证按期交货，而大部分货款在交货后若干年内分期采用远期信用证结算。

二、加工贸易中的运用

以我方为加工方、国外客商为委托方为例，加工贸易是指由国外客商提供原料甚至机器设备，由我方加工装配，将成品销往国外的贸易方式。采用这种方式，货品两头在外，主要是对加工费的结算。加工贸易中的来料有时计价、有时不计价，因此，结算分为两种：一种是来料与成品分别计价，两者之差就是加工费；另一种是来料不计价，加工后仅收取加工费。

(一) 来料与成品分别计价，银行结算

1. 托收与信用证结合

来料进口采用承兑交单(D/A)付款，成品出口采用即期信用证(Sight L/C)收款。

(1) 进口料件付款。料件出运后，对方开具远期汇票连同单据交其当地银行委托收款，对方银行航寄汇票给我方银行转交我方承兑后，我方取得单据提货加工产品。

(2) 成品出口收款。对方银行开来成品货款(原料款+加工费)的即期信用证，我方成品出运后，缮制单据交我方银行审核后寄往国外开证行索取货款。款项收妥后，将其中的来料款暂存银行，备用于进口料件的远期付款，其余加工费结付我方。

2. 互办托收

来料进口采用承兑交单(D/A)方式付款，成品出口采用即期付款交单(D/P)方式收款。

(1) 进口料件付款。对方料件出运后，由对方开具远期汇票，连同单据交对方银行委托收款。对方银行将跟单汇票航寄我方银行转交我方承兑后，我方取得单据提货加工产品。

(2) 成品出口收款。货物装运后，我方缮制单据并开具即期汇票，由我方银行寄交对方银行办理托收，由对方银行向对方收款后交出单据。我方收到成品款后，将其中一部分料件款支付给对方，其余部分是加工费。为简化手续，可在收取成品款时直接抵扣来料款，净收加工费。

3. 对开信用证

(1) 如为进口料件，我方开立远期信用证付款；如为出口成品，对方开立即期信用证付款。这样，加工方不必动用资金即可获得原料，并在成品出运后，立即得到加工费。需要注意的是，我方开立远期信用证的付款期限要留出余地，将生产、运输、单证流转、议付收汇的时间一并计算，力争先收成品款后付来料款。信用证应注明"来料验收无误后承兑"，尽管与信用证只管单据不管货物的原则相悖，但是符合加工贸易的特点，已被业界接受。为了约束后开证的一方，可在远期证中规定"收到对方来证并被我方接受后才能生效"，以保障先开证一方的权益不受侵害。

(2) 如为进口料件，我方开立即期证支付；如为出口成品，对方开立部分光票信用证、部分跟单信用证。

对方的光票信用证实质上是"预支信用证"，对方预付成品款向我方融资，我方接到预支信用证后，凭光票收汇并将所收款作为开具即期信用证的保证金，向对方开出进料即期信用证。对方根据该证出运料件，我方加工成品出运后，凭单据收取预支信用证项下剩余的"跟单"款——加工费。

(二) 来料不计价，仅收加工费

1. 进口单据不经银行传递，成品出口经银行结算

具体做法：对方原料装运后，直接将单据寄我方提货。进口料件暂不付款，待我方加工成品出运后，缮制单据，向对方托收加工费，或由对方开出信用证，我方凭信用证议付收取加工费。

注意：①只收加工费，不含料件款。有时发票也将料件款与加工费分别列支，或者分别列明料件和成品价格，其差额为加工费。②运输保险金额以成品金额为基础计算。③成品出口采用即期付款交单(D/P)托收货款。

2. 进口料件与成品出口单据均不通过银行办理

具体做法：①对方通过电汇预付加工费，成品出口后单据直接寄交对方，汇款注明"此款系××××合同项下加工费"。②我方出口成品后，直接寄交对方单据，对方再将加工费汇至我方，这种做法比较适合老客户。以上两种方法都要通过银行办理汇款和

结汇。

总之，上述结算方式都属于先收后付，既可融资又便于安全收汇，所以被广泛使用。然而，对委托方来说，料件款需要很长时间才能由成品款得到补偿。因此，委托方为了确保收回资金，得到银行信贷支持，常要求加工方提供银行保函，以解决彼此的信用问题。

三、补偿贸易中的运用

补偿贸易是一方利用信贷将设备出售给另一方，由其使用设备制造产品，然后用产品偿还设备价款的一种贸易方式，其结算方法通常有电汇、托收、信用证和银行保函。

(一) 电汇

(1) 买方信贷补偿贸易方式。设备进口方收到单据后，向银行取得贷款用以支付(电汇)设备价款。

(2) 卖方信贷补偿贸易方式。设备出口方银行提供信贷，卖方利用这笔资金向设备进口方提供延期分期付款。按照惯例，银行提供80%的贷款，剩余20%的设备价款由设备进口方自筹电汇支付。

(二) 托收

(1) 进口设备时，采用承兑交单(D/A)或远期付款交单(D/P)付款，远期付款期限应考虑运输时间、设备调试时间、生产时间和出口收汇时间，这样收汇后再向对方支付设备价款。

(2) 补偿产品出口时，常采用即期付款交单(D/P)收汇。如需让步，可采用远期付款交单，但应对客户的资信情况做深入调查，并争取提高售价，转嫁利息损失。

(三) 信用证

通常采用对开信用证的方式，即设备进口方开立远期信用证，设备出口方开立即期信用证，两证相互制约，先开证的一方在证中列明"本证项下汇票到期付款的前提是对方开出购买补偿产品的即期信用证"。设备进口方为了加快收汇，及时清偿设备款，可在证中载明"允许受益人以电汇索偿(T/T Reimbursement)方式收取货款"。

案例分析

案情：1995年，我国内地A公司与我国澳门B公司签订补偿贸易合同，由A公司进口B公司的草莓汁生产设备，然后将这套设备生产的草莓汁返销给B公司，用返销款来支付设备价款。经双方约定，通过内地C银行与澳门D银行以对开信用证方式结算。

按照A公司的开证申请，C银行向D银行开出了远期信用证，金额为200万美元，用于从B公司进口设备。信用证分期付款，按月支付信用证项下未付款项。然后，澳门D银行向C银行开出产品返销的即期信用证，金额为210万美元，但在该证中未对返销产品的名称、单价、装运期、装运港作出规定，必须等候D银行的信用证修改书再确认。由于当时国际市场上草莓汁销路极好，A公司认为当下是生产草莓汁的好时机，B公司也会修改信用证，因而没有对B公司的信用证提出异议，进而开始履行合同。

此后，D银行要求C银行承兑，A公司也同意C银行承兑，从而使A公司得到了全套设备。但由于A公司其他配套资金未到位，使设备的安装、调试与生产延期了半年。此时，草莓汁价格开始下跌。虽经A公司多方催促，B公司始终未通过D银行开来信用证修改，造成草莓汁返销合同无法继续履行。

由于C银行已经承兑汇票，不得不对外付款，C银行遂向A公司讨付货款。因此，该笔补偿贸易实际成了A公司设备进口贸易。最终，A公司起诉B公司违反合同，获得10万美元的赔偿，但因缺乏草莓汁销售渠道而使通过设备获得长期利润的愿望落空。

分析：此案关键在于B公司开来限制性条款信用证时，A公司没有提出异议，而且承兑了汇票。A公司对风险防范缺乏警惕，而B公司的做法非常狡诈，完全规避了自己的风险，将市场风险全部转嫁给A公司。A公司之所以做补偿贸易，主要是考虑客户的销路，但最终变成了进口交易，以昂贵的价格支付了设备价款。因此，采用对开信用证时，应注意：①充分认识补偿贸易的风险。补偿期限长，风险大，可变因素多，难以预测。②对于返销措施要慎重落实。③签订合同和结算货款时，要争取做到对应、对等。回证的价格、付款期限要明确规定。只有回证合格，方可履行进口付款责任。④合同应规定严厉的违约处罚条款。

资料来源：蒋琴儿，秦定.国际结算理论·实务·案例[M].北京：清华大学出版社，2007.

(四) 银行保函

在补偿贸易中，设备出口方为了避免进口方违约而遭受损失，往往要求对方提交银行保函，确保其按时出运补偿产品，用以补偿设备价款，否则由银行负责赔付。

四、其他贸易结算

(一) 边境贸易结算

1. 立即付款

官方性质的边境贸易，常见的结算方式是立即付款，即双方在指定的银行开立清算账户，待出口方发货后填具"立即付款出口结算申请书"并提交单据，银行审单一致后借记进口方银行账户。

2. 外汇现钞结算

在边境贸易中，可使用可自由兑换货币现钞结算。为了逃避外汇管制，不通过银行结算，贸易商就采用这种方式办理，常用于边境互市贸易和小额贸易结算。

3. 边境换货结算

边境换货结算即等额换货结算方式。

4. 信用证

这种方式适用于两国外汇资源充足、汇路畅通、银行熟悉国际业务且具有官方性质的边境贸易，多用于发展中国家。

5. 本币结算

在边境贸易中，使用本币结算货款的合作不断增加。目前，我国银行已与俄罗斯、越南、蒙古等国中央银行签订了边贸本币结算协定，双方银行互开账户，确定了结算程序、跨境现钞调运等问题。

(二) 易货贸易结算

易货贸易是双方按一定的计价方法以商品等值进出并达到基本平衡的商品交易。它克服了外汇支付困难造成的贸易障碍，对突破贸易壁垒有一定的积极作用。

1. 开立易货专用账户

易货专用账户是双方银行互以对方名义设立的专用账户，仅限于开户单位货款及从属费用的结算。易货终止时，账户最终余额的清算将根据双方协商结果办理转账或关闭账户。

2. 结算方式

结算方式有立即付款方式、信用证交单记账方式、对开信用证方式、托收方式。

本 章 小 结

1. 当前国际结算方式主要有汇款、托收、信用证、银行保函、备用信用证、国际保理、福费廷等。这些方式适用于不同的贸易背景，对促进国际贸易发展具有重要作用。

2. 顺汇是指国际结算工具的流向与资金的流向是同一个方向，作为债务人的买方主动将货款汇付给债权人的方法。逆汇的结算工具的流向与资金的流向相反，也称"出票法"。

3. 托收是银行根据委托人的指示处理金融或商业单据，目的是取得承兑或付款，并在承兑或付款后交付单据的行为。托收当事人有债权人(出口商)、债务人(进口商)、债权人所在地银行(托收行)和债务人所在地银行(代收行)。托收根据所附单据的不同，有光票托收和跟单托收之分。光票托收是指不附带任何货运单据的金融票据托收。常见的票据有汇票、本票、支票等。跟单托收是指金融票据随附货运单据或仅有货运单据的托收。跟单托收有两种交单方式,即付款交单和承兑交单。

4. 信用证的作用是银行承担第一性付款责任,降低出口商的收款风险,便利进出口双方获得融资。信用证业务具有银行承担第一性付款责任、独立性和仅处理单据三个特点。信用证业务环节包括进口商申请开证,开证行对外开证,信用证通知,保兑与修改,出口商发货交单,议付行议付单据并寄单索汇,开证行审单付款,进口商付款赎单,提取货物。信用证分为跟单信用证和光票信用证,保兑信用证和不保兑信用证,即期付款信用证、延期付款信用证和承兑信用证,可转让信用证和不可转让信用证,背对背信用证,对开信用证,循环信用证,预支信用证,假远期信用证等。

5. 银行保函的作用是通过出借自己的信用为商业活动中不被信任的一方担保,从而使交易顺利进行。银行保函的当事人有申请人、受益人、担保行,根据保函开立方式的不同,还可能涉及通知行、转开行、反担保行、保兑行等。银行保函按其性质可分为独立保函和从属保函。

6. 国际保理业务是银行提供的包括结算在内的一项综合性服务,是指保理商从其客户(出口商)手中,购进以发票表示的应收账款,并负责信用销售控制、销售分户账管理和债权回收业务。它既是一种国际结算方式,也是一种短期的贸易融资方式,还是一种集结算、管理、担保和融资于一体的综合性服务。

7. 福费廷业务是票据持有者(出口商)将其持有的并经进口商承兑和进口地银行担保的远期票据无追索权地转让给票据包买商(福费廷融资商),提前获得融资的一种金融服务,也称包买票据业务。福费廷主要用于金额较大、付款期限较长的大型设备或大宗耐用消费品的贸易,是一种新型的结算和融资方式。

8. 不同的结算方式在各种贸易中均有使用,不同结算方式的结合使用及其在加工贸易、补偿贸易中的运用更为常见。

课后作业

一、名词解释

汇款　电汇　顺汇　逆汇　跟单托收　承兑交单　信托收据　信用证　议付　延期付款　软条款　循环信用证　可转让信用证　假远期信用证　背对背信用证　银行保函　反担保　福费廷　国际保理

二、填空题

1. How many parties are there in a collection?

(1) _____.

(2) _____.

(3) _____.

(4) _____.

Sometimes collection business appears other parties such as:

(5) _____.

(6) _____.

2. There are three kinds of collection namely:

(1) _____.

(2) _____.

(3) _____.

3. What is the definition of "Credit" in UCP600?

"Credit" means an arrangement that is _____ and constitutes a definite _____ of the issuing bank to honour a complying _____.

4. What is the definition of "Honour"?

"Honour" means that the issuing bank undertakes:

(1) to _____ at sight if the credit is available by sight pay.

(2) to _____ a deferred payment undertaking and _____ at maturity if the credit is available by deferred payment.

(3) to _____ a bill of exchange drawn by the beneficiary and _____ at maturity if the credit is available by acceptance.

5. What constitutes a complying presentation?

It must comply with:

(1) _____ terms and conditons.

(2) UCP600.

(3) International Standard Banking _____.(ISBP 681)

6. "Independent and abstraction principle" may be explained as follows:

(1) Issuing Bank must independently undertake its primary respinsiblity to _____ beneficiary's complying presentation without interference coming from the other party.

(2) A credit is an independent instrument, it is a separate transcation from the _____.

(3) A credit is the _____ business.

7. Under an irrevocable credit, _____ must undertake primary liability for payment.

三、单项选择题

1. 收款最快、费用较高的汇款方式是( )。

A. T/T   B. M/T   C. D/D   D. D/P

2. 在汇款业务中，若汇出行给汇入行的汇款通知中指示"In cover, please debit our account with you"，则表明( )。

A.汇出行在汇入行开设有该笔汇款业务所使用货币的账户

B.汇入行在汇出行开设有该笔汇款业务所使用货币的账户

C.通过共同账户行办理有关头寸的划拨

D.通过其他银行办理资金划拨

3. 下列选项中，属于汇付法的结算方式是(　　)。

A.票汇　　　　　　　　　　　　　　B.信用证

C.跟单托收　　　　　　　　　　　　D.非贸易的支票托收

4. 下列选项中，属于顺汇方法的支付方式是(　　)。

A.票汇　　　　　B.托收　　　　　C.保函　　　　　D.直接托收

5. (　　)方式下，汇入行不负责通知收款人到银行取款。

A.电汇　　　　　B.信汇　　　　　C.票汇　　　　　D.网汇

6. 票汇结算的信用基础是汇款人与收款人之间的商业信用，使用的是(　　)汇票。

A.商业即期　　　B.商业远期　　　C.银行即期　　　D.银行远期

7. 买卖双方按照D/P、T/R条件成交，如付款人到期不付款，应由(　　)承担责任。

A.委托人　　　　B.托收行　　　　C.代收行　　　　D.付款人

8. 在国际结算中，出口商发货后取得货运单据，连同汇票和其他商业票据交托收行，并指示必须在付款人(进口商)付清货款后，代收行才能将货运单据交给付款人，这种跟单托收的交单方式是(　　)。

A.委托付款　　　　　　　　　　　　B.付款交单

C.承兑交单　　　　　　　　　　　　D.即期交单

9. 在跟单托收业务中，即期D/P、远期D/P、D/A做法步骤的不同主要发生在(　　)之间。

A.委托人与托收行　　　　　　　　　B.委托人与代收行

C.托收行与代收行　　　　　　　　　D.代收行与付款人

10. 在托收业务中，进口商拒绝付款赎单后，代收行的首要职责是(　　)。

A.主动将单据及时退给委托行

B.代委托人提货存仓

C.保管好单据，听候委托人的处理意见

D.委托承运人将货物运回

11. 在托收业务中，委托人与付款人之间的关系是(　　)。

A.债权债务关系　　　　　　　　　　B.委托代理关系

C.账户关系　　　　　　　　　　　　D.没有关系

12. 在托收项下，必要时的代理人是(　　)的代理。

A.委托人　　　　　　　　　　　　　B.托收行

C.代收行　　　　　　　　　　　　　D.付款人

13. 在托收业务中, ( )决定代收行向付款人交单的方式。

A. 委托人　　　　　B. 托收行　　　　　C. 代收行　　　　　D. 付款人

14. 跟单托收在进口商付款或承兑之前, 货物的所有权归( )。

A. 委托人　　　　　B. 托收行　　　　　C. 代收行　　　　　D. 付款人

四、不定项选择题

1. 不必限定在汇入行取款的汇款方式是( )。

A. 电汇　　　　　B. 信汇　　　　　C. 票汇　　　　　D. 以上都是

2. D/P, T/R意指( )。

A. 付款交单　　　　　　　　　B. 承兑交单

C. 付款交单凭信托收据借单　　　D. 承兑交单凭信托收据借单

3. 公司签发一张汇票, 上面注明"At 90 days after sight", 则这是一张( )。

A. 即期汇票　　　B. 远期汇票　　　C. 跟单汇票　　　D. 光票

4. 以下国际贸易经常用到的结算方式中, 不属于汇款方式的是( )。

A. 押汇　　　　　B. 信汇　　　　　C. 票汇　　　　　D. 凭单付汇

5. 在汇款业务中, 若汇出行在给汇入行的汇款通知中指示"In cover, we have instructed A bank to remit the proceeds to your account with B bank", 则表明( )。

A. 汇出行在汇入行开设有该笔汇款业务所使用货币的账户

B. 汇入行在汇出行开设有该笔汇款业务所使用货币的账户

C. 汇出行将通过A银行把该笔汇款的头寸划入汇入行账户

D. 汇出行与汇入行之间将通过A、B两家银行划拨该笔汇款的头寸。

6. 在托收业务中, 若代收行在托收行有该笔托收业务所使用货币的账户, 则两行间的头寸拨付方式是( )。

A. 代收行收妥后贷记托收行账户

B. 代收行收妥后授权托收行借记其账户

C. 请代收行将款项汇交托收行的海外联行

D. 请代收行将款项汇交托收行的账户行

7. 在托收业务中遇到拒付, 如银行尚未交单, 委托人不宜采取的处理方式是( )。

A. 设法在进口国另找新买主, 就地销售货物

B. 委托承运人将货物运回

C. 委托事先指定的进口地的必要时的代理人, 代为以信托收据方式借得提单, 销售货物

D. 派专人到进口地找原进口商进一步协商, 要求其付款赎单

8. 托收指示中规定托收手续费由受票人负担, 但受票人对此表示拒付, 则银行应( )这项费用。

A. 坚持受票人支付　　　　　B. 向委托人收取

C. 转向必要时的代理人收取　　D. 以上都不对

9. 银行为执行委托人指示而需另一家银行提供服务时，风险由(　　)承担。

A. 托收行　　　　　　B. 代收行　　　　　　C. 委托人　　　　　　D. 付款人

10. 托收业务中的D/P at sight与D/A的主要区别是(　　)。

A. D/P at sight属于跟单托收，D/A属于光票托收

B. D/P at sight是付款后交单，D/A是承兑后交单

C. D/P at sight是即期付款，D/A是远期付款

D. D/P at sight是远期付款，D/A是即期付款

11. 在托收业务中，托收行与代收行办理业务的依据是(　　)。

A. 出口商与进口商之间的商业合同

B. 托收指示

C. 国际商会的《托收统一规则》(URC522)

D. 托收行与代收行之间的代理协议

12. 在采用托收方式时，进口商为了防范风险，可采用(　　)等措施。

A. 谨慎选择出口商　　　　　　　　B. 了解出口国有关法律法规

C. 争取以FOB价格条件成交　　　　D. 争取以CIF价格条件成交

E. 争取以承兑交单方式成交　　　　F. 认真审核单据

13. 一般来说，保兑行对保兑信用证的责任是(　　)。

A. 在议付行不能付款时，承担付款责任

B. 在开证行不能付款时，承担付款责任

C. 承担第一性的付款责任

D. 在开证申请人不能付款时，承担付款责任

14. 除非L/C有特别规定，一般说来，"清洁已装船"运输单据即指(　　)。

A. 单据上有"on board"批注和承运人签章，但没有对货物及/或包装缺陷情况的描述和批注

B. 既没有"on board"批注和签章，也没有对货物及/或包装缺陷情况的描述和批注

C. 单据上注明"on deck"字样，并由承运人签章

D. 表明货物已收妥备运且外表无破损

15. 以下关于可转让信用证的说法错误的是(　　)。

A. 可转让信用证适用于中间商贸易

B. 信用证可以转让给一个或一个以上的第二受益人，而且这些第二受益人又可以转让给两个以上的受益人

C. 未经过信用证授权的转让行办理，受益人自行办理的信用证转让业务视为无效

D. 可转让信用证中只有一个开证行

16. 以下关于承兑信用证的说法正确的是(　　)。

A. 在该项下，受益人可自由选择议付的银行

B. 承兑信用证的汇票的期限是远期的

C. 承兑信用证的起算日是交单日

D. 对受益人有追索权

17. 以下不属于出口商审证的内容的是( )。

A. 信用证与合同的一致性　　　　　　B. 信用证条款的可接受性

C. 价格条件的完整性　　　　　　　　D. 开证申请人的资信

18. 信用证能否转让给两个以上的第二受益人取决于( )。

A. 信用证上面是否载有"transferable"字样

B. 受益人与转让行之间的协议是否有规定

C. 信用证是否规定了分批转运

D. 第一受益人与第二受益人商议决定

19. 以下信用证中对受益人有追索权的是( )。

A. 延期信用证　　　B. 议付信用证　　　C. 承兑信用证　　　　D. 即期信用证

20. 关于信用证与商业合同之间的关系，正确的表述是( )。

A. 信用证与商业合同没有关系

B. 信用证的开立以商业合同为依据

C. 信用证的履行受商业合同的约束

D. 商业合同是银行审核信用证的依据之一

E. 银行在办理中要兼顾信用证和商业合同

21. 在信用证业务中，受益人开立的汇票被开证申请人拒付，则( )有追索权。

A. 开证行　　　　　B. 保兑行　　　　　C. 议付行　　　　　D. 通知行

22. 在( )信用证方式下，远期汇票的利息和贴现费用由开证申请人承担。

A. 即期付款　　　　B. 远期付款　　　　C. 假远期　　　　　D. 预支

23. 根据贸易方式和信用证的特点，转口贸易应用( )信用证。

A. 背对背　　　　　B. 对开　　　　　　C. 可转让　　　　　D. 循环

24. 通常我们要求国外来证的有效到期地点是( )。

A. 开证行所在地　　　　　　　　　　B. 运输目的地

C. 转船地点　　　　　　　　　　　　D. 我国境内

25. 若某信用证规定最迟装船期为某年5月16日，信用证的有效期为当年5月30日，单据应在装船后14天内向银行提交，受益人在5月10日出运了货物，则受益人到银行办理该项议付的最后日期应是当年5月( )。

A. 20日　　　　　　B. 24日　　　　　　C. 25日　　　　　　D. 30日

26. 某信用证规定，交货数量为2500吨散装货，不准分批装运，但没有溢短装条款。据此，受益人提交的运输单据上，( )。

A. 货物数量和总金额均可增减10%

B. 货物数量可增减5%，但不能超过总金额

C. 货物数量和总金额均可以增减5%

D. 货物数量可增减10%，但不能超过总金额

27. 在CFR贸易条件下，信用证不要求其受益人提交(   )。

A. 商业发票　　　　B. 提单　　　　C. 保险单　　　　D. 装箱单

28. 任何信用证都必须有(   )的记载。

A. 承兑交单地点　　B. 保兑地点　　　C. 到期日　　　　D. 付款地点

E. 议付交单地点

29. 通知行是受开证行委托，将信用证转交出口方的银行，其责任是(   )。

A. 只要受益人提交了与信用证规定相符的单据，即构成付款责任

B. 证实信用证的真实性、完整性，并应开证行要求，将信用证及时、准确地通知受益人

C. 可以自行决定是否通知信用证，若不准备通知，应及时通知开证行

D. 如发现信用证的条款不完整、与密押不符，要及时与开证行联系

E. 对信用证要求加具保兑，可以做出自己的决定，但应将决定及时通知开证行

30. 可转让信用证被转让时，(   )条款可以变动。

A. 信用证金额　　　　　　　　　B. 商品单价

C. 商品的品质规格　　　　　　　D. 交单日

E. 最迟装运日

31. 银行保函的作用是(   )。

A. 以银行信用代替或补充商业信用

B. 推动国际贸易等的发展

C. 可以促进交易顺利进行

D. 可以使交易一方避免因对方违约而遭受损失的风险

E. 有利于国际政治环境的稳定

32. 以下关于备用信用证的说法不正确的是(   )。

A. 开立备用信用证的目的是由开证行向受益人承担第一性的付款责任

B. 若申请人未能履约，则由银行负责向受益人赔偿经济损失

C. 若申请人按合同规定履行了有关义务，受益人就无须向开证行递交违约声明

D. 备用信用证常常是备而不用的文件

33. 出口商与保理商签订保理协议，该协议应满足(   )的基本条件。

A. 贸易融资　　　　　　　　　　B. 信用风险担保

C. 代理保管货物　　　　　　　　D. 进口商资信调查和信用评估

E. 销售分户账管理和催收应收账款

34. 保理业务的特点是(   )。

A. 适用于大型设备贸易　　　　　B. 能免除出口商的信用风险

C. 适用于一般商品贸易　　　　　　　　D. 能加速出口商资金周转

E. 保理机构预付部分货款

35. 福费廷业务中的远期汇票应得到(　　)的担保。

A. 进口商　　　　　B. 出口商　　　　　C. 进口地银行　　　　D. 出口地银行

36. 福费廷业务中所谓的选择期,是指(　　)。

A. 从包买商接到询价到出口商做出融资决定之前的期限

B. 从包买商接到出口商书面申请到包买商做出融资决定之前的期限

C. 从出口商接受报价到做出融资决定前的期限

D. 从包买商提出报价到出口商做出融资决定之前的期限

37. 福费廷业务虽然是直接向出口商融资,但对于出口商来说,(　　)。

A. 与卖方信贷相比,福费廷业务更像买方信贷

B. 能够提高企业资信,有利于降低上市融资成本

C. 不利于出口商的资金周转和促进进出口贸易的发展

D. 贸易合同的商业风险和汇率风险都转嫁给了包买商

38. 进口类保函包括(　　)。

A. 付款保函　　　　B. 承包保函　　　　C. 延期付款保函　　　D. 租赁保函

五、判断题

1. 汇款一经解付,汇款人就不能要求银行办理退汇。(　　)

2. 在国际贸易中,安全迅速收汇的结算方式是电汇。(　　)

3. 汇款结算时,进出双方必然有一方要承担对方不严格履约的风险。(　　)

4. 与信汇、票汇相比,电汇费用较高,因此买卖双方应避免使用。(　　)

5. 货到付款的结算方式对出口商最有利。(　　)

6. 汇款结算都是通过银行来传递资金的,所以是以银行信用为基础的结算。(　　)

六、简答题

1. 汇款业务的主要当事人有哪些?各自的责任和权利是什么?

2. 在汇款业务中,两地银行间的头寸拨付有几种情况?

3. 托收结算方式的基础是什么?简要说明D/P托收中的汇票行为。

4. 付款交单和承兑交单同为托收方式,对出口商来说,哪种风险较大?为什么?

5. 以托收方式结算货款时,出口商为什么要争取以CIF价格条件成交?

6. 跟单信用证有哪些特点?

7. 什么叫信用证软条款?常见的软条款有哪些?应该如何对待软条款?

8. 可转让信用证和背对背信用证的区别是什么?

9. 银行对信用证项下的交单期应如何要求?根据国际商会的规定,在信用证有效期、最迟装船期和最迟交单期三者中,应如何规定才好?

10. 跟单信用证的当事人有哪些?他们分别承担哪些权利和义务?

11. 银行保函与信用证相比有何异同？

12. 见索即付保函有哪些特征？

13. 国际保理业务有哪些优势？

14. 与托收相比，国际保理对出口商来说有哪些不利之处？有哪些积极作用？

15. 分析福费廷业务对当事人的利弊。

16. 福费廷与国际保理有哪些异同？

七、实务操作题

(一) 买卖双方签订出口合同

上海远大进出口公司正本

SHANGHAI YUANDA IMPORT & EXPROT COMPANY (ORIGINAL)

上海市溧阳路1088号龙邸大厦16楼

16th.Floor, Dragon Mansion,1088 Liyang Road ,Shanghai 200081 China

电话(TEL)：0086-21-56747624 传真(Fax)：0086-21-56747698

销货合约编号：　　　　　　NO.YD-MDSC1711

SALES CONTRACT　　　　　日期：DATE：2017/11/08

买方(Buyers)：MAURICIO DEPORTS INTERNATIONAL S.A.

地址(Address): RM 1008-1011 CONVENTION PLAZA,101 HARBOR ROAD, COLON,R.P.

兹经买卖双方同意成交下列商品，订立条款：

The undersigned Sellers and Buyers have agreed to close the following transaction according to the terms and conditions stipulated below:

货物名称及规格 NAME OF COMMODITY SPECIFICATION	数量 QUANTITY	单价 UNIT PRICE	金额 AMOUNT
Chinese Rice F.A.Q. Broken Grains(Max.)20% Admixture (Max.)0.2% Moisture10%	2000 tons	CIFC3 US$ 360.00	COLON US$ 720 000.00
	总值： TOTAL AMOUNT：USD 720 000.00 Say Us Dollars Seven Hundred And Twenty Thousand Only		

REMARKS: With 5% more or less both in amount and quantity at the Seller's Option.

PACKING: 50kg to one gunny bag.Total 40000 bags.

SHIPMENT: To be effected during December 2002 from Shanghai.China to Colon,r. p.allowing partial shipments and transshipment.

INSURANCE: To be covered for 110% of invoice value against All Risks as per and subject to Ocean Marine Cargo Clauses of PICC dated 1/1/1981.

PAYMENT: The buyers shall open through a first-class bank acceptable to the seller an irrevocable L/C at 30 days after B/L date to reach the seller November 25, 2002 and valid for negotiation in china until the 15th day after the date of shipment.

卖方SELLERS　　　　　　　　　　　　买方BUYERS

SHANGHAI YUANDA IMP&EXP.COMPANY　　MAURICIO DEPORTS INTERNATIONAL

S.A.赵国斌　　　　　　　　　　　　　D.H.Hentuary

买方根据合同要求申请开立信用证：

FM:CITIBANK N.A.
P.O.Box 555 Panama R.P.
ORIGINAL
CABLE ADDRESS:CITIBANK

PLACE&DATE OF ISSUE:
MT: 700 02
27: SEQUENCE OF TOTAL:1/1
40A: FORM OF DOC.CREDIT:IRREVOCABLE
20: DOC.CREDIT NUMBER: LC180-43672
31C: DATE OF ISSUE:　NOVEMBER 23,2017
31D:EXPIRY: JANUARY 15,2018
AT THE COUNTER OF CITIBANK N.A.PANAMA
51: APPLICANT BANK: CITIBANK N.A.PANAMA BRANCH,PANAMA
50: APPLICANT: MAURLCIO DEPORTS INTERNATIONAL S.A.
RM 1008-1101 CONVENTION　PLAZA,101 HARBAR ROAD COLON, R.P.
59: BENEFICIARY: SHANGHAI YUANDA EXPORT&IMPORT COMPANY
16th FLOOR, DRAGON MANSIION, 1088 LIYANG ROAD
SHANGHAI 200081 CHINA
Tel:0086-21-56747624
Fax:0086-21-56747698
32B: AMOUNT: US$733,320.00 (SAY SEVEN HUNDRED HIRTY
THREE THOUSAND THREE HUNDRED AND TWENTY US DOLLARS)
41D: AVAILABLE WITH/BY: ANY BANK　BY NEGOTIATION
42C: DRAFTS AT ...: 30 DAYS AFTER SIGHT
42D:DRAWEE: CITIBANK N.A.PANAMA BRANCH,PANAMA
43P: PARTIAL SHIPMENTS: PROHIBITED
43T:TRANSSHIPMENT: PROHIBITED
44A: LOADING IN CHARGE: SHANGHAI
44B: FOR TRANSPORT TO...: PANAMA
44C：LATEST DATE OF SHIPMENT：171215
45A:SHIPMENT OF GOODS:　40000 BAGS OF CHINESE RICE AS PER SALES CONTRACT NO.YD-MDSC1711　DATED NOVERMBER 18,2017 CIF COLON

46A:DOCUMENTS REQUIRED:

2/3SET OF ORIGINAL CLEAN ON BOARD OCEAN BILL OF LOADING DATED ON NOT LATER THAN DECEMBER 15,2017 ISSUED TO OUR ORDER NOTIFY APPLICANT MARKED FREIGHT TO BE COLLECTED.

THE ORIGINAL COMMERCIAL INVOICE ISSUED BY THE PANAMANIAN CONSUL IN TRIPLICATE.

PACKING LIST IN QUADRUPLICATE SHOWING GROSS WEIGHT OF PACKAGE AND CERTIFIED THAT THE GOODS ARE PACKED IN NEW GUNNY BAGS.

BENEFICIARY'S CERTIFICATE STATED THAT 1/3 SET OF ORIGINAL BILL OF LADING HAS BEEN AIRMAILED DIRECTLY TO APPLICANT WITHIN 48 HOURS AFTER SHIPMENT.

INSURANCE POLICY OR CERTIFICATE IN DUPLICATE IN THE CURRENCY OF THE CREDIT AND IN ASSIGNABLE FORM FOR THE FULL INVOICE VALUE PLUS 110PCT,COVERING INSTITUTE CARGO CLAUSE A.

47A: ADDITIONAL COND:

THE DOCUMENTS BENEFICIARY PRESENT SHOULD INCLUDE AN INSPECTION CERTIFICATE SIGNED BY APPLICANT OR ITS AGENT.

EACH DRAFT ACCOMPANYING DOCUMENTS MUST INDICATE THE CREDIT NUMBER OF ISSUING BANK AND CREDIT NUMBER AND NAME OF ADVISING BANK (IF INDICATED).

THIS CREDIT IS NON-OPERATIVE UNLESS THE NAME OF CARRYING VESSEL HAS BEEN APPROVED BY APPLICANT AND TO BE ADVISED BY L/C ISSUING BANK IN FORM OF AN L/C AMENDMENT TO BENEFICIARY.

71B: DETAILS OF CHARGES: ALL CHARGES OUTSIDE PANAMA R.P. ARE FOR ACCOUNT OF BENEFICIARY.

48: PRESENTATION PERIOD: 15 DAYS FROM DATE OF ISSUANCE OF TRANSPORT DOCUMENT.

49: CONFIRMATION:WITHOUT

78: INSTRUCTIONS: THE NEGOTIATING BANK MUST SEND ALL DOCUMENTS DIRECTLY TO US IN ONE LOT BY COURIER SERVICE.

57A: ADVISE THROUGH: CITI BANK OF SHANGHAI

SHANGHAI,CHINA

72: SENDTO RECD. INFO.: THIS CREDIT IS ISSUED SUBJECT TO THE U.C.P. FOR DOCUMENTARY CREDITS.2007 REVISION.I.C.C.PUBLICATIONS NO.600.

   -MAC/4F7DA064

   DLM

SAC

问题： 请分析信用证与合同不符之处或受益人不能接受之处。

(二) 根据信用证做出正确选择

1. 开证行用(   )方式将信用证经过通知行给受益人。

A. 信开   B. 快邮   C. 电开

2. 该信用证中规定汇票的付款期限为(   )。

A. 见票后60天   B. 提单日后60天   C. 出单日后60天

3. BLACKTORN SHOES LTD.，是该信用证的(   )。

A. 卖方   B. 开证申请人   C. 开证行

4. 该信用证要求汇票上的付款人为( )。

A. AIB BANK

B. BANK OF CHINA,JILIN BRANCH.

C. BLACKTORN SHOES LTD.,

5. 该信用证规定的交单期限为( )。

A. 最迟装运日后15天

B. 提单日后15天

C. 装箱单后15天

6. 该信用证中规定受益人需提交的提单是( )。

A. 不记名提单

B. 空白抬头空白背书提单

C. 记名背书提单

7. 该信用证项下的海运提单应由( )背书。

A. 通知行   B. 受益人   C. 开证行

8. 按照信用证的规定，出口运费应在( )支付。

A. 货到目的港时由进口商

B. 货到目的港时由出口商

C. 货离起运港前由出口商

9. 该信用证规定受益人提交的保险单据应为( )

A. 保险单和保险凭证

B. 保险单或保险凭证

C. 预约保险单

10. 该信用证规定受益人需要提交的单据(不包括汇票)有( )。

A. 5种   B. 6种   C. 7种

11. 按照信用证的规定，受益人可以在( )装运。

A. 15-JAN-2018   B. 10-NOV-2017   C. 13-DEC-2017

12. 这张信用证属于( )。

A. 假远期信用证

B. 不可撤销即期信用证

C. 远期承兑信用证

13. 该信用证中规定单据寄送开证行的方式为( )。

A. 航空挂号邮件

B. 航空普通邮件

C. 特快专递

第四章

国际结算单据

通过对本章的学习，了解国际结算的主要结汇单据，掌握商业发票、提单以及保险单的缮制要点和审核要项，了解单据之间的相互关系以便顺利结汇。

导读案例

某进口商委托当地银行开立信用证，受益人为海外供货人，最迟装运期为2017年12月5日，有效期为2017年12月20日。进口商在开证申请书上加注了特别条款：装货轮船由申请人指定，并以信用证修改书的方式通知受益人。至11月20日，受益人仍未收到有关修改书，为此便用电传催询开证人，进口商向受益人承诺：即便缺少指定船只的修改书，它也会接受单据，只要把货物装上12月5日之前的任何一艘轮船便可。装运期限日益接近，即使修改信用证亦无法及时到达受益人手中。出口商便于11月30日将货物装出，但是，遭到开证行拒付。

由此可见，修改书是信用证生效的条款之一，修改书不到，出口商提交的单据即不符合要求，就会出现不符点单据，开证行就有权拒付。因此，出口商必须严格按照信用证条款办事，不能片面听从进口商的承诺，严格审证，把好单证相符这一关，确保安全收汇。

第一节　结算单据概述

信用证方式的采用，加速了进出口贸易的顺利开展，对买卖双方均有好处。提交相符单据既是银行保证付款也是卖方获取融资的先决条件，卖方以单据证明其履行了交货义务，买方则通过单据对货物进行全面了解，以判断是否付款。因此，银行对单据的要求尤为严格。外贸结算单据名目繁多，基本的单据有汇票、商业发票、提单、保险单、原产地证明书等。虽然各国要求的单据有所不同，但是内容基本相似，理顺单据之间的关系，把握不同单据的具体要求，就可以抓住规律，灵活处理。本章将逐一介绍主要的结算单据，这是保证出口安全收汇的关键所在。

一、结算单据的概念及分类

结算单据(Documents for Settlement)是国际结算中使用的各种单据，一般是指出口商向银行办理押汇或委托其代收货款时提交的单据。结算单据种类繁多，分类方法各异。

常用的有汇票、商业发票、装箱单、保险单、运输单据、海关发票、一般原产地证明书、重量单、尺码单、普遍优惠制产地证(FORM A)、亚太贸易协定原产地证书(FORM B)、中国-东盟自贸区优惠原产地证书(FORM E)、各类检验证明书以及装运通知书等。现代国际结算通常是凭单付款，单据是履约的证明，是进口方付款提货和清关的重要凭证。在信用证业务中，各方处理的是单据而不是货物，结汇单据是货款能否收付的唯一依据。

二、结算单据的作用

结算单据大多是经过背书即可转让单据权益的单据。例如，汇票、支票、本票，保险单，海运提单。结算单据的缮制、签发、流通、转让行为，反映了贸易各方权责的发生、终止和转移，保证了进出口业务的顺利进行。国际贸易虽然以货物的交易为目标，但货物的交易最终是通过单据的转让实现的。

单据正确无误，处理及时，可以加速货物的流转，减少资金运营成本——利息的支出；反之，单据处理有缺陷或不及时，会影响货物出运，不能及时安全收汇，甚至导致货款及货物完全丧失。

具体来讲，单据有如下作用。

(1) 出口方履约和收款的证明。

(2) 进口方付款和提货的依据。

(3) 银行结算的重要依据。

(4) 进出口报关纳税的凭证。

⑭第二节　发票

发票是装运货物的总说明，是进出口贸易中必不可少的核心单据。发票主要分为商业发票、形式发票、海关发票、样品发票和领事发票等几种形式。

一、商业发票

商业发票(Commercial Invoice)是在货物装出时，卖方开立的凭以向买方收款的价目清单和对整个交易和货物内容的总体说明，它是买卖双方交接货物和结算货款的重要凭证。发票内容包括品名、规格、数量、单价、总金额等，是全套单据的核心和制作其他单据的依据。

(一) 商业发票的作用

1. 买方可以掌握货物发运情况

发票是一笔交易的全面描述，进口商可以依据发票，核对合同项目，掌握合同的履约情况。光票付款时，没有货运单据跟随，但常伴有发票，以证实装运了货物。

2. 作为双方记账、报关、海关统计和纳税的依据

发票是销售货物的凭证，双方根据发票逐笔记账、结算货款。进出口报关时向海关递交发票，发票是出口地验关放行、进口地清关提货的凭证之一。海关凭发票统计进出口数据，并凭发票货值核定税款。

3. 代替汇票付款

为了避免使用汇票而增加印花税负担，即期付款可不出具汇票，用发票代替汇票进行核算。

4. 证明货值

发生保险索赔时，发票可作为货物价值的证明。

(二) 信用证有关商业发票的条款

(1) Signed commercial invoice in triplicate indicating L/C No.

已签署的商业发票一式三份并标明信用证号码。

(2) Signed commercial invoice in quintuplicate indicating P/O No.and country of origin.

已签署的商业发票一式五份并标明订单号码和原产地。

(3) 5% commission should be deducted from total amount of the commercial invoice.

商业发票的总金额需扣除5%的佣金。

(4) Beneficiary must certify on the invoice full set of copies of shipping documents have been sent to the applicant within 48 hours after shipment.

受益人须在发票上证明，装运后48小时内已将全套装运单据副本寄交申请人。

(三) 商业发票的内容

商业发票由卖方缮制，记载事项依合同内容而定，一般包括以下内容。

1. 首文部分

(1) "发票"字样。

(2) 发票编号和签发日期。

(3) 合同或订单号码。

(4) 信用证号码。

(5) 收货人名址。

(6) 卖方名址。

(7) 船名、装运港和目的港。

2. 文本部分

(1) 商品名称、规格、数量、重量等。

(2) 包装及尺码。

(3) 唛头及件数。

(4) 价格及价格条件。

(5) 总金额。

3. 结文部分

结文部分一般包括信用证的特别条款和文句，还包括出票人签字，一般在发票的右下角，包括卖方名称和卖方公司经理或其他授权人手签。

(四) 商业发票的缮制及注意事项

商业发票是缮制其他单据的依据，因此在制作时应确保正确无误、排列合理、整洁美观，具体应注意以下事项。

1. 发票编号

发票编号(Invoice No.)由各公司统一编制，由于它处于单据中的核心地位，其他诸如汇票、出口报关单及附属单据的号码均可与发票号码一致。

2. 地点及日期

(1) 出票地址(Place)应为受益人所在地，通常是议付所在地。

(2) 关于日期(Date)，全套单据中商业发票是签发日最早的单据，应不早于合同日期，不迟于提单的签发日期。

3. 全同号

合同号(S/C No.)应与信用证保持一致，如一笔交易牵涉多份合同，均应在发票上有所表示。

4. 收货人/抬头人

收货人/抬头人(Consignee)即买方名称，一般应以信用证申请人作为抬头，如果信用证指定抬头人，则按照要求缮制。

5. 起运地及目的地

起运地及目的地(From...to...)应明确具体，由于各国有重名的城市和港口，应加注国名；如目的地(港)为非著名交通枢纽，也应加注国名；如需转运，则应注明转运地。例如，From Qingdao To New York.U.S.A.W/T at Shanghai。

6. 唛头及件数

唛头及件数(Marks and Numbers)。唛头是刷制在外包装箱上供承运人识别货物用的标记，应与运输单据标志一致。

如来证有指定唛头，须按照规定缮制；如无指定，出口商可本着简明、易于识别的原则自行设计。唛头一般由4部分组成。

(1) 客户名称缩写。

(2) 合同或信用证号码。

(3) 目的港。

(4) 件号或批号。

如果无唛头，应注明N/M(No Mark)；如用集装箱装运，可以集装箱号和封印号码取代。

7. 货物描述及数量

(1) 对信用证的货物描述(Description)，应原样照录到商业发票上。值得注意的是，如果信用证了一种名称，则商业发票中绝对不能使用另一种名称，尽管业内人士都清楚这两种不同的名称指的是同一种商品，比如"Raisin"和"Dried Grapes"都指葡萄干，但如果信用证用了前者，则商业发票中也一定要用前者，否则可能会因与证不符而遭到银行拒付。如商品规格较多，制单时须分别详列各种规格和单价。

(2) 必须反映实际装运数量(Quantity)，做到单证一致，尤其信用证只给定界限时。例如，"Not Exceed 20000M/T, Minus 5% Quantity Allowance"。

(3) 若一批货物要分制几套单据，则每套单据应缮制一份发票，各发票数量之和应等于该批货物的总数量。

(4) 如果信用证允许分批装运，又规定了增减幅度，则每批货物应该按照相同的增减幅度来掌握。

8. 单价和总值

单价(Unit price)和总值(Amount)是商业发票的主要项目，必须计算准确，注意小数点的位置以及金额和数量的横乘和竖加是否准确。

单价包括4个组成部分，即计量单位、价格金额、计价货币和贸易术语。例如，USD60 PER SET FOB DALIAN。

在缮制此部分内容时，应注意以下事项。

(1) 总值部分要用大小写数字填写单价与数量的乘积，货币单位应与单价一致，且总值金额不能超过信用证的最高金额，除非另有规定，否则银行会拒绝接受。

(2) 单价含有佣金的，发票应照样填写。

(3) 合同规定超额保险费、选港费、港口拥挤费等由买方承担的，如果信用证也有相同规定，并说明上述费用可在信用证金额中提取或超额提取，可将这些费用计入发票总额，一并向开证行索付；如果来证未作规定，则另开汇票，通过银行托收上述费用。

(4) 来证价格中包括佣金和折扣的，应在发票总值中将两项都扣除，发票的净值是卖方收取的金额。

9. 声明文句

国外来证要求发票加注各种费用金额、特定号码、有关证明文句时，可缮打在发票商品栏以下的空白处。

常用的声明字句有以下几种。

(1) 证明所到货物与合同或订单所列货物相符。

例如：We certify that the goods named have been supplied in conformity with Order No.113.

(2) 证明原产地。

例如：We hereby certify that the above mentioned goods are of Korean Origin.

(3) 证明不装载或限制停靠的船只或港口。

例如：We certify that the goods mentioned in this invoice have not been shipped on board of any vessel flying Japanese flag or due to call at any Japanese port.

(4) 证明货真价实。

例如：We certify that this invoice is in all respects true and correct both as regards to the price and description of the goods referred herein.

(5) 证明已经航邮有关单据。

例如：This is to certify that two copies of invoice and packing list have been airmailed direct to applicant immediate after shipment.

10. 出单人签名或盖章

商业发票只能由来证的受益人出具，除非有其他规定。如果用影印、电脑处理或复写方法制作发票，应该在发票上注明"正本"(Original)字样，并由出单人签字。UCP600规定商业发票可不必签字，但来证规定发票需手签的，必须手签。

11. 商业发票的正本份数

应该按照规定的数目制作发票，如果来证要求制作正本发票，应加盖正本印章，正本份数也应符合信用证的规定。

商业发票的内容可参见单据4.1。

EXPORTER/SELLER/BENEFICIARY			发票
TO:MESSRS			
SHIPMENT FROM	INVOICE NO.	DATE	
TO	DOCUMENTARY CREDIT NO.		
BY	CONTRACT NO./SALES CONFIRMATION NO.		
VESSEL/FLIGHT/VEHICLE NO.	TERMS OF DELIVERY AND PAYMENT		
B/L NO.			
SHIPPING MARKS DESCRIPTION(NOS & KIND OF PKGS) QUANTITY UNIT PRICE AMOUNT			
			STAMP OR SIGNATURE

单据4.1　商业发票

二、形式发票

　　形式发票(Proforma Invoice，P/I) (二维码)也称预开发票，是在交易达成之前，

买方为了申请进口许可证或向外汇管理当局申请批准外汇，要求卖方发出一份列有货物的名称、规格、单价等非正式的参考性发票，其内容与正式发票相似，印有"形式发票"字样，通常在双方谈妥价格、确认样品之后方可缮制。

　　为了约束买方，还应在形式发票上注明"此发票仅供申请进口许可证用，本交易以卖方最后确认为准"(This invoice is supplied to enable you to apply for the necessary Import Licence.Actural orders shall be subject to our final confirmation.)。

　　形式发票的单价仅是一种估计单价，形式发票不是正式发票，因此不能用于结汇，正式交易还需另开正式发票。但形式发票便于买方估算进口成本，并凭以申请进口许可证、外汇额度和开立信用证等，一般在预付货款、寄售和投标时使用。

三、海关发票

海关发票(Customs Invoice/Certified Invoice)是进口地海关为了掌握商品价值构成和原产地情况，要求卖方根据进口国海关规定的特定格式填制的供买方报关使用的一种发票。一般由卖方手签，有的还要求卖方以外的任何个人签字证明，无须缴纳签证费用。

(一) 海关发票的作用

(1) 供进口海关核查货物原产地，以便实行差别税率。

(2) 买方据此办理报关纳税。

(3) 进口海关审核是否存在低价倾销或接受本国补贴，以确定是否征收反倾销税或反补贴税；确定有无虚报价格，有无串通买方漏税、逃税。

(4) 作为进口海关的统计依据。

(二) 海关发票的内容

海关发票是由国家政府规定的，内容比商业发票复杂，一般包括三大部分，即价值部分(Certificate of Value)、产地部分(Certificate of Origin)和证明部分(Declaration)，故又称为"价值和产地联合证明书"(Combined Certificate of Value and Origin，C.C.V.O.)或"证实发票"(Certified Invoice)。

常见的海关发票有加拿大海关发票 (二维码)、加拿大鞋类发票
(二维码)、美国海关发票 (二维码)、美国鞋类发票 (二维码)、新西兰海关发票(格式59A)、加勒比海关发票等。

(三) 缮制海关发票的注意事项

(1) 海关发票上的FOB价值应略高于国内市场价，否则会被视为倾销。如果以CIF或者CFR成交，必须正确计算运费及保险费，再计算FOB净值。

(2) 在原产国别一栏中，原材料如不是100%由本国生产，应在商品描述栏内逐一列明各项产地国名。

(3) 卖方必须以个人名义签字，一般由出口单位办事人员手签，不盖公章。如果要求填写"见证人"，该人的名字不能出现在其他出口单据上。

(4) 如果有错打或涂改，不加校对章，须由出票签字人用钢笔加注小签。

(5) 抬头人应填写目的港收货人。

(6) 凡与商业发票相同的项目，两者必须一致。

(7) 各栏目都须填写，无实际内容的注明"N/A"(Not Applicable)或用虚线划掉，不

能留空。

(8) 需提供海关发票的国家都有不同的发票格式，如果格式用错，进口国海关将拒绝接受。

四、样品发票

样品发票(Sample Invoice)是卖方向买方寄样品时出具的清单，供进口报关使用，又称小发票。在发送样品时一定要附上正确的单据，否则会被指控"走私"，处以罚款，甚至毁掉样品，推迟清关，增加买方成本和延误销售，因此务必备齐样品单据。

样品发票内容主要包括种类、尺寸、数量、单价及总价等，同时应注明"样品无商业价值，仅供报关使用"(Samples Not For The Commerclal Purposes)，由于买方要对样品缴税，因此发票价格应尽可能低，根据产品及尺寸，可将发票价格标为每件US\$0.10或US\$1.00。

如果随货物一同出运，提单也要标明，如"22包硬木板材和两箱样品""18托地板和4箱样品"。装箱单上也要注明这些内容，如果没有注明，有样品发票亦可。

五、领事发票

领事发票(Consular Invoice)也称领事签证发票 (二维码)，是由驻卖方国的领事对货物的来源、货物价格签发的特定格式的发票，以免买方低报货价和逃避进口关税。主要作用是证明进口货物是否与原产地相符；买方所填货名、价格与数量是否真实；作为进口征税的依据；防止廉价倾销。这种发票主要为拉美国家所采用。

领事发票的格式：一种是领事签证(Consular Visa)，另一种是固定格式。前者由领事在商业发票上签章，后者需在领事馆内索取表格，填写审核后由领事签章。

出具领事发票时，领事馆会根据进口货物价值收取一定费用。如果进口国在出口地未设领事馆，卖方只能取消领事发票或领事签证发票条款，或者要求开证人同意由出口地商会签证的发票。如果来证要求提供这种发票，卖方要考虑能否提供，签证费用由谁负担，然后再作决定。

🄌 第三节　海运单据

运输单据是承运人收到货物后签发给出口商的证明文件，证明货物已经发运，或已经装上运输工具，或已经由承运人监管。在货物交接、索赔理赔以及结算货款的过程中，运输单据极为重要，根据运输方式的不同，可将其分为海运单据、铁路运单、航空运单、邮包收据和联合运输单据等。本节主要介绍海运单据。

一、海运提单

海洋运输是最早的国际货运方式，目前海运业务量占国际货运总量80%以上，所以海运提单是使用最多的运输单据。海运提单(Ocean Bill of Lading)是船方接管货物或装船后签发的货物收据，并作为船方交货的凭证。

(一) 海运提单的特征

海运提单没有统一的格式，但UCP600Article 20要求运输单据必须标明单据名称，并强调海运提单必须具备下列特征。

(1) 由承运人或其代理，或者由船长或其代理签字。

(2) 应标明货物已装船(On Board)或已装运(Shipped)。

(3) 单据表面须记载装运货物的具名船只，而不是不确定的船名。

(4) 应载明信用证规定的装运港和目的港。

(二) 海运提单的作用

由于海运提单详细记载了托运货物的细节，并在背面罗列了承运人的责任条款、免责条款、绕航转运条款及共同海损条款等，因此海运提单是运输合同的证明，但因为提单上只有承运人或其代理人的签字，没有托运人的签字，海运提单又不是运输合同。装货单(Shipping Order)由托运人制作并签署，经承运人或其代理人确认后签字从而成为运输业务合同。当承运人收货装船后，承载船舶的大副会签发大副收据(Mate's Receipt)，托运人凭大副收据从承运人或其代理人处换取正式的海运提单。可见，提单是在签订完运输合同后才签发的，所以只是一份证明。

提单的签发表明承运人已按照提单记载的品名、规格、数量、包装等收到了一批特定货物，承运人有责任按照货物收到时的状况将其交付给收货人。若出现货损，就要追查原因。如果确是因承运人履约不力、管理不善或记录有误造成的货损，理应由承运人承担。因此，承运人在签发提单前，要仔细核查货物，并将检验结果记入大副收据，然后开立正式提单。

此外，作为一种物权凭证，提单可以经背书后转让，也可用于抵押和索赔。

需要注意的是，提单签发时有正本和副本之分，副本提单不能转让，不能提货，不是物权凭证。而正本提单是有效的物权凭证，为保证完整物权的转移，必须全套正本一起转让，否则就有被他人抢先提货的风险。

(三) 海运提单的分类

根据不同的标准，可将海运提单分为以下几类。

1. 按收货人的抬头划分

(1) 记名提单(Straight B/L)。它又称收货人抬头提单，"收货人"一栏填写收货人名称，承运人在卸货港只能把货物交给提单指定的收货人。一般只适用于运输展览品或贵重物品，特别是在短途运输中使用较有优势。记名提单虽然安全，但不能转让，不是物权凭证，对贸易各方的交易不便，因此用得不多。

(2) 不记名提单(Bearer B/L or Open B/L or Blank B/L)。"收货人"一栏内没有指明任何收货人，注明"持单人"(Bearer)字样或空白，谁持有提单。谁就可以提货，不需做任何背书即可转让提单。这种提单一旦丢失，很容易产生纠纷，因此，较少使用。如使用不记名提单，随船带去的提单副本必须注明被通知人的名称和地址。

(3) 指示提单(Order B/L)。指示提单是按照记名人的指示或非记名人的指示交货的提单。在提单"收货人"一栏填写"凭指示"(To order)或"凭某人指示"(to Order of....)字样。由于这种提单通过背书才能转让，适应了正常贸易的需要，所以被广泛采用。

2. 按货物是否已装船划分

(1) 已装船提单(Shipped B/L or On Board B/L)。货物装船后由承运人或其代理人根据大副收据签发给托运人，这种提单除注明一般事项外，还必须注明装载货物的船名和装船日期。

根据国际商会2010年修订的《国际贸易术语解释通则》的规定，凡以CIF或CFR条件成立的买卖合同，卖方应提供已装船提单。

国际商会2007年重新修订的《跟单信用证统一惯例》规定，如信用证要求海运提单作为运输单据，银行将接受注明货物已装船或已装指定船只的提单。

(2) 收货待运提单(Received for Shipment B/L)。它又称备运提单、待装提单，或简称待运提单，是承运人在收到货物但还没有装船时签发的提单。

签发这种提单时，说明承运人确认货物已交由承运人保管并保存在其所控制的仓库或场地，但还未装船。所以，这种提单未载明所装船名和装船时间，在跟单信用证项下，银行一般都不肯接受这种提单。但当货物装船，承运人在这种提单上加注装运船名和装船日期并签字盖章后，待运提单即成为已装船提单。在实际业务中，买方一般不愿意接受待运提单，原因如下所述。

① 提单上没有装船日期，会因到货不及时而使货主遭受损失；

② 提单上没有装货船名，致使提单持有人在承运人违约时难以向法院申请扣押船舶；

③ 提单签发后和货物装船前发生的货损、货差由谁承担的问题难以解决。

但是，随着集装箱运输的发展，承运人在内陆收货越来越多，而货运站不能签发已装船提单，货物装入集装箱后，如没有特殊情况，货物质量一般不会受到影响。港口收到集装箱货物后，向托运人签发"场站收据"，托运人可持"场站收据"向海上承运人换取"待运提单"。由于在集装箱运输中，承运人的责任期间已向两端延伸，所以根据《联合国国际货物多式联运公约》和《跟单信用证统一惯例》的规定，在集装箱运输中，银行还是可以接受这种提单办理货款结汇的。

《中华人民共和国海商法》第七十四条规定："货物装船前，承运人已经应托运人的要求签发收货待运提单或者其他单证的，货物装船完毕，托运人可以将收货待运提单或者其他单证退还承运人，以换取已装船提单，承运人也可以在收货待运提单上加注承运船名和装船日期，加注后的待运提单视为已装船提单。"

3. 按提单上有无批注划分

(1) 清洁提单(Clean B/L)。国际商会《跟单信用证统一惯例》第三十四条规定："清洁运输单据，是指货运单据上并无明显的声明货物及/或包装有缺陷的附加条文或批注。银行对有该类附加条文或批注的运输单据，除信用证明确规定接受外，当拒绝接受。"可见，在采用跟单信用证付款方式的贸易中，通常卖方只有向银行提交清洁提单才能取得货款。

(2) 不清洁提单(Unclean B/L or Foul B/L)。承运人接受货物时，如果外表状况不良，一般先在大副收据上记载，正式签发提单时，再把记载内容转批到提单上。

对于损坏或外表状况有缺陷的货物，通常由托运人出具保函，要求承运人不把大副收据上的不良批注转批到提单上，而根据保函签发清洁提单，以使出口商卖方能顺利结汇。

保函换取提单的做法确实能起到变通的作用，在实践中难以完全拒绝。我国最高人民法院在《关于保函是否具有法律效力问题的批复》中指出："海上货物运输的托运人为换取清洁提单而向承运人出具的保函，对收货人不具有约束力。不论保函如何约定，都不影响收货人向承运人或托运人索赔。对托运人和承运人出于善意而由一方出具另一方接受的保函，双方均有履行之义务。"承运人应当清楚自己在接受保函后所处的地位，切不可掉以轻心。

4. 按运输方式划分

(1) 直达提单(Direct B/L)。它又称直运提单，是指货物从装货港装船后，中途不经转船，直接运至目的港卸船交与收货人的提单。直达提单中不得有"转船"或"在某港转船"的批注。凡信用证规定不准转船者，必须使用这种直达提单。

(2) 转船提单(Transshipment B/L)。转船提单是指货物从起运港装载的船舶不直接驶往目的港，需要在中途港口换装其他船舶转运至目的港卸货，在提单上注明"转运"或"在××港转船"字样，并由第一程船的承运人签发。

(3) 联运提单(Through B/L)。货物运输需经两种或两种以上的运输方式来完成，其联运的范围超过海上运输界限，货物由船舶运送经水域运到一个港口，再经其他运输工具将货物送至目的港，一般为先海运后陆运或空运，或者先空运、陆运后海运。

(4) 多式联运提单(Multimodal Transport B/L or Combined Transportation B/L)。主要用于集装箱运输，指运输一批货物需要采用两种以上的运输方式，其中一种是海上运输方式，由一个承运人负责全程运输，将货物从接收地运至目的地交付收货人，并收取全程运费。提单项目不仅包括起运港和目的港,而且列明一程二程等运输路线,以及收货地和交货地。

5. 按内容的繁简划分

(1) 全式提单(Long Form B/L)。它又称繁式提单,除正面列明的提单记载事项,背面还列有关于承运人与托运人及收货人之间的权利、义务等详细条款,在实际业务中大量使用。

(2) 简式提单(Short Form B/L or Simple B/L)。它又称略式提单,提单背面没有承运人与托运人及收货人之间的权利、义务等详细条款,一般正面印有"简式"(Short Form)字样。

简式提单列有如下条款:"本提单货物的收受、保管、运输和运费等事项,均按本提单全式提单的正面、背面的书面条款和例外条款办理,该全式提单存于本公司及其分支机构或代理处,可供托运人随时查阅。"按照国际贸易惯例,银行可以接受这种简式提单,与全式提单在法律上具有同等效力。

6. 按签发提单的时间划分

(1) 倒签提单(Anti-dated B/L)。当实际装船日期晚于信用证规定的装船日期时,为了使签发提单的日期与信用证规定的装运日期相符,以利结汇,应托运人的要求,承运人在提单上仍以规定的装运日期填写签发日期,称为倒签提单。

这种提单的承运人要承担一定的风险,但为了满足贸易需要,在一定条件下,比如零星货物或倒签时间与装船完毕时间的间隔不长,取得托运人保函之后,也可以考虑签发。

(2) 预借提单(Advanced B/L)。信用证规定的装运日期和交单结汇日期都已到期,而货物因故尚未装船,或已开始装船尚未完毕,托运人为了能及时结汇,出具保函后向承运人提出预先签发已装船提单,这种行为称为预借,借得的提单称为预借提单。

在签发预借提单的情况下,不少国家的法律规定和判例表明,承运人不但要承担货损赔偿责任,而且会丧失享受责任限制和免责的权利,即使该票货物是因免责事项受损的,承运人也必须赔偿货物的全部损失。

预借提单和倒签提单对承运人来讲风险都是很大的,由此引起的责任承运人必须承担,尽管托运人往往向承运人出具保函,但这种保函同样不能约束收货人。

比较而言,签发预借提单比签发倒签提单对承运人的风险更大。在我国法院对承运人签发预借提单的判例中,不但由承运人承担了由此引起的一切后果,赔偿货款损失和利息损失,而且赔偿了包括收货人向第三者赔付的其他各项损失。

7. 其他种类的提单

(1) 过期提单(Stale B/L)。过期提单一方面是指卖方装船后延滞过久才交到银行议付的提单。按照国际商会《跟单信用证统一惯例》600号出版物的规定,正本提单应当在不迟于发运日之后的21日内交单,银行一般不接受过期提单。另一方面是指提单晚于货物到达目的港，近洋国家的贸易合同一般都列有"过期提单可以接受"的条款。

(2) 运费预付提单(Freight Prepaid B/L)。提单正面载明"运费预付"字样，支付运费后才能获取提单。以CIF、CFR条件成交的货物，按规定必须预付运费。付费后，若货物灭失，运费不退。

(3) 运费到付提单(Freight to Collect B/L)。提单上载明"运费到付"字样，付清运费后收货人才能提货。以FOB条件成交的货物，不论是买方订舱还是委托卖方订舱，运费均为到付(Freight Payable at Destination)。

(4) 最低运费提单(Minimum B/L)。它也称为"起码收费提单"，承运人对批量过少的货物，按其数量计算运费额，如低于起码收费标准，则按起码收费标准收取。

(5) 运输代理人(行)提单(House B/L)。由运输代理人(行)签发。为了节省费用、简化手续，运输代理人(行)将不同托运人发运的零散货物集中在一套提单上托运，而由承运人签发给运输代理人(行)成组提单。由于提单只有一套，各个托运人不能分别取得提单，只好由运输代理人(行)向各托运人签发运输代理人(行)的提单。由于集装箱运输的发展，运输代理人(行)组织的拼箱货使用这种提单有利于提高效率，所以这种提单的使用范围正在扩展。

一般情况下，运输代理人(行)提单不具有提单的法律效力，它只是运输代理人(行)收到托运货物的收据，而不是一种可以转让的物权凭证，故不能凭此向承运人提货。

(6) 电放提单。在装船完毕，船方已经签发了提单，或已经交给托运人，或还没有交给托运人，应托运人的请求，船方收回正本提单，而以电传、传真、电子邮件、电报的形式，通知其在卸货港的代理，将货交给提单收货人，这种操作方式称为电放，这种方式下的提单称为电放提单。

电放提单的操作有两种形式：一是船方在每张正本提单上加盖"电放"字样(英文为Surrendered 或 Telex Released)的图章，并将盖章的提单传真给船方在卸货港的代理，凭以放货。二是船方收回全套正本提单，出具一张"电放电文"给卸货港代理，凭以放货。但是如果提单收货人地址不详、运费未结清、正本提单份数不全，则船方不予办理电放。

(四) 管辖提单的国际公约

为了明确提单中各相关当事人的责任和义务，国际上制定了相关的公约，主要有以下几部。

1. 《海牙规则》

《海牙规则》(Hague Rules)全称为《统一提单的若干法律规定的国际公约》(International Convention for the Unification of Certain Rules of Law Relating to Bills of Lading)，它是关于提单法律规定的第一部国际公约。此公约规定的承运人的责任是最低的，仅包括适航义务和管货义务，其责任期间为从货物装上船起至卸船为止。总体看来，《海牙规则》无论是对承运人义务的规定，还是免责事项、索赔诉讼、责任限制，均体现承运方的利益，而对货主的保护相对较少。随着国际经贸的发展，《海牙规则》的部分内容已落后，不适应新需要，对其进行修改已成为必然。

2. 《维斯比规则》

《维斯比规则》(Visby Rules)是《修改统一提单若干法律规定的国际公约议定书》(Protocol to Amend the International Convention for the Unification of Certain Rules of Law Relating to Bills of Lading)的简称，它于1968年2月23日在布鲁塞尔外交会议上通过，自1977年6月23日生效，截至1996年9月，参加该规则的国家共有29个，包括英、法、德、荷、西、挪、瑞典、瑞士、意、日等主要航运国家。由于该规则是对《海牙规则》的修改和补充，故常与其一起被称为《海牙-维斯比规则》。

该规则扩大了适用范围，明确了提单的证据效力，延长了诉讼时效，强调了承运人及其受雇人员的责任限制，提高了承运人对货物损害赔偿的限额，还增加了"集装箱条款"以适应国际集装箱运输发展的需要。

3. 《汉堡规则》

《汉堡规则》(Hamburg Rules)是联合国海上货物运输公约(United Nations Convention on the Carriage of Goods by Sea)的简称，它于1978年3月6日至31日在德国汉堡举行的由联合国主持的有78国代表参加的海上货物运输大会上讨论通过，于1992年11月1日生效。截至1996年10月，共有成员国25个，其中绝大多数为发展中国家，占全球外贸船舶吨位数90%的国家都未承认该规则。

《汉堡规则》除保留《海牙-维斯比规则》对《海牙规则》修改的内容外，还对《海牙规则》进行了根本性的修改，是一部较为完备的国际海上货物运输公约，明显扩大了承运人的责任。

4. 《鹿特丹规则》

《鹿特丹规则》(The Rotterdam Rules)是《联合国全程或部分海上国际货物运输合同公约》的简称，它于2008年12月11日在纽约举行的联合国大会上正式通过，大会决定在2009年9月23日于荷兰鹿特丹举行签字仪式，开放供成员国签署。从内容上看，《鹿特丹规则》是当前国际海上货物运输规则之集大成者，不仅涉及包括海运在内的多式联运，在船货两方的权利、义务之间寻求新的平衡点，而且引入如电子运输单据、批量合同、控制权等新内容。此外，公约还特别增设了管辖权和仲裁的内容。从公约条文数量上看，该公约共有96条，实质性条文为88条，是《海牙规则》的9倍，是《汉堡规则》的3.5倍，因此，该公约被称为"教科书式的国际公约"。

(五) 信用证有关海运提单的条款

(1) Full set of clean on board bill of lading freight prepaid, consigned to Banco Popular Espanol -Barcelona, notify:Multitrade Sa. Ali-Bey, 25 Barcelona-10.

全套清洁已装船提单，运费已付，交货给巴塞罗那西班牙通用银行，通知巴塞罗那……(记名)

(2) 3/3 original + 3 non-negotiable copies clean on board marine bills of lading, issued to order and endorsed in blank marked "freight prepaid" notify applicant.

三份正本加三份不议付的副本清洁已装船海运提单，作成空白抬头，空白背书，标明"运费已付"，通知申请人。(凭指定)

(3) Full set of bills of lading made out to order of shipper and blank endorsed,marked freight collect notify applicant.

全套提单作成凭托运人指定抬头，空白背书，标明"运费到付"，通知申请人。(凭托运人指定)

(4) Full set of clean shipped on board marine bills of lading made out or endorsed to the order of bank of Oman Ltd.marked "freight prepaid" and notify buyers and showing LC No.

全套清洁已装船海运提单抬头或背书给阿曼银行，标明"运费已付"，通知买方，标明信用证号码。(凭银行指定)

(5) Full set clean on board bills of lading to order of Excomar Limited marked "freight prepaid".

全套清洁已装船提单作成"凭爱克司可马有限公司指定"，标明"运费已付"。(凭收货人指定)

(六) 海运提单的缮制

海运提单  (二维码)是船公司根据货代的托运单缮制的，而货代的托运单是根据卖方的订舱委托书缮制的。作为出口商应当缮制好订舱委托书，以免提单出现差错造成开证行或进口商拒付。

1.收货人

收货人(Consignee)也叫提单的抬头，填写要求应与L/C完全一致，需遵循以下几项原则。

(1) 如规定"B/L made out to our order/to order of ×× bank"，制单时可填写"To ×× bank's order"，转让时由开证行背书。

(2) 如规定"B/L made out to order/to shipper's order/to the order of shipper"，应照抄并由托运人背书，否则客户无法提货。

(3) 如规定"B/L made out to order of applicant/consignee"，填写"To order of + 申请人名称"，由申请人背书转让，应尽量避免这种做法，以免过早转移物权。

(4) 如规定"B/L consigned to ××× Co."就是记名抬头，应填写"××× Co."表示不能转让，只能由"××× Co."凭单提货。

(5) 承运人一般不接受一票货物有两个或两个以上的收货人。

2. 通知人

通知人(Notify/Notifying Party)是指接受到货通知的收件人或其代理,通常为买方或其代理人,填写时应遵循以下原则。

(1) 如有明确规定则从其规定,如未明确,正本保持空白,副本填写申请人即买方名址,以便承运人通知。

(2) 如收货人栏目填写"To ×××'s order",没有指定通知人,此栏可空白。

(3) 如属托运人指示的提单,此栏必须详细填写。

(4) 如是记名提单,此栏可填写"(the)same as consignee"。

(5) 如出现"Notify: ××× only"的要求,"only"不可省略。

(6) 此栏有时可以填写预定收货人或第二收货人。

(7) 如L/C没有规定通知人的地址,而托运人在提单通知人栏加注详细地址,银行可以接受。

3. 承运人

承运人(Carrier)是负责运输货物的人,通常在提单右下方(提单签章人)。

(1) 提单必须由承运人/船长或其代理签发,代理人签发的通常会出现"as agent for"或"on behalf of"字样。

(2) "目的港提货代理"(Agent for Delivery)一栏填写承运人在目的港提货地点联系的代理人名址。

4. 港口和地点

(1) 装运港应与L/C一致,填写具体港口名称,具体应遵循以下原则。

① 对中国港、澳、台地区出口时不可出现"China"字样。

② 对同一地区的几个港口,不可混用(如Huangpu, Guangzhou)。

③ 装运港之前或之后有行政区的(如Xingang /Tianjin),应予以显示。

(2) 目的港应填写具体港口名称,具体遵循以下原则。

① 不要出现EMP、AMP、JMP等缩略语。

② 重名港一定要加注国家/地区名称。

③ 对L/C尚未确定的目的港(例:One safe Indian Port at opener's option)提单应照抄。

④ L/C规定目的港后有Free port/zone的要满足。

⑤ L/C规定某港,同时又有卸货堆场/码头的也应照打。

⑥ 转船时一程提单上"目的港"一栏填转船港,二程提单上填最终目的港。

⑦ 对荷兰/比利时出口时,目的港规定为"Antwerp",来证目的港如为"Antwerpen",可以不修改,但应按L/C规定填写,"Antwerpen"符合荷兰语的拼写规则。

⑧ 如采取选择港方式,应全部列明。如伦敦/鹿特丹/汉堡选卸,则在"卸货港"一栏中填上"option London/Rotterdam Hamburg",收货人必须在船舶到达第一卸货港前

在船公司规定的时间内通知船方卸货港，否则船方可在其中任意一港卸货。选择港最多不得超过三个，且应在同一航线上，运费按最高者计收。

(3) 中转/转运港。可在目的港后填写"W/T"或"With Transshipment at + 转运港名称"或"via"。

(4) 收货地和交付地。只在多式联运条件下填写，单独海运时不能填注，否则会引起误解。

(5) 提单签发地。一般在装运港所在地。

5. 单据号码

单据上的号码有提单号、航次号(Voy)、集装箱号(CN)和封志号(SN)等。

(1) 提单号与装货单(大副收据)或集装箱场站收据的号码一致，没有编号的提单无效。

(2) 填列船名及航次(Name of vessel；Voy NO.)，如中途转船，只填写第一程船名航次。

6. 运费支付

提单只需要显示运费支付状况，常用的表示方法有以下几种。

(1) Freight Paid/Prepaid(运费已付/预付)。

(2) Freight (to)Collect/Freight Payable at destination/Freight to be collected(运费待付/到付/未付)等。

(3) 如L/C接受租船提单，可在提单上注明"Freight as per charter party"。

(4) 如卖方知道运费金额或船公司不愿意暴露运费费率，提单上可注明"Freight paid as arranged"或"Freight as arranged"。

(5) 舱面货、冷藏货、活牲畜和鲜货等的运输单据必须标明预付运费。

7. 提单上的图章

(1) 签发提单的公司印章(最多出现两处)。

(2) 提单更正章(不超过三处)。

(3) 日期文字章(标明已装船)。

(4) 电放章(电放货物时使用)。

8. 提单上的日期

提单上的日期主要有"Issuing Date"(签单日)、"On Board Date"(装船日)和"Sailing Date"(开航日期)等，填写时应遵循以下原则。

(1) 实务中一般将三者打成同一天。

(2) 提单的签发日期应在L/C或合同规定的最迟装运期之前，且是全部货物装船完毕的日期或者货物已经接受船方、船代等有关方面监管的时间。

(3) 收妥备运提单以"On Board"日期为准。

(4) 如果一批货物分几个装运港用同一艘船运往同一目的港，签发几个不同日期的提单时,以较迟的日期为装运日期。

9. 包装件数和种类与货物描述

包装件数和种类(Number and Kind of Packages)与货物描述(Description of Goods)的填写应遵循如下原则。

(1) 按实际情况列明。一张提单上有两种以上不同包装时,应分别列明,如"Five Cartons""Five Bales""Six Cases"等。同时,下面应注明合计数量,用"Package"表示包装种类,还应注明包装总数量,如"Total packed in sixteen packages only"。

(2) 货物名称允许使用货物统称,但不得与信用证的货物描述相抵触。

(3) 危险品应写清化学名称,注明国际海上危险品运输规则号码(Imco Code Page),联合国危规号码(UN Code NO.),危险品等级(Class NO.)。

(4) 冷藏货物注明所要求的温度。

(5) 毛重和尺码(Gross Weight & Measurement)。除信用证另有规定外,重量以千克为单位,体积以立方米为单位,且小数点后保留三位。

(6) 如果是裸装货,此栏应加上件数和量词,如一辆客车、一台机器等;如果是散装货,如煤炭、矿石、原油等,此栏应填写"in bulk",不用填数量。

10. 正本提单数

正本提单份数(Number of original Bs/L)按信用证规定签发,并分别用大小写数字填写,如"Two(2)"。信用证中仅规定"全套"(Full set),习惯作两份正本,但一份正本亦可视为全套。

(七) 提单的背书

收货人在目的港持提单换取提货单时,通常由收货人在提单背面盖章和签字。按照国际惯例,记名提单不得转让,不记名提单无须背书即可转让,这两种提单上的盖章和签字仅仅是记载提货的表示。指示提单必须经过背书才能转让,只有在指示提单上盖章和签字才是真正意义上的背书。

1. 记名背书

记名背书是指背书人在提单上写明受让人的名称并由背书人签名的背书形式。记名背书有两种做法,即凭受让人指示的背书和无指示的记名背书。前者可以在提单背面批注"转让于凭×××的指示"(或由×××受益)[Delivery to the order (in the favor) of ×××],然后在背面签字盖章。这种背书,受让人可以继续背书转让。后者可以在提单背面批注"转让于×××"(Delivery to ×××),这种提单只能由受让人提货,一般不能继续背书转让。

2. 空白背书

空白背书是指背书人在提单背面由自己签名但不记载受让人的背书形式。经过空白背书的提单,任何提单的合法持有人都可以凭此提货。

提单不论抬头如何写，有关银行习惯上都要发货人在提单上背书，以便证明提单转交给银行是合法的，否则不能提货，故银行对没有背书的提单不能接受。

(八) 银行审核提单的要点

提单正面内容必须与信用证规定相符，来证没有规定的，以UCP600为标准且符合国际标准银行惯例。提单要与其他单据相符，不可多填和漏填。必须提交已装船提单，且不可有不良批注，银行拒绝接受不清洁提单。规定签字为手签的，必须做到手签。凡需要背书的提单，背书不能遗漏。交单日期、提单份数应与来证相符。

二、海运单

海运单(Sea Waybill)的形式与作用同海运提单相似，其主要特点在于明确指定收货人。收货人仅需证明自己是海运单载明的收货人即可提取货物，而无须提交正本海运单。因此，海运单实质上是不可以转让的，其应用范围比较小，主要用于跨国公司成员之间的货物运输。

⊕ 第四节　其他运输单据

一、铁路运单

铁路运单(Railway Bill)是由铁路运输承运人签发的货运单据，是收发货人同铁路部门之间的运输契约。正本与货物同行，副本签发给托运人用于结算货款。铁路运单只是运输合约和货物收据，不是物权凭证，在托收或信用证方式下，托运人可凭运单副本办理托收或议付，主要有以下两种。

1. 国际铁路货物联运运单

国际铁路货物联运运单 (二维码)是铁路部门与货主间缔结运输契约的证明。此运单正本从始发站随同货物附送至终点站并交给收货人，是铁路部门同货主之间交接货物、核收运杂费用和处理索赔与理赔的依据。运单副本是卖方凭以向银行结算货款的主要证件。

2. 承运货物收据

承运货物收据(Cargo Receipt)  (二维码)既是承运人出具的货物收据，也是承

运人与托运人签订的运输契约的证明。中国内地通过铁路运往港、澳地区的货物，一般委托中国对外贸易运输公司承办。当出口货物装车发运后，对外贸易运输公司即签发承运货物收据交给托运人，作为对外办理结汇的凭证。承运货物收据只有第一联为正本，反面印有"承运简章"，载明承运人的责任范围。

二、航空运单

航空运单(Air Waybill)简称空运单 (二维码)，由空运承运人或其代理人签发，是承运人收到货物的收据，也是托运人与承运人之间订立运输契约的凭证，但不是物权凭证，既不能背书转让(运单右上方标有"Non Negotiable"字样)，也不能凭以提货。目的港提取货物的凭证是航空公司的到货通知。空运单可以用于卖方结汇。信用证项下的空运单"收货人"一栏应当填写开证行，以便银行掌握物权。

一套空运单有3个正本和9个副本，一般情况下，提交银行的只能是1个正本。根据UCP600第23条的规定，提交银行的正本为"开给发货人或托运人的正本，即信用证规定提交全套正本"。正本1交给开单人，正本2交给收货人，正本3交给托运人。

三、邮包收据

邮包收据(Parcel Post Receipt)既是邮局收到邮包后签发的凭证，也是收件人凭以提取邮件的证明，当邮包发生损坏或丢失时，还可以作为索赔和理赔的依据。但邮包收据不是物权凭证。邮包收据的收件人必须是记名的收件人并显示详细的地址。

第五节 保险单据

国际贸易中，出口货物在长途运输过程中常常会因为自然灾害、意外事故或其他外来风险而遭受损失，而且在装卸和存贮过程中也存在风险。为了保证进出口双方的利益，一般应该在货物出运前向保险公司投保，保险公司接受投保后向被保险人签发保险单据，一旦货物发生损失，被保险人可凭保险单据向保险人提出索赔。

货物运输保险是一种财产保险，根据保险人和被保险人签订的保险协议，被保险人按照规定的费率缴纳保险费，一旦被保险人遭受承保范围内的风险损失，则保险人将按照投保金额给予相应赔偿。

一、保险单据的作用

(一) 作为保险契约的证明

只有保险人在投保单上签字，被保险人支付保险费之后，被保险人才能取得保险的保障，取得保险单据，所以保险单据的签发是保险契约成立的证明。保险单的正面记载了某笔特定的货运保险的细节，背面则印出一般性的保险条款，所以保险单的正反两面内容充分反映了保险合同的全貌。

(二) 作为赔偿的证明

保险单据是赔偿式契约，被保险人支付保险费后，保险人就必须对承保货物在运输中遭遇承保范围的风险负责赔偿，作为被保险人及其受让人在提出索赔时，必须出示保险单据以证明其索赔权利。作为一种权利凭证，保险单可以背书转让，但由于赔偿只是偶然发生的，因此保险单据也只是潜在的利益凭证。

(三) 作为结算单据

在CIF条件下或者卖方接受买方的委托代办保险时，卖方才提交保险单。这时，保险单就是必须提交的结算单据，没有保险单据银行不予付款。进口商获得保险单据后，货物出险时才能得到经济赔偿。

二、保险单据的当事人

保险单据的当事人包括保险人和被保险人。

(一) 保险人

保险人(Insurer)是与投保人订立保险合同，对保险标的物遭受损失提供约定赔偿金的当事人。

按照大部分国家的法律规定，保险人应是经过正式注册的法人组织，国际上可作为保险人的有以下主体。

1. 保险公司

保险公司一般是指经国家有关部门批准专门经营保险业务的组织，是法人。

2. 保险商

保险商(Underwriter)是以个人身份来经营保险业务的个体。英国《1906年海上保险法案》规定，允许劳合社的成员以个人名义经营保险业务，称为承保人或下书人，对承保的风险承担无限责任。个人承保人一般组成承保人联合体开展保险业务，在承保风险时，个人承保人或其联合体代表在承保条(Insurance Slip)下端签字，因此称为"Underwriter"。

3. 保险代理人

保险代理人(Insurance Agent)是保险人的代表，根据授权代表保险人承接保险业务，可以代出保险单或修改批单以及代收保险费等。在国际货运保险中，索赔往往在卸货地提出，因此，保险人常需委任代理人进行理赔，特称为理赔代理人(Claim Settling Agent)

4. 保险经纪人

保险经纪人(Insurance Broker)是在保险人和被保险人之间联系业务的中间人，替保险公司招揽业务。由于它不是法人，不能保证保险人的赔偿能力，因此《信用证统一惯例》规定，对于保险经纪人签发的暂保单，银行不予受理。

(二) 被保险人

被保险人(The Insured)是保险合同的受益人，一般应满足以下两个条件才有资格取得赔偿。

1. 有保险利益

有保险利益，即证明货物的损失对自己造成了损失，在索赔时，持有提单就证明有保险利益。

2. 善意持有

善意持有，即被保险人要如实介绍货物、运输工具、运输路线等情况，以利保险人做出正确的判断，并且必须保证货物还未出险，至少在投保时不知道货物已出险。

三、信用证有关保险单据的条款

(1) Insurance policy or certificate in duplicate in the name of the shipper's and blank endorsed covering the goods for invoice value plus 10% all risks and war risks.

保险单或保险凭证一式两份，以托运人的名字为被保险人，空白背书，按货物发票价值另加10%投保一切险和战争险。

(2) Insurance policy or certificates in negotiable form, in duplicate and endorsed to the order of Hang Seng Bank Ltd.Hongkong covering all risks as per Ocean Marine Cargo Clauses of the People's insurance Co.of China.

保险单或保险凭证一式两份作成可转让形式，记名背书凭中国香港恒生有限银行的指定，按中国人民保险公司海洋货物条款投保一切险。

(3) Insurance policy in duplicate made out to order and endorsed in blank, effected by shipper for 110% of invoice value covering all risks and war risks with claim payable in France in the currency of draft.

保险单一式两份作成空白抬头、空白背书，由托运人按照发票金额的110%投保一切险加战争险，在法国按汇票货币索赔。

四、保险单据的基本内容

(1) 保险人的名称与地址。

(2) 被保险人的名称与地址。

(3) 保险标的物，即货物，可以按信用证规定填写，也可使用与其他单据不相矛盾的货物统称。运输标志、号码、包装及数量应严格按照发票内容填写。

(4) 保险币别与金额。一般分为大小写，两者必须吻合，且与信用证一致。若信用证未作规定，最低保险金额应遵从如下规定。

① 从单据表面可确定CIF或CIP价时，CIF或CIP价格加10%；

② 不能从单据表面确定CIF或CIP价格时，可从信用证受益人要求支付、承兑或议付的金额的110%或者从商业发票毛额的110%中选一个最大值作为最低保险额。

(5) 承保险别。按照信用证的规定，明确保险的种类和附加险。

(6) 运输工具名称及开航日期。如为"已装船"提单，运输工具名称应为承运船只名称，开航日期应为实际装运日。但因投保在装运之前，可以先保持空白待装运后补填，或冠以"On or about"，也可直接填入"As Per B/L"或类似表述。

(7) 运输起讫地，参照提单。如需转船，应在目的港后加注"转船"(with Transshipment)字样；如货物在目的港卸货后，尚需转运内陆城市，应在目的港后加注"转运至某地"(and Thence to ...)

(8) 出单日期、地点及编号。出单日期要早于提单的装运日、发运日或收妥日，最迟也应相同，表示货物在装船前已经投保，否则银行不予接受。另外，出单日期也是保险人责任的起点，而地点则关系法律的适用问题，签发地点一般应是保险人营业所在地。保险单编号由保险人自己编制。

(9) 检验和理赔代理。出险时，保险人在目的港的代理人可检验货物，分析出险原因并进行理赔。

(10) 检验理赔地点。如信用证无规定，应以目的地国家为理赔地点。

(11) 保险费。一般不显示具体数额，仅打出"根据约定"(as Arranged)。如信用证有规定，则需打出具体数额。

(12) 保险人签字盖章。由保险公司总经理签字盖章。

保险单 (二维码)的制作，主要涉及保单的正面内容，因各次保险的具体情况的不同而各不相同，但保险单背面的内容是相对固定的。

五、保险单据的份数和背书

(一) 保险单据的份数

保险单据正本的份数应符合信用证的规定，并如数提交银行。如果信用证未作具体规定，通常以一份正本及一份副本构成一套完整的保险单据提交银行。如果保险单据表明出具的正本保险单系一份以上，除非信用证另有授权，出口人必须向银行提交全部正本保险单据。

(二) 保险单据的背书

在CIF或CIP价格条件下，被保险人是卖方，信用证方式下是受益人，托收项下为委托人。但是发生货损时，索赔权益属于买方，所以保险单据以卖方为被保险人时，卖方要在保险单的背面进行背书，以示将索赔权益转让给保险单的持有人，同时受让人承担被保险人的义务。保险单的背书分为空白背书、记名背书、记名指示背书三种。

1. 空白背书

空白背书只注明被保险人名称，包括卖方名称和经办人姓名。目前，我国出口业务中多使用这种背书形式。这种背书意味着任何保单持有人在货物出险后均享有向保险公司索赔的权利。

2. 记名背书

在保险单背面注明被保险人的名称和经办人姓名后，填写"Delivery to ×××company"或" In the name of ×××"字样。通常来证或合同中要求"Delivery to (to the order of) ××× company"或" Endorsed in the name of ×××" 时使用这种背书形式，业务中不常使用。这种背书意味着只有背书中规定的受让人才是真正的被保险人，才能在货物出险后向保险公司索赔。

3. 记名指示背书

来证规定"Insurance policy in negotiable form issued to the order of ×××" 时，只要在保险单背面打上 "to order of ×××"和被保险人的名称即可。

保单背书应与提单背书一致，转让范围不小于提单。提单作成记名背书，保险单也应作成记名背书，还可以作成空白背书；如果提单作成空白背书，保单也应如此背书。货物出险时，同时掌握提单和保单才能真正掌握货权。

六、保险单据的种类

(一) 保险单

保险单(Insurance Policy)俗称大保单，是一种正规的保险合同，除正面内容外，还在背面列有保险人的责任范围以及保险人与被保险人各自的权利、义务等详细条款，是较为完整的保险单据。保险单可由被保险人背书，随物权的转移而转让，是一份独立的保险单据。

(二) 保险凭证

保险凭证(Insurance Certificate)俗称小保单，它有保险单正面的内容，但没有反面的保险条款，是一种简化的保险合同。保险凭证虽与保险单一样具有法定效力，但根据银行习惯，信用证如规定必须提供保险单，银行不接受保险凭证；信用证如规定提供保险凭证，银行可接受保险单。保险凭证经抬头人背书后可以转让。

(三) 联合保险凭证

联合保险凭证(Combined Insurance Certificate)俗称承保证明(Risk Note)，是我国保险公司特别使用的一种比保险凭证更为简化的保险单据。所谓联合，是指保险单与商业发票的联合，保险公司不需另外出具保险单，而是将承保险别、保险金额、装载船只、开船日期等加注在商业发票上并加盖保险公司印章，即可作为已保险的证据。保险单的其他内容则以商业发票所载为准。这种单据不能转让，仅适用于我国港澳地区中资银行开来的信用证。这种做法不符国际贸易结算要求与单据一一对应的规定，因此，现已很少使用。

(四) 预约保险单

预约保险单(Open Policy/Open Cover)又称"开口保单""敞口保单"，是保险公司与被保险人之间订立的总合同。对于经常有进出口业务的公司而言，这种保险单据十分方便，可省去逐笔、逐批投保的若干手续。凡属于其承保范围内的货物，一开始运输即自动按照预约保险单的内容条件承保。

在出口贸易中，在货物装船出运前，出口公司向保险公司提交"出口货物装运通知"，保险公司据此签发保险凭证，交出口公司办理银行结汇手续。在进口交易中，进口公司根据国外卖方的"装船通知"向保险公司提交一份"进口货物装船通知"，保险公司据之承保，但不一定另签保险凭证。

(五) 暂保单

暂保单(Cover Note)是一种临时性的保险单，有效期一般为30天，但在有效期内其效力与正式保险单相同。在FOB或CFR价格术语下，进口商买方负责办理保险。但是由于进口商事先无法得知装运船舶的名称、开航日期等细节，为防止漏保，进口商买方一般先办妥投保手续，取得暂保单，待收到详细确定的装运通知后再通知保险人换开正式保险单，或在暂保单后加贴保险批单以补充细节并延长有效期。但保险经纪人签发的暂保单只是经纪人收到投保人的委托以及保费的证明，不是有效的保险单，不能起到保险合同的保障作用，除非买方或信用证特别授权，否则银行不接受保险经纪人的暂保单。

(六) 批单

批单(Endorsement)是保险单出具后，投保人需要补充或变更内容时，向保险公司提出申请，经同意后另外开出的一种凭证，用于注明更改或补充的内容，粘贴在原保险单背面并加盖骑缝章，使批单成为原保险单不可分割的组成部分。批单不是一种独立的保险单据，必须同所批改的保险单结合使用。但如果增加保险金额或扩大责任范围，保险公司必须要证实货物未曾出险，方可受理。此外，批单还要注明"保险单的其他条款不变"(Other Terms & Conditions Remain Unchanged)。

保险单据经过被保险人背书后，即随着保险货物的所有权转移自动转到受让人手中。

⊕ 第六节　其他单据

除了发票、提单和保险单等主要单据外，还有装箱单、检验证书、产地证、受益人证明、装船通知副本、船公司证明等附属单据，一般信用证对这类单据的要求都比较简单。

一、包装单据

包装单据(Packing Documents)是指一切记载或描述商品包装情况的单据。常见的有装箱单、重量单和尺码单，它们是商业发票的补充单据，按不同包装规格、不同花色和不同重量分别列表逐一说明，便于国外买方收货时核对货物和海关验收。

(一) 包装单据的类别

1. 装箱单

装箱单(Packing List)　(二维码)着重描述货物的包装情况，具体包括从小包装到最大包装所用的包装材料、包装方式、包装单名称、花色码单、规格明细单等。

2. 重量单

重量单(Weight List/Weight Memo)　(二维码)是按照装货重量成交的货物签发的单据，其净重要与发票、原产地证书一致，其毛重要与提单、装箱单一致，一般由商检机构、公证行、重量鉴定人员出具。

3. 尺码单

尺码单(Measurement List)是一种偏重于说明货物每件尺码和总尺码的包装单据，如果包装内的货物不是统一尺码则应逐一说明。船公司计算运费时，需要参照重量或体积，通常以高者作为计费标准。

(二) 信用证有关包装单据的条款

(1) Separate packing list in full details is required.

须单独缮制详细的装箱单。

(2) Packing list showing gross and net weights expressed in kilos of each type of goods required.

装箱单上须以千克计重，标明各种货物的毛重及净重。

(3) Weight list showing in details of gross weight and net weight.

注明毛重和净重细节的重量单。

(4) Measurement list in duplicate.

尺码单一式两份。

(三) 填写包装单据的注意事项

出口企业在报关时不仅需要包装单据，还需要信用证作为结汇单据，填写时应注意以下几点。

(1) 单据名称必须与来证要求相符。如信用证规定为"Weight Memo"，则单据名称不能用"Weight List"。

(2) 号码和日期应与发票相同。

(3) 一般不显示收货人、价格、装运情况，对货物描述使用统称。

(4) 包装单据应与包装内容相符，如纸箱装，每箱200盒，每盒4打。

(5) 如来证要求提供"中性包装清单"(Neutral Packing List)，应由第三方填制，不要注明受益人名称。这是因为买方转让单据时，不愿将原始卖方暴露给买主。如来证要求用"空白纸张"(Plain Paper)填制，单据不要体现受益人及开证行名称，也不要加盖任何签章。

(6) 信用证要求包装单据填写特殊条款时，应当照办。

二、检验证书

(一) 检验证书及出具机构

在国际贸易中，由于买卖双方处于不同的国家和地区，当面交点和验收货款很难实现,况且货物在长途运输中可能发生品质变化、数量短缺、货物残损等问题。为了方便货物交接,确定货物的品质和数量,明晰货物受损责任的归属,货物出运前往往通过有资质的商检机构检验并出具证明,该证明即为检验证书。检验证书是买卖双方交接货物、结算货款和处理索赔、理赔的主要依据,也是通关纳税、结算运费的有效凭证。

检验证书一般由有资质的第三方来出具,如美国食品药物管理局(FDA)、瑞士日内瓦通用鉴定公司(SGS)、日本海外货物检验株式会社(OMIC)、美国保险人实验室(UL)、英国劳合氏公证行(Lloyd's Surveyor)、法国船级社(B.V)等。我国则主要由中华人民共和国国家出入境检验检疫局及其分支机构承担此项职责,此外还有各种专门检验动植物、食品、药品、船舶、计量器具等的官方机构。

(二) 信用证有关检验证书的条款

(1) Certificates weight/quality by CCIB in quintuplicate without showing consignee and destination.

由中国商检局签发的重量、质量证书一式五份,不注明收货人和目的港。

(2) Certificate of weight based on minimum weight of 5 percent of the bags showing gross and net weight of the consignment and tare of each bag issued by the entry and the exit and quarantine of Jilin.

由吉林出入境检验检疫局签发的最小抽样为5%的重量证书,需标明毛重、净重和每个袋的皮重,证书正本一份,副本四份。

(三) 检验证书的种类

常见的检验证书有12种。

1. 品质检验证书

品质检验证书(Inspection Certificate of Quality) (二维码)是检验商品的法定证书。商检机构签发的放行单和在报关单上加盖的放行章和检验情况通知单有同等通关效力。

2. 重量或数量检验证书

重量或数量检验证书(Inspection Certificate of Weight or Quality) (二维码)是国外报关征税和计算运费、装卸费所需的证件。

3. 兽医检验证书

兽医检验证书(Veterinary Inspection Certificate) (二维码)是证明出口动物产品或食品经过检疫合格的证书,适用于冻畜肉、冻禽、禽畜罐头、冻兔、皮张、毛类、绒类、猪鬃、肠衣等出口商品。

4. 卫生/健康证书

卫生/健康证书(Sanitary/Health Inspection Certificate) (二维码)是证明可供人类食用的出口动物产品、食品等经过卫生检验或检疫合格的证书，适用于肠衣、罐头、冻鱼、冻虾、食品、蛋品、乳制品、蜂蜜等。

5. 消毒检验证书

消毒检验证书(Inspection Certificate of Disinfection)是证明出口动物产品经过消毒处理，保证安全卫生的证件，适用于猪鬃、马尾、皮张、山羊毛、羽毛、人发等商品。

6. 熏蒸证书

熏蒸证书(Fumigation Certificate) (二维码)是用于证明出口粮谷、油籽、豆类、皮张等商品以及包装用木材与植物性填充物等已经过熏蒸灭虫的证书。

7. 残损检验证书

残损检验证书(Inspection Certificate on Damaged Cargo)是证明进口商品残损情况的证书，适用于进口商品发生残、短、渍、毁等情况，可作为收货人向发货人或承运人或保险人等有关责任方索赔的有效证件。

8. 船舱检验证书

船舱检验证书(Inspection Certificate of Hold/Tank)是证明运输工具装运技术条件的证书，用以证明承运出口商品的船舱清洁、密固、冷藏效能及其他技术条件符合保护承载商品的质量安全和数量完整的要求，可作为承运人履行租船契约适载义务、对外贸易关系方进行货物交接和处理货损事故的依据。

9. 生丝品级及公量检验证书

生丝品级及公量检验证书(Inspection Certificate for Raw Silk Classification & Conditioned Weight)是出口生丝的专用证书，其作用相当于品质检验证书和重量/数量检验证书。

10. 价值证明书

价值证明书(Certificate of Value)作为进口国管理外汇和征收关税的凭证，在发票上签盖商检机构的价值证明章具有同等效力。

11. 集装箱检验证书

集装箱检验证书(Inspection Certificate on Container)用于证明箱内清洁、无异味、无残留有毒有害物品，以及集装箱箱体、箱门和冷藏效能及其他技术条件适宜装运出口货物等。

12. 测温证书

测温证书(Inspection Certificate of Temperature)是证明出口冷冻货物温度的证书。通

常根据信用证要求，对出口冷冻货物在装运前进行测温，签发证书。

(四) 签发检验证书的注意事项

1. 出证机构

来证没有规定由谁出具，可由卖方决定。常见的出证机构有我国的出入境检验检疫局，或国际性民间公证机构，如瑞士通用鉴定公司(SGS)等。证书出证地点一般在货物装船口岸或装货地，除非另有规定。

2. 货物描述

货物品名可以用统称，但不能与发票相抵触。

3. 检验结果

证书中的"检验结果"一栏记载货物经检验的现状，是衡量货物是否符合规定的凭证。如果是来证要求出具的检验证书，证书中的文字表述必须与信用证的规定一致，否则银行会以单证不符而拒付。

4. 出证日期

检验证书的出证日期一般不可晚于提单日期，但也不得过早于提单日期，如果太早，交单时就要超过有效期限，最好在提单日期之前一两天或与提单日期相同。

三、原产地证书

(一) 原产地证书的作用

原产地证书(Certificate of Origin)是由出口国政府或公证机构或出口商签发的一种证明货物原产地或制造地的证明文件，其形式多样，较为常见的是一般原产地证书和普惠制原产地证书，前者主要有如下作用。

1. 实施差别关税

为了对协定国与非协定国的货物课征不同的进口关税，就要求货物输入时提供原产地证书，防止以非协定国生产的货物冒充协定国的货物而享受优惠待遇。

2. 实行进口限制

进口配额分为全球配额和国别配额，前者不需要原产地证书，后者则需要原产地证书，以便海关核查货物是否在其国别配额之内，从而实施不同的国别政策。

(二) 信用证有关原产地证书的条款

(1) For imports from the People's Republic of China a separated certificate of origin is required along with the advising therein of name and address of the manufacturers.This certificate must be legalized by chamber of commerce.

从中华人民共和国进口的货物，应随附单独缮制的原产地证书，证上应注明制造者的名称、地址，并由商会签证。

(2) GSP certificate of origin Form A in duplicate issued by the entry and the exit and quarantine of the People's Republic of China.

由中华人民共和国出入境检验检疫局出具的普惠制原产地证书格式A，一式两份。

(三) 原产地证书的种类

1. 一般原产地证书

一般原产地证书(CO)由商检局或贸促会(CCPIT)出具。(二维码)

2. 普惠制原产地证书

普惠制原产地证书(FORM A)是我国出口产品在给惠国享受在最惠国税率基础上进

一步减免进口关税的官方凭证，由出入境检验检疫局出具。(二维码)

3. 亚太贸易协定原产地证书

亚太贸易协定原产地证书(FORM B)用于证明货物符合亚太贸易协定的规定，享受关税减让的货物必须满足以下条件：①属于《亚太贸易协定》成员国关税减让优惠产品的范围；②符合《亚太贸易协定》原产地规则；③符合《亚太贸易协定》中直接运输条

款规定；④货物必须从出口国直接运到进口国。(二维码)

4. 中国-东盟自贸区优惠原产地证书

我国出口货物在东盟通关时，凭该证书(FORM E)可获得关税减免的优惠待遇。

(二维码)

5. 中国-智利自贸区优惠原产地证书

中国-智利自贸区优惠原产地证书(FORM F)的使用应满足以下条件：①限于《中智自贸区协定》项下智利海关给予关税优惠的产品；②运输符合《中国-智利自贸区原产地直运规则》。(二维码)

6. 中国-巴基斯坦自贸区原产地证书(FORM P)

根据《中国-巴基斯坦自由贸易区原产地规则》，中方向原产于巴基斯坦的税目产品提供零关税待遇，主要涉及蔬菜、水果、石料、棉坯布和混纺布。同时，中方享受巴方提供的486个8位税目产品的零关税待遇，主要涉及蔬菜、水果、石料、纺织机械和有

机化工品。 (二维码)

7. 中国-新西兰自贸区原产地证书

运输出口享受关税优惠的产品必须符合《中国-新西兰自由贸易协定原产地直运规则》。 (二维码)

8. 中国-新加坡自贸区原产地证书

根据《中国-新加坡自由贸易协定》项下原产地规则第十四条的规定，除产品特定原产地规则表中所列的货物外，其他出口至新加坡的产品如要享受协议项下的关税优惠待遇，其区域价值成分比例不得少于40%。 (二维码)

9. 中国内地与香港和澳门优惠原产地证书

适用产品范围为《享受货物贸易优惠措施的香港货物原产地标准表》和《享受货物贸易优惠措施的澳门货物原产地标准表》中所列货品。澳门原产地证书的发证机构为澳门特别行政区经济局。香港原产地证书的发证机构为香港特别行政区政府工业贸易署及《非政府签发产地来源证保障条例》所指的"认可机构"。 (二维码)

10. 中国-秘鲁自由贸易区优惠原产地证书

如果证书上的货物生产商不止一个，其他生产商的全称、地址(包括国家)也须列明。收货人名称、地址、国家一般应填进口成员国最终收货人名称，此栏不能填中国香港、中国台湾等其他中间商的名称。HS编码以6位编码为准。发票价格填写出口发票价格及价格条款，以美元计算。 (二维码)

11. 输欧盟纺织品原产地证书

它是欧盟针对中国出口到欧盟国家的纺织品或服装类产品的限制性清关文件。根据欧盟颁布的2011年第955号法规，自2011年10月24日起，取消对我国输欧盟所有纺织品类别原产地证书的核查。 (二维码)

12. 输欧盟农产品原产地证书

该证书为专用原产地证书，是国际组织或国家根据政治和贸易措施的需要，针对某一特殊行业的特定产品规定的原产地证书。 (二维码)

13. 中国-哥斯达黎加产地证(FORM L)

《中华人民共和国政府和哥斯达黎加共和国政府自由贸易协定》于2011年8月1日

起开始实施。中哥双方对各自90%以上的产品分阶段实施零关税，中国的纺织原料及制品、轻工、机械、电器设备、蔬菜、水果、汽车、化工、生毛皮及皮革等产品和哥方的咖啡、牛肉、猪肉、菠萝汁、冷冻橙汁、果酱、鱼粉、矿产品、生皮等产品从降税安排

中获益。 (二维码)

14. 海峡两岸原产地证书

该证书是《海峡两岸经济合作框架协议》中进出口企业享受相关优惠待遇的一个重要凭证。《海峡两岸经济合作框架协议》于2010年6月签署，其项目内早期收获清单于2011年1月1日起正式实施，列入清单的约800项产品将逐步降低关税，3年内全部降为零关税。其中，我国大陆对产自台湾的539项产品实施降税；台湾对原产于大陆的石化、机

械、纺织和其他四大类267项产品实施降税。 (二维码)

(四) 签发产地证明书的注意事项

(1) 货名可以写简单货名，不必注明规格、等级，其他项如买方名称、唛头、件数必须与信用证及其他单据相符。

(2) 产地证书的签发日期不得迟于提单日期，但可以迟于发票日期。

(3) 来证规定产地为中国某地，如上海，则应填写"上海，中国"，而不应只填写"中国"。

四、受益人证明

(一) 受益人证明的含义

受益人证明(Beneficiary's Certificate)又称出口商证明，是由受益人自己出具的文件，证明自己已经履行了信用证规定的条款。例如，证明已按照来证要求在规定时间内寄送了规定的单证；证明出口货物的运输包装经过了处理，无虫害和/或虫卵；证明所交货物品质完好，符合合同规定。其中，寄单证明(Beneficiary's certificate for dispatch of documents)是较为常见的一种，通常是受益人在货物装运前后一定时期内，邮寄/快递给收受人全套或部分副本单据，并将证明随其他单据交银行议付。此外，还有寄样证明、包装和标签证明。

受益人证明无固定格式，以英文制作。通常签发一份，见单据4.2，若来证要求正本，可在单据名称正下方打上"Original"字样，证明的右下方必须有受益人即出口公司签章，才能生效。

EXPORTER/SELLER/BENEFICIARY	受益人证明 BENEFICIARY'S CERTIFICATE	
TO: MESSRS		
SHIPMENT FROM	INVOICE NO.	INVOICE DATE:
TO	DOCUMENTARY CREDIT NO.	
BY	CONTRACT NO./SALES CONFIRMATION NO.	
VESSEL/FLIGHT/VEHICLE NO.	B/L NO.	
	法人名章	

单据4.2 受益人证明

(二) 信用证有关受益人证明的条款

(1) Certificate of beneficiary's certifying that they have cabled to buyer advising shipping details immediately after shipment is effected.

受益人证书证明他们已经在装船之后立即发电报给买方通知装船详情。

(2) Beneficiary's certificate certifying that one set of non-negotiable document under L/C No.123456 including one copy of B/L ,one copy of invoice, one copy of packing list must been sent to the applicant by EMS within 48hours after shipment.

受益人证明证实123456号信用证项下一整套副本单据包括一份副本提单、一份发票、一份装箱单，已经在装运后48小时内通过EMS快递寄给申请人。

(三) 缮制受益人证明的注意事项

1. 英语时态的变化

如上文中的"must been sent"必须改成"have been sent"，且后面的"applicant"也不能照抄，而要具体写明开证申请人的名称。

2. 签署日期

如上文中要求在装运后48小时内寄单，那么受益人证明的签发日期不得超过这个期限；如果要求寄送的单据是正本，则受益人证明的日期不得早于提单签发日期。

五、装运通知副本

(一) 装运通知的含义

装运通知(Copy of Shipping Advice)是出口商卖方在货物装船后发给进口商买方的电信装运细节通知，目的是让买方进口商了解货物已经发运，可以准备付款接货了。买方为了避免卖方因疏忽而未及时通知，会在信用证中规定，卖方必须按时发出该装运通知，并规定通知的相关内容，而且在议付时必须提供该装运通知的副本作为结汇单据之一提交银行。

装运通知的内容一般包括品名、数量、毛重和净重、体积、船名、开航日期、合同或信用证号码等，便于买方知晓货物发运情况，办理进口报关手续。

(二) 信用证有关装运通知的条款

(1) Original fax from beneficiary to the applicant evidencing B/L No.,name of vessel, shipment date, quantity and value of goods.

受益人发一份传真给开证申请人，说明提单号、船名、开航日期、货物数量和货物价值，并将传真正本提交银行议付。

(2) Beneficiary's certified copy of fax sent to applicant within 48 hours after shipment indicating contract number, L/C number, goods name, quantity, invoice value, vessel's name, package/container number, loading port, shipping date and ETA.

受益人传真副本提交银行议付，其内容包括开航后48小时内通知开证人有关合同号码、信用证号码、货名、数量、发票价值、船名、件数、集装箱号码、装运港、装船日期及预期到达目的港的时间。

(三) 缮制装运通知的注意事项

(1) 日期不能违反信用证规定。如信用证规定装运后2天内发送通知，其日期就应该在提单日期后的2天之内。

(2) 如果信用证未规定装运通知的收件人，卖方须在装运通知的开头写上"To whom it may concern"(敬启者)，以示礼貌。

(3) "数量"一栏填写货物的包装件数和计价数量，中间用斜杠"/"分开。

(4) 抬头人名称、地址要根据合同或信用证的要求，填写保险公司或者开证申请人或指定收货人的名址。

六、船公司证明

在进出口业务中，买方为了满足政治需要(如不停靠以色列港口)，或为了了解船舶装载性能(如船龄不大于15年)，要求船公司提供证明文件，这就是船公司证明(Shipping Company's Certificate)。常见的证明文件有船龄证明、船籍证明、船级证明、航程证明、船长收据、黑名称证明等。

如果船公司证明有固定格式，则不需要货主提供资料；如果没有固定格式，一般由货主把条款翻译出来，船公司盖章即可。

⊕第七节　单据的审核

信用证是根据买卖合同开立的，它一旦为各有关当事人所接受，即独立于合同成为有效约束各有关当事人的契约性文件。因此，在信用证结算业务中，各有关当事人必须完全按照信用证条款，逐字、逐句、逐条对照，以确定单据是否满足信用证的要求。因此，审证非常重要。同时，国际贸易结算业务的核心及处理对象是单据，因此，单据的完整、合格，单据审核的严谨、细致，就构成了及时、安全收汇的必要条件。

一、审证要点

(一) 保持信用证的独立性

虽然买卖双方经过艰苦谈判，在合同中规定了详尽的交易条件，但由于在其申请开证当中没有得到反映，银行对这些交易条件不予理会，只凭受益人提交的相符单据付款，事后申请人不能以受益人违反合同为由要求银行拒付。因此，建议申请人和受益人根据其商定的交易条件以及交易需要，确定在信用证中要求何种单据、单据由谁出具和提交单据的期限。

(二) 不接受由申请人签署出具或副签的单据

对于受益人来说，信用证是一份以银行信用为基础的有条件的付款承诺，只要受益人依约行事，该信用证的条件应能得以满足。但是，如果证中规定受益人必须提交申请人出具的单据，即业务中的"软条款"，则意味着受益人能否得到货款取决于申请人的行为。这实际上是在银行信用之前又套上了一个申请人的商业信用条件，如此一来，信用证作为付款保证的价值就大大降低了。

(三) 单据的一致性

该原则并不要求单据的数据内容完全相同，而仅要求单据不得相互矛盾。单据表面不一致，即视为表面与信用证条款不符。因此，审证时需特别注意各种单据之间是否有相互矛盾的地方。

(四) 单据正本和副本

单据的多份正本可用"original""duplicate""triplicate""first original""second original"等标明，上述标注均不否认单据为正本。除非信用证允许提交副本单据，否则信用证所需的每种单据必须至少提交一份正本。例如，信用证规定"Insurance certificate for 110% of invoice value in one original and one copy"，保险公司签发的是两份正本保单。国际商会认为，如果保险公司出具一份以上的正本保单，则必须提交全部正本。为了避免出现潜在的问题，信用证只要求提交一份正本保险单时，应只出具一份正本。有时从来证中难以判断所要求的是正本还是副本单据，例如，来证规定"invoice""one invoice"或"invoice in 1 copy"，这些措词可以理解为要求一份正本发票；如规定"invoice in 4 copies"，则至少提交一份正本发票，其余用副本；如规定"one copy of invoice"，则提交一份副本发票即符合要求，不过银行也可接受正本。副本单据不能替代正本单据，除非另有规定，正本单据才可以替代副本单据。

(五) 交单到期日

信用证必须规定一个提交单据请求付款、承兑或议付的到期日。单据必须在到期日或到期日之前提交，受益人才能获得开证行的付款、承兑或指定银行的议付。只规定交单到期日而未规定最迟装运期的信用证是无效的，相反，只规定交单到期日而未规定最迟装运期的信用证是有效的，因为在这种情况下，可以视为允许货物在交单到期日或之前的任何一天装运。

如果信用证的有效到期日早于交单期，则应在到期日前交单；如果交单期早于信用证的有效日，则应在交单期前交单。

案例分析

全套提单直寄买方的弊端

有一份新加坡××银行开来的信用证，货物运至南非德班，金额为96 300美元，信用证列有条款"BENEFICIARY'S CERTIFICATE CERTIFYING THAT ONE SET OF NONNEGOTIABLE DOCUMENTS INCLUDING FULL SET OF ORIGINAL BILLS OF LAADING HAVE BEEN SENT TO APPLICANT BY AIR COURIER SERVICE WITHIN 3 DAYS AFTER SHIPMENT"(受益人证明书一整套副本单据包括全套三份正本提单，在装运后3天内以航空快件寄送开证申请人)。

这类条款得到进口商的垂青，常加采用，而出口商则承担了不应承担的风险。从进口商的出发点分析，有些是业务的需要，出口商将货物装船结束，取得提单后再送银行议付，一般需3～5天，再加上银行工作日和邮程，近洋地区的进口商能在一个星期内收到全套单据就算很快了，如果在某个环节发生延滞或差错，时间就会更长。但船舶去各地的航行时间是不一样的，如从中国上海港至中国香港需2.5天，到日本需3天，到釜山需2天，到新加坡需7天，到曼谷需9天，到科伦坡需12天等。而进口商之所以要求正本提单直寄而不通过出口地银行就是为了及时提货，避免造成延期提货而被罚款。但也有些进口商则是故意插入此类条款，以达到侵吞货物的目的，他们利用直接收到的提单提货而不向银行赎单，之后逃之夭夭。如今，国内出口商生意难做，进口商就将这类条款强加于出口商，因此上述条款有进一步扩大和延伸适用范围的趋势。但在一些情况下，又不能排除进口商开出这类条款有其合理性。业务中有两种不同的做法：一是为保证安全收汇，删除或修改此类条款；二是考虑到生意难做，对这类条款全盘接受。但实际上，这两种一刀切的做法都是不可取的，应该认识风险、区别对待、有效防范。如客户为以下情况之一者要一律拒绝：资信不好的客户(不论所在国别、地区)；无此实际需要的远洋客户；某些贸易做法不太规范或外汇较为困难的非洲、南亚客户。如为资信可靠、信誉良好的近洋客户，可以视情况酌情接受，但要提醒收货人最好做开证行抬头(to order of ××× bank)，这样进口商拿到正本提单后必须先到开证行取得背书后才能提货，而银行也有义务维护出口商的利益，减少出口商的损失。

资料来源：道客巴巴. http://www.doc88.com/p-8035462511443.html.

二、审单准则

当开证行、保兑行(如有)、议付行或其指定银行收到受益人提交的单据后，必须在合理时间内对其审核，以决定是否付款、承兑或议付。银行审单时应遵守以下几项基本准则。

(一) 独立审核

银行审单与下列事项无关：与买卖合同无关；与申请人和受益人之间的关系无关；与货物无关；与审单以外的其他知识和信息无关。

(二) 表面相符

表面相符主要包括：①单据与信用证条款相符。例如，信用证规定货物应使用木箱包装(Goods packed in wooden cases)，而包装单却表明货物装于木条箱(Goods packed in wooden crates)，这属于单证不符。②单据符合国际惯例的规定。例如，若来证未规定最迟的交单期限，则晚于运输单据签发日21天提交的单据属于单证不符。③单据与既成事实相符。例如，信用证规定"shipment from A(港口)or B(港口)，而"提单装货港"(Port of loading)一栏也照填了"A或B",则属于表面上不符合信用证规定。④单据之间表面相符,协调一致。各种单据的主要内容如品名、数量、金额、包装、唛头等不得相互矛盾,但并非强求所有单据的相同项目必须有相同的表述,除发票的商品描述应严格与证相符外,其他单据可采用商品统称。例如,当出运的有关货物品种较多但属性相同时,像出口沙发、椅子等各种家具,发票和装箱单上必须严格按照L/C规定的名称来制单,但提单上不必逐项列出,只给出货物的总称"家具"即可,这样处理不算是单证不符。但不能使用同一商品的另一种名称,因为看起来涉及两种货物。

案例分析

单证不符造成拒付

案情: 我方某公司与法国某公司订立一份出口300公吨冻品的合同,规定某年4—9月每月平均交货50公吨,即期信用证支付,来证规定货物装运前由出口口岸商品检验局出具船边测温证书,作为议付不可缺少的单据之一。4—6月份交货正常,并顺利结汇,7月份因船期延误,拖延到8月5日才装运出口,海运提单倒签为7月31日,但送银行议付的商检证中填写船边测温日期为8月5日。8月7日,出口人又在同一船上装运50公吨货物,开证行收到单据后来电表示拒付货款。试分析我方有何失误及开证行拒付的依据。

分析: 我方失误:

(1) 倒签提单不当,测温证书日期也应倒签,不能迟于提单日期。

(2) 船期掌握不好。

(3) 8月7日不应在同一船上又装运50公吨货物。

开证行拒付依据:

(1) 单证不符。信用证规定按期限定量分批装运时,任何一批未按规定装运,本批及以后各批均告失效;同船装运不作分批装运,所以银行有权拒付。

(2) 单单不一致。商检证日期与其他单据日期不一致。

资料来源:http://waimao.100xuexi.com/SpecItem/SpecDataInfo.aspx?id=B51A3552-0F80-481F-A513-C1A8239DAE5C.

(三) 不理会非单据条件

非单据条件是指虽然来证规定了某一条件,但并没有同时规定受益人提交何种单据来支持这种条件,银行将对此不予理会,如果收到此类单据,可以退还提示人。例如,来证规定货物的产地是中国,但并没有要求提交原产地证书,因此"产地是中国"属于非单据条件。常见的非单据条件还有:装船后受益人应立即通知申请人;载货船舶的船龄不得超过10年;载货船舶不得悬挂某国国旗;货物不得为某某国家生产,等等。

(四) 在合理时间内审单

对开证行来说,自其收到单据次日起,应在不超过5个工作日的时间内审核单据,以决定是否偿付保兑行、指定银行或向受益人付款。对保兑行而言,自其收到单据次日起,应在不超过5个工作日的时间内审核单据,以决定是否向受益人付款或偿付指定银行。对指定银行来讲,自其收到单据次日起,应在不超过5个工作日的时间内审核单据,以决定是否向受益人议付或垫付款项。

关于银行审单时间还应注意:若某一银行收到受益人的单据,只负责转递或寄单给开证行或保兑行,则该银行不是开证行或保兑行的指定银行,因而不享有5个工作日的时间,必须立即将单据寄出,以使单据在有效期内到达开证行或保兑行。寄单指示中,关于审单次数和方式的规定,不是非单据条件,若寄单行未按指示寄单,则视为不符点,开证行有权拒付。开证行发出拒付通知时,若信用证尚未到期,则允许受益人修改有关单据,开证行收到修改后的单据仍有5个工作日审单,发现新的不符点,有权再次拒付。

(五) 交单期限与出单日期

提交正本运输单据的,必须由受益人在不迟于装运日后的21日内提交,且不得迟于信用证的到期日。单据的出单日期可以早于信用证开立日期,但不得迟于信用证规定的提示日期。

(六) 当事人的地址

当受益人和申请人的地址显示在规定的单据上时,不必与信用证或其他规定单据中显示的地址相同,但必须与信用证中述及的各自地址处于同一国家内。

(七) 附属单据的要求

如果信用证要求提示运输单据、保险单据和商业发票以外的单据,但未规定该单据由何人出具或单据的内容,则只要提交单据的内容满足其功能需要即可,银行将对提示的单据予以接受。

三、审单方法

(一) 纵向审核法

以信用证为基础,逐一审核各项单据,做到"单证相符"。

(二) 横向审核法

横向审核法也称一单对照多单审核法，在纵向审核的基础上，以商业发票为中心审核其他单据，做到"单单相符"。

一般由制单员或审单员进行第一道审核，为安全起见，应当对有关单据进行复审。

■ 资料链接　农行国际结算单证中心正式运营

日前，中国农业银行国际结算单证中心正式运营。据悉，国际结算单证中心的正式运营是农行国际业务发展历程中的一件大事，标志农行向实现全行单证业务集中处理迈出了坚实的一步，对于提高农行单证业务集约化、专业化管理水平，创新国际业务经营管理模式、优化业务流程、提高对客服务水平具有重大意义。

据介绍，国际结算单证集中处理是银行运用现代信息技术，通过影像传输方式，对分支机构国际结算项下的单据进行集中审核的一种运作方式。农行单证中心使用自主研发的集中式国际结算业务处理系统(GTS)，利用影像扫描技术和工作流技术，采用点对点处理模式，统一了全行业务处理的流程和标准，实现了农行国际结算业务运作模式由"分散处理"向"集中操作"的转变。

资料来源：周萃. 农行国际结算单证中心正式运营[N]. 金融时报，2011-07-05.

本 章 小 结

1. 国际结算单据是指国际结算中使用的各种单据，一般是指贸易结算中出口方向银行办理押汇或委托代收货款所提交的单据。常用的结算单据有汇票、商业发票、保险单、运输单据、海关发票、产地证明书、重量证、装箱单、普遍优惠制产地证书、欧洲共同体用产地证书、纺织品出口许可证书、各类检验证书以及装运通知书等。

2. 国际结算单据是出口方履约和收款的证明，是进口方付款和提货的依据，是银行办理结算的重要依据，是进出口报关纳税的凭证。

3. 商业发票是出口商向进口商开立的重要单据之一，是买卖双方交接货物和结算货款的重要凭证。海运提单是船方接管货物或装船后签发的货物收据，是船方交货的凭证。保险单是一种正规的保险合同，在CIF条件下是卖方必须提交的单据之一，是保险公司的承保证明。

4. 单据审核的准则包括独立审核、表面相符、不理会非单据条件、在合理时间内审单等。

5. 单据审核的基本方法有纵向审核法和横向审核法。

课后作业

一、名词解释

商业发票　形式发票　海运提单　装箱单　保险单　受益人证明

二、判断题

1. "Port of discharge" 和 "Final destination" 都是卸货港，指提单上指定的轮船卸货港。（　　）

2. 在开证行收到提单后发现提单日期倒签，并有根据证明倒签事实，开证行可以以伪造单据为由提出拒付。（　　）

3. 信用证规定装运期为 "During the end of May,2006"，应理解为从5月21日至5月31日止为装运期。（　　）

4. 若合同与信用证中规定 "SHIPMENT FROM HONGKONG TO LONDON，TRANSSHIPMENT PROHIBITED"，卖方一般不能接受，因为从中国香港到伦敦的直航船实在太少了，运费成本过高。（　　）

5. 银行在审单时只采取严格相符的原则而不采取实质一致的原则。（　　）

6. 单据的出单日期可以早于信用证开立日期，与信用证规定的提示日期无关。（　　）

7. 以CIF、CFR条件成交的货物，按规定必须预付运费。（　　）

8. 重量单是按照装货件数成交的货物签发的单据。（　　）

三、不定项选择题

1. 我国对北美出口货物通常使用的运输单据是(　　)。

A. 铁路运单正本　　　　　　　　　B. 承运货物收据

C. 海运提单　　　　　　　　　　　D. 航空运单

2. 下列单据中，只有(　　)才可用来结汇。

A. 大副收据　　　　　　　　　　　B. 铁路运单副本

C. 场站收据副联　　　　　　　　　D. 铁路运单正本

3. 经过背书才能转让的提单是(　　)。

A. 指示提单　　　　　　　　　　　B. 不记名提单

C. 记名提单　　　　　　　　　　　D. 清洁提单

4. 签发多式联运提单的承运人的责任是(　　)。

A. 只对第一程运输负责

B. 必须对全程运输负责

C. 对运输不负责

D. 只对最后一程运输负责

5. 我国某公司与外商签订一份CIF出口合同，以L/C为支付方式。国外开来的信用证中规定："信用证有效期为8月10日，最迟装运期为7月31日。"我方加紧备货出运，于7月21日取得大副收据，并换回正本已装船清洁提单，我方应不迟于( )向银行提交单据。

A. 7月21日   B. 7月31日   C. 8月10日   D. 8月11日

6. 信用证的到期日为12月31日，最迟装运期为12月16日，最迟交单日期为运输单据出单后15天，出口人备妥货物安排装运的时间是12月10日，则出口人最迟应于( )交单。

A. 12月16日   B. 12月25日   C. 12月28日   D. 12月31日

7. 按收货人抬头可将提单分为( )。

A. 记名提单   B. 不记名提单
C. 指示提单   D. 已装船提单

8. 保险单的作用有( )。

A. 保险契约的证明   B. 物权凭证
C. 赔偿的证明   D. 结算的单据

四、简答题

1. 银行什么时候才认为运输单据上的"clean on board"条件已经满足？

2. 信用证装运总量为500吨，规定从6月份开始，每月装100吨。在实际装运时，6月份装100吨，7月份装100吨，8月份未装，而卖方要求9月份一起补交，是否可行？

3. 租船订舱应注意哪些问题？

4. 海运提单的作用有哪些？它与铁路运单、航空运单及邮局收据的区别是什么？

第五章

国际贸易结算融资

学习目标

通过对本章的学习，了解国际结算融资的基本概念，掌握主要的进出口贸易融资方式，掌握常用的贸易融资方式的特点、基本流程和运作方式，了解不同融资形式的风险。

导读案例

上海某纺织品进出口公司A年营业额超过5亿元，常年向欧美市场出口毛纺织品。2007年全球金融危机后，纺织业受到很大冲击，从前同众多老客户经常采用的赊销方式风险加大，如果要进口商提前支付货款，则进口商的资金也不宽裕，且其国内融资成本较高。为使交易顺利进行，双方商议本批出口的纺织品以进口商申请银行开立90天远期信用证的方式付款。该种结算方式虽然在一定程度上避免了A公司收不到货款的风险，但也导致A公司在备货的过程中流动资金出现短缺。另外，A公司也担心由于收汇时间较长而面临汇率风险。

国内B银行经过对A公司的考察，认为A公司长期从事进出口业务，出口频繁且信用记录良好，因此同意对信用证额度的50%叙作出口押汇，其余50%货款等待开证行的远期付款。进口商方面，由于资金紧张，无法提供开证行要求的信用证足额保证金或抵押担保，经开证行对进口商的全面信用考察，认为进口商资信良好且进口商品在本国市场旺销，因此同意减免保证金开立远期信用证，解决了进口商的资金困难。

第一节　国际贸易结算融资概述

随着全球经济一体化的不断深入，国际贸易竞争日趋激烈，各种信用销售方式不断涌现，进出口商对资金的需求逐渐增加，随之而来的国际贸易融资形式也在不断创新，呈现出前所未有的多样化、复杂化和专业化，其潜在风险也在不断增加。对于我国商业银行来说，如何把握机遇，扩大国际贸易融资，揽收国际结算业务，有效防范和控制融资风险，也是值得关注的问题。

一、国际贸易结算融资的概念

国际贸易结算融资是银行对进口商、出口商及相关银行提供的与进出口贸易结算密切相关的中短期资金融通或信用便利。国际贸易结算融资具有风险低、期限短、自偿性强、有真实贸易背景等特点，对促成国与国、企业与企业之间的进出口业务具有重要的推动作用。

二、国际贸易结算融资的主要形式

国际贸易结算融资的形式非常灵活，随着国际结算方式的改进和银行服务功能的完善，新的结算融资产品不断涌现。根据直接融资对象的不同，可以将国际贸易结算融资分为进口融资、出口融资及综合服务三大类。

(1) 进口融资。具体包括开证授信额度、假远期信用证、提货担保、进口押汇等。

(2) 出口融资。具体包括打包放款、出口押汇、出口票据贴现、出口信用保险项下的融资、出口商票据融资、福费廷等。

(3) 综合服务。具体包括国际保理、贸易项下风险参与、涉外保函等。

■ **资料链接　一季度六大银行国际贸易融资余额同比增长39.9%**

2013年4月23日，记者从银监会了解到，截至一季度末，中国进出口银行和工、农、中、建、交行五大商业银行的国际贸易融资余额达3 081亿美元，较去年同期增加879亿美元，增长33.9%。其中，进口贸易融资余额为2 400亿美元，出口贸易融资余额为681亿美元。

据六家银行的相关负责人介绍，它们的主要做法是：设计特色贸易融资产品和全面贸易金融解决方案，满足外贸企业融资、避险保值、财务管理等需求，帮助企业扩大贸易规模、加快资金周转、节约财务成本、规避风险。

同时，创新中小型外贸企业融资担保方式，满足中小企业贸易融资需求。此外，通过融资性对外担保、对外承包工程保函风险专项资金业务等产品，助力国内企业"走出去"。

资料来源：刘诗平，苏雪燕.21CN财经频道.www.21cn.com.

⊕ 第二节　进口结算融资

进口贸易融资是指银行针对进口商的需求而进行的融资，主要有信用证项下开证授信额度、信托收据、进口押汇、买方远期信用证以及提货担保等。

一、开证授信额度

(一) 开证授信额度概述

开证授信额度也称为进口开证额度，是开证行对于资信良好的进口商在申请开证时提供的免收保证金或不要求其办理抵押的最高资金限额。银行为简化手续，增强吸引力和竞争力，会根据客户的资信、经营状况和业务数量对资信良好的长期往来客户，确定一个限额，即开证额度。只要开证金额不超过这一限额，银行就可免收保证金、抵押品或其他担保，从而减轻进口商的资金压力。对于超过授信额度的部分，则仍按正常手续办理。

根据客户资信和业务性质的不同，授信额度可分为以下两种。

1. 普通授信额度

普通授信额度是指开证行在确定进口商开证授信额度后，申请人采用"余额控制"的方法，可循环使用，开证行根据客户的资信和需求状况随时调整额度。这种授信额度多用于在银行开户并与银行保持良好业务关系的进口商。

2. 一次性授信额度

一次性授信额度是指开证行为申请人的一份或几份贸易合同核定的一次性开证额度，该笔业务结束后授信额度失效，不能循环使用，主要用于银行对其资信有一定了解，但业务往来不多的进口商。

(二) 开证授信额度的确定

开证授信额度的确定是建立在银行对客户的了解和信任的基础之上的，一般从以下方面确定额度的大小。

1. 企业在银行的授信记录

对于长期客户，银行要对其每笔业务做必要的记录，以确定其信用水平，为提供授信额度做好准备。对于已经提供授信额度的客户，应坚持做好授信记录，并以此来确定增加或减少的额度。如果一家企业由于内部原因，不能按期偿还银行贷款，存在违约记录，其授信额度就会被银行降低或注销。

2. 企业的财务状况

财务状况良好是一家企业能够顺利发展并保证承担对银行履行其债务义务的重要标志。财务状况的审查是通过对财务报表的分析进行的。

3. 企业的发展前景

银行已提供或拟提供授信额度的应该是那些有良好发展前景的企业，银行支持这些企业不仅可以降低风险，而且可以从中受益。

(三) 开证授信额度的操作程序

1. 进口商提出申请

进口商按照银行规定的格式填写开证授信额度申请书 (二维码)，表明申请的授信额度金额、种类、期限等。

2. 银行审查

银行根据进口商提交的申请书审查其资信情况、经营情况、财务状况以及有关业务记录，确定对该进口商的授信总额。

3. 签订授信额度协议书

银行与进口商签订开证授信额度协议书，以确定双方的权利与义务。

4. 建立业务档案

银行建立业务档案后，根据协议总额度对开证金额实行余额控制，随着进口商使用授信额度开证或者单到付款结束信用证业务，授信额度随之扣减或恢复。

5. 增减授信额度

进口商使用授信额度一段时间后，如果感到总额度不够用，还可向银行提出增加授信额度；反之，如果银行认为客户资信有所下降，可以减少甚至取消授信额度。

(四) 开证授信额度的风险

1. 进口商信用风险

具体包括：进口商在信用证付款日无力偿付信用证项下款项，造成银行垫付；远期信用证项下进口商将进口货物销售款挪用，承兑到期日不履行付款责任，造成银行垫付；进口商开立无贸易背景的信用证，骗取银行资金。

2. 市场风险

进口市场价格波动，如果销售情况不好，进口商到期不能正常付款，会造成银行垫付。

3. 单证操作风险

单证操作风险是指银行在开证、审单等操作环节因操作失误带来的风险。

4. 法律风险

法律风险是指因贸易纠纷产生的司法止付及国内的司法判决等造成的风险。因此，开证行必须做好开证前的调研和审查工作，了解客户及其进出口贸易背景，确保信用证贸易的真实性。开证行要严审进口商的资信，密切关注其生产经营情况，必要时采取有效的资产保全措施。开证行应随时跟踪进口商的货物销售情况，监控货款回笼，避免销售款被挪用。

二、信托收据

(一) 信托收据的含义

信托收据(Trust Receipt，T.R，T/R)，也称信托提单、留置权书或信托证，是指进口商承认以信托的方式向银行借出全套商业单据时出具的一种保证书。凭此收据，进口商将货物抵押给银行，以银行受托人的身份提取货物，并在一定期限内对银行履行付款责任。它的实质是进口商与开证行之间的物权处理契约，进口商可以此获得开证行的资金融通。

进口商与银行基于信托收据所形成的是一种信托关系。进口商在付清款项之前，可向开证行或代收行借出单据，办理货物的保管、提取、销售等事宜。但仅仅是代管货物，物权仍归银行所有。因而进口商取得的货款应属于开证行或代收行，只有付清款项赎回信托收据后，才拥有物权。

信托收据有两种情况：一是托收项下远期付款交单中进口商凭信托收据接单；二是信用证项下凭信托收据接单。

(二) 当事人的权利和义务

1. 进口商

进口商作为信托关系中货物的代管人应履行以下义务。

(1) 须将信托收据项下的货物单独保管、保险，货物一旦出险，所得的保险赔偿应归开证行或代收行。

(2) 货物销售后，货款属于开证行或代收行。

(3) 在赎回信托收据之前，物权归开证行或代收行所有，不得将货物抵押给第三方。

2. 开证行或代收行

开证行或代收行只要接受了进口商的信托收据，借出了单据，即成为信托人，具有以下权利。

(1) 可以随时取消契约，收回借出的货物。

(2) 在货物销售的情况下，可随时收回货款。

(3) 若进口商破产、清算，对收回货款有优先权。

三、进口押汇

(一) 进口押汇的含义

进口押汇是指开证行收到出口商提交的单据并审核无误后，进口商因资金困难无力按时付款时，由开证行先行代其付款，使客户取得短期的资金融通。进口商办理押汇后，货物归银行所有，进口商代银行保管货物，保证在规定期限内用销售收入归还全部银行垫款。

进口押汇是短期融资，会占用企业的授信额度，银行也可以按单笔信用证业务与进口商签订单项进口押汇协议。押汇期限不超过3个月，银行自垫付之日起开始收取押汇利息，利率根据押汇时间长短而有所不同，期限越长，利率越高。

(二) 进口押汇的流程

首先，由进口商提出申请，开证行审查同意后，签订进口押汇协议；其次，开证行收到出口银行的单据后，如单证相符即可对外付款；再次，开证行凭信托收据向进口商交付单据，进口商代为保管和销售货物；最后，进口商凭单提货并销货后，向开证行归还贷款本息，换回信托收据。进口押汇的业务流程如图5.1所示。

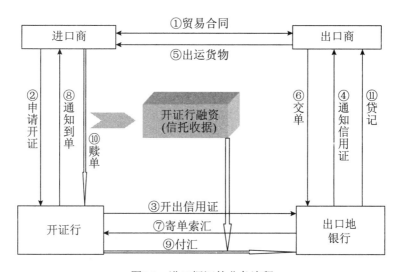

图5.1　进口押汇的业务流程

由于押汇还款依赖于申请人的盈利能力，押汇银行需要了解申请人的经营、资信状况。应控制押汇条件，视进口货物是否畅销、变现能力是否强而选择适当放宽还是从严控制。因押汇还款来源单一，可考虑增加其他安全措施，如增加第三方担保、抵押、质押等，尽量减少银行的损失。

四、买方远期信用证

(一) 买方远期信用证的含义

买方远期信用证(Buyer's Usance L/C)也称为假远期信用证，是开证行开出远期信用证，承诺单证相符情况下即期付款，申请人到期偿付开证行的信用证。它是开证行为申请人提供的一项融资便利，利息由申请人承担。

假远期信用证下进口商可以选择远期付款，出口商能即期收汇，满足了进出口商对资金的需求，有利于双方达成交易。开证行在资金头寸紧张的情况下，可指定其他银行付款，被指定银行可以获得利息收入。买方远期信用证的业务流程如图5.2所示。

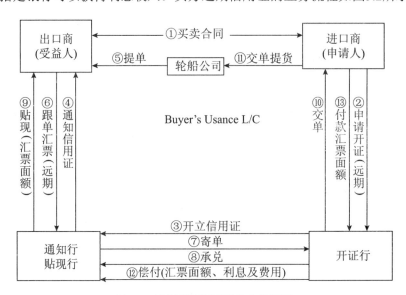

图5.2 买方远期信用证的业务流程

(二) 真假远期信用证融资的比较

两者都是通过信用证项下的远期汇票的承兑与贴现实现的，但两者有较大差别。

1. 合同规定的付款期限不同

真远期信用证与合同的付款期限相同，都是远期付款；假远期信用证是远期付款，合同是即期付款。

2. 贴现利息支付者不同

真远期信用证的融资者是受益人，贴现利息由受益人支付；假远期信用证的融资者是申请人，贴现利息由申请人承担。

五、提货担保

提货担保是指信用证项下货物先于正本提单到达港口，进口商为了及时提货而向开证行申请出具的用于向船方提货的书面担保文件，见示例5.1。

提货担保书

No._____

致_____轮船公司:

　　兹因有关正本提单尚未收到,请贵公司准许敝公司先行提取下列货物。

船名及航次_____ 轮_____

提单号_____ 件数_____

货名_____ 唛头_____

装运港_____ 目的港_____

发货人_____

信用证/合同号_____

　　请贵公司准许我公司凭_____银行担保书,先行提取我公司的货物,由此产生的一切风险、责任和赔偿等费用完全由我公司承担。我们收到上述正本提单后将立即交还贵公司换回此担保书。本保函适用中国法律并接受中国境内海事法院管辖

_____进出口公司(负责人签字)_____盖公章

年　月　日

银行签署:

　　兹保证上述承诺之履行

担保银行:_____(负责人签字_____盖公章)

年　月　日

(上述内容如有更改,须经银行签证方为有效)

示例5.1　提货担保书

在正常情况下，进口商应凭正本提单向船方办理提货手续，但有时因路程较近或其他原因，货物比单据先到，收货人又急于提货，即可采用提货担保方式，由收货人与银行共同向船公司出具书面担保，请其凭以先行放货，保证日后及时补交正本提单。开证行为进口商提供提货担保，有助于进口商及时提货，减少货物滞港费和仓储费，避免因市场行情变动及品质发生变化而遭受损失。提货担保的业务流程如图5.3所示。

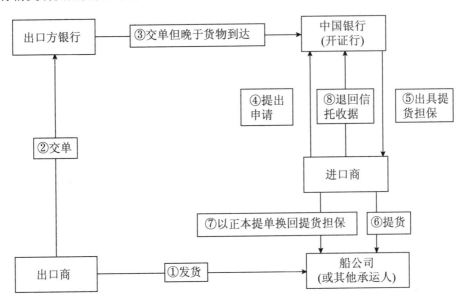

图5.3　提货担保的业务流程

提货担保除了开证授信额度的风险外，还存在以下风险。

(1) 期限和金额敞口风险。通常情况下，提货保函没有明确的担保金额和担保期限，也无法确定受益人何时向开证行交单。

(2) 欺诈风险。如买卖双方合伙欺诈，无论单据是否相符，开证行最终必须承担付款责任。

因此，开证行必须了解客户的资信状况及贸易情况，对于在开证行没有信用记录及信用记录不好的客户，不得开展提货担保业务。

案例分析

提货担保引起的风险

案情： 某年6月初，广东A银行应申请人B公司请求，开立了一份金额为1500万美元、以中国香港C公司为受益人的即期信用证L。6月底，B公司声称货物已到码头，并向A银行申请开立提货担保函(Letter of Guarantee for the Release of Goods)。A银行发现单据尚未到达，按规定收取了相应的保函保证金后，为B公司开立了金额为1500万美元的提货担保函。但到了7月中旬，A银行仍未收到该保函项下的正本单据。凭经验，A银行感觉到中间环节可能出了问题，于是立即致电申请人B公司查问原因。原来，申请人B公司向中国香港C公司进口的该批货物并非信用证L上所标明的价值，其价格更高。对于该批货物，B公司与C公司另有约定：只有在B公司支付C公司相应的差额款项后，C公司才到银行交单议付。否则，C公司拒不交寄单据，并继续掌握货物的所有权。这次，由于B公司就另一批货物的质量问题向C公司索赔，并提出在L信用证项下的货物差价中扣减，但C公司认为其货物质量合乎要求，并无任何问题而拒绝B公司的索赔。C公司还声称，B公司应尽快付清L信用证项下的相关货物差价，否则，他们将凭正本提单向承运人S船公司追回所出运的L信用证项下的货物。A银行获悉这一情况后，发现自己无意中卷入一场贸易纠纷。如果B公司向C公司索赔未果，从而拒绝支付L信用证项下的货物差价，那么，持有正本提单的C公司因拥有货物的所有权，将有权凭正本提单向承运人S船公司追索货物，由于该批货物已被B公司凭A银行签发的提货保函提走，而提货保函受益于承运人S船公司，S船公司必然持提货保函向A银行索赔。显然，这样一来，A银行将处于两难境地：一方面，B公司已提走货物，并在生产中耗用了一部分，A银行根本无货物还给S船公司；另一方面，A银行在其签发的提货保函中承诺向船公司承担"认赔责任"，虽收取了B公司的足额提货担保金，但若卷入由此引起的法律纠纷，A银行仍然很被动，甚至可能造成损失，并影响其正常业务的开展。于是，A银行立即采取措施，一方面，与申请人B公司磋商，促请B公司妥善处理并尽快解决他们与受益人C公司的贸易纠纷；另一方面，联系L信用证的通知行香港D银行(该通知行系C公司的主要往来银行)，了解C公司的有关情况，让C公司尽快到D银行交单议付，从而A银行可以尽快赎回由其签发的正本提货保函。幸运的是，经过十多天的斡旋，A银行终于收到受益人银行香港D银行寄来的单据，并从S船公司手中赎回正本提货保函，避免了可能的损失及负面影响。

问题： 银行签发提货保函时应注意什么问题？

分析： 本案例中，A银行操作规范，业务也相当娴熟，一般情况下不会节外生枝。但由于签发了提货保函，并无意中卷入一场贸易纠纷，差点引起法律诉讼而导致不必要的损失，这个教训应当吸取。因此，银行在签发提货保函时，应当谨慎行事，合规操作，除收取保证金外，还应注意：第一，明确信用证项下货物是否是近洋贸易，是否有签发提货保函的必要；第二，充分了解进出口双方的贸易背景、信用程度，以及他们之间是否还有其他协议，该协议是否涉及银行签发的提货保函，是否影响银行的资金安全；第三，开立提货保函后，要尽可能跟踪正本提单的去向，如单据在哪里议付、何时寄出，以确保单据不被第三方获得。总之，要及时掌握信息，采取主动，以免卷入不可知的贸易和法律纠纷，造成不必要的损失。

资料来源：道客巴巴. http://www.doc88.com/.

¥ 第三节　出口贸易融资

出口贸易融资是指出口地银行对出口商的融资，主要包括打包放款、出口押汇、出口票据贴现、出口发票融资等。

一、打包放款

(一) 打包放款的含义

打包放款或称打包贷款(Packing Credit/Loan)，是指以信用证正本作为抵押向银行申请贷款的融资方式，旨在提供出口商备货阶段的周转资金。它是银行在信用证项下对出口商提供的短期融资，具有以下几个特点。

(1) 贷款发放时间是出口商收到信用证后，发货和交单之前。

(2) 放款的目的是向出口商提供备货、发货的资金。

(3) 放款的金额仅是信用证金额的一部分，具体数额应根据出口商资信、开证行信用以及抵押品等情况确定。

(4) 放款的期限一般是自信用证抵押之日始至开证行支付货款之日止。

(二) 打包放款的流程

首先，出口商须将信用证正本交给银行，向银行提出申请并同时提供银行所需文件，如企业的基础资料、打包放款申请书(见示例5.2)，落实担保、抵押、质押等。其次，银行审核信用证和提交的资料后，签订打包放款协议，办理打包放款。最后，出口商收到货款后即归还贷款本金和利息。打包放款的业务流程见图5.4。

编号：CCZH04322

中国银行　　　　分行：

　　我公司向贵行申请办理L/C项下融资，并根据贵行《信用证融资业务办法》保证：

　　1. 该信用证是根据真实的出口合同开立的。

　　2. 我公司保证按信用证规定的装期发货，保证在信用证效期内向你行交单议付。

　　3. 保证该信用证项下融通资金只用于执行该证时所发生的资金需求。

　　如违背上述保证，你行有权从其他结汇货款中扣除此笔融资金额及利息

开证行名称：	
信用证号：	合　同　号：
币　别：美元	金　额：
装　期：	效　期：
品　名：	数　量：
进口国名：	出口授信：
出口许可证或 配额证：	额度余额(万美元)：
法人代表：　　　　　单证科长：	公司盖章
财务科长：　　　　　业务科长：	200　年　月　日

　　　上述信用证出口货物符合信贷规定，但目前我行资金较紧，可给予信用证融资。如货款到期因故未回，同意放款偿还本金及利息。

信　贷　员：　　　　　　　　　　　审证科长：

信贷科、处长：　　　　　　　　　200　年　月　日

示例5.2　打包放款申请书

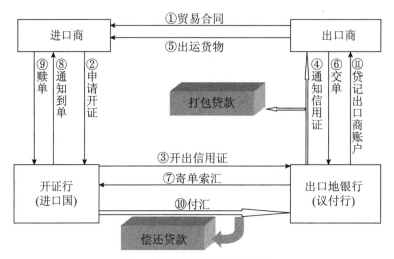

图5.4 打包放款的业务流程

(三) 打包放款的风险

1. 出口商信用风险

具体包括：出口商将贷款资金挪用，或以虚假贸易骗取银行贷款；出口商凭借信用证副本将单据提交他行寄单索汇，从而逃避或拖延还款；出口商不交单或延迟交单，致使银行无法收汇或延迟收汇；出口商备货发生问题，无法按合同交货。

为防止上述风险，经办行应认真审查客户的资信和履约能力，监督其备货生产环节，并落实可行的担保或抵押措施。

2. 开证行风险

出口商按期发货交单后，遇到资信不良的开证行，会以单据中存在较小的不符点而拒付货款。因此，除审核客户资信外，出口地银行还应审核开证行资信以及出口收汇记录，加强收汇考核工作。

3. 操作风险

银行职员在出口信用证操作环节失误，导致开证行拒付。为避免此类风险，经办人员应严格按照国际惯例办理业务。

■ 资料链接　民生银行重视中小企业贸易融资

近年来，中资银行的小企业授信方式趋于多样化，但主流仍旧是不动产抵押贷款。而外资银行方面，则强调贸易融资类贷款以及融资理财组合授信方式。

对此，民生银行上海分行贸易融资授信评审中心总经理罗文广表示，贸易融资的特征之一是时效性，客户在这家银行三天拿不到贷款，可能就去找另一家银行了。民生银行采用流水线信贷审批流程后，单笔授信需求的审批时间通常在两天以内。

民生银行2005年就提出要将中小企业贷款作为今后的主要业务，并且将贸易融资方式作为中小企业信贷的突破口。同年6月，民生银行中小企业融资部总部落地上海，同期贸易融资授信评审中心成立。

目前，在民生银行上海分行的机构设置中，贸易融资评审中心与中小企业融资部、风险管理部平行。贸易融资授信超过企业融资总额80%的企业，都作为贸易融资客户。目前，在该行贸易融资业务中，中小企业占比已经超过60%，且比例仍在增加。

由于商业欺诈、风险控制缺位等原因，商业银行曾一度谈贸易融资色变。对此，罗文广表示，民生银行自2006年7月推出了"基于未来现金流的贸易融资授信模式"，并制定了《贸易融资授信项目预评测算表》，将授信风险控制前移。根据对不同行业的风险控制能力选择授信项目，做到了有所为有所不为。

罗文广认为，防止商业欺诈是首先需要把控的关口。交易的确定性是贸易融资的主要特征之一，有真实的贸易背景，才有以销代偿的基础。其次，当国际市场上商品价格出现大幅波动时，银行可以通过收取保证金的方式控制信贷风险。这可以看作一种抵押担保措施，价格波动的最大幅度确定了保证金的额度，超过这个范围就要辅助以抵押方式。除此之外，企业资信、还款意愿、现金流管理都在商业银行风险控制的考量范围之内。

目前，该行贸易融资授信对象主要分布于船舶、化工、有色金属、资源类等12个主要行业。像非自用性电解铜进出口，价格波动高达60%，超过银行风险可控范围，这部分业务民生银行是不做的。

在授信额度上，罗文广表示项目大小并不是商业银行放贷的首要考虑因素，企业信用对风险控制来说更为关键。对不同信用级别的企业，银行会确定不同的授信额度及抵押方式。

资料来源：中国中小企业金融服务信息网.http://www.sina.com.cn，2007-04-26.

二、出口押汇

(一) 出口押汇的含义

出口押汇是指出口商向当地银行提出押汇申请(见示例5.3)，将全套出口单据提交银行，由银行按照票面金额扣除从押汇日到收款日的利息及有关费用，将净额付给出口商的一种融资方式。根据结算方式的不同，出口押汇可分为信用证项下押汇和跟单托收项下押汇。办理出口押汇时，应注意以下事项。

(1) 押汇币别为信用证、托收的币种。

(2) 押汇期限根据结算方式及客户条件而定，最长180天。

(3) 押汇利率按同档次流动资金贷款利率执行，也可以用LIBOR增加一定点数执行。

(4) 银行对出口商保留追索权，任何非银行原因造成的不收汇、迟收汇或少收汇，银行均有权向出口商追索押汇款和利息。

银行为出口商提供押汇服务，有助于其提前得到货款，从而加速资金周转并规避汇率风险。

出口押汇申请书

致：×××××银行

请贵行依照国际商会《跟单信用证统一惯例》第600号出版物的有关规定和我公司的下列要求处理所附单据：

国外开证行：		申请人：	
付款人：		议付金额	
		汇票日期	期限
信用证号		开证日期	

单据	汇票	发票	提单	保险单	装箱单	质量证	数量证	产地证				
正本												
副本												

请选择下列内容：

□请贵行议付所附单据。

□请贵行议付单据后，办理结汇，并贷记我公司人民币账户No._____

　开户行_____

□请贵行议付单据后，将款项贷记我公司账户No. _____

　开户行_____

□如果国外拒绝付款/拒绝承兑，请立即通知我公司并说明原因。

□请通过　□航邮　□快邮　□DHL寄单

示例5.3　信用证项下押汇申请书

(二) 出口押汇的流程

首先，出口商制单并交银行审查；其次，出口银行审单办理押汇，扣除费用利息后记入出口商账户；最后，银行收到国外贷记通知后自动扣划出口商押汇款项。融资比例根据结算方式、单据、代理行以及客户的不同而定，银行一般会将货款扣除利息及手续费的余额支付给出口商。出口押汇的业务流程如图5.5所示。

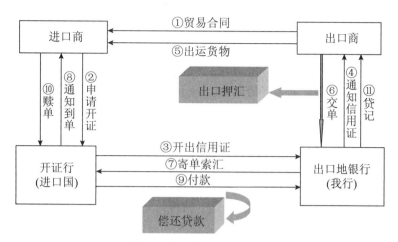

图5.5 出口押汇的业务流程

(三) 出口押汇的风险

1. 银行资信风险

开证行或代收行资信较差，不按国际惯例处理业务或经营不善倒闭，导致押汇款项不能收回。为避免上述风险，开证行或代收行一般应选择押汇银行的境外代理行。

2. 银行所在国家/地区风险

进口商国家或地区政治经济不稳定，外汇短缺或发生金融危机。为避免上述风险，押汇银行应落实对出口商的追索措施。

3. 银行操作风险

银行职员操作失误，导致开证行拒付。

4. 出口商信用风险

具体包括：出口商蓄意制造假单据骗取银行押汇融资；出口商向多家银行重复交单骗取融资；不符点单据押汇后开证行拒付，出口商无力通过其他途径还款等。为避免上述分险，押汇银行必须了解客户的资信以及出口贸易情况。

5. 进口商信用风险

具体包括：托收项下进口商资信差，无力付款或拖延付款；进出口商联合骗取银行押汇款等。

三、出口票据贴现

(一) 出口票据贴现的含义

出口票据贴现是指远期信用证或远期托收项下的汇票经开证行或承兑银行承兑后，在付款到期日前银行从票面额中扣减贴现利息及手续费后，将余款支付给持票人的一种融资方式。

办理贴现时，银行要与出口商签订质权书，确定双方的责任与义务。如果到期银行不能收回票款，有权对出口商追索。此外，银行还应对贴现票据的付款人、承兑人的资信进行审查，确认符合条件后才予以贴现。

(二) 票据贴现融资的流程

出口商发货后，通过银行将全套单据提交开证行，经该行承兑汇票并退还寄单行后，寄单行即可贴现购买全套汇票向出口商融资。寄单行因此成为正当持票人，它可保存汇票并于到期日向开证行索偿，也可将汇票转让，进行再贴现。出口票据贴现的业务流程如图5.6所示。

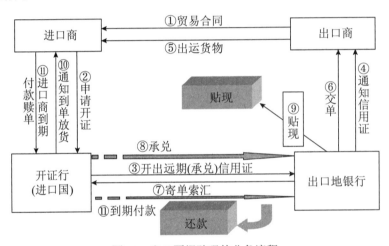

图5.6　出口票据贴现的业务流程

案例分析

案情：瑞达公司装运一批压缩机共500台交给德国科利公司，价值138 000美元，支付条件是开立90天付款的汇票承兑交单。货物装船后，向德国科利公司提示汇票，并得到及时承兑。瑞达公司向其往来银行贴现汇票，按照当时的贴现率2%，银行减去90天利息，瑞达公司收到137 310美元。于是，银行持有这张汇票，汇票到期时向科利公司提示付款，正常情况下，科利公司将支付给银行138 000美元。

分析：在这个案例中，一是出口商立即得到货款，出口商取得融资的成本是690美元贴现利息；二是进口商可以取得货物；三是银行可以赚得2%的利息。三方均获利。

资料来源：汇天国际结算网.http://www.10588.com/forum.

(三) 票据贴现融资的风险

远期信用证付款时间较长，合同金额较大，因而隐藏较大风险，常见的有以下几种。

  (1) 进口商要付较高的代价，且承担进口货物与合同及单证不符的风险。

  (2) 开证行承兑汇票后，面临进口商拒付的风险。

  (3) 寄单行面临贴入承兑汇票后开证行倒闭的风险。

  (4) 出口商面临汇票承兑前开证行或进口商无理拒付的风险。

  因此，有关当事人必须详细了解交易及融资对方的资信，并采取相应措施以降低风险。

四、出口发票融资

  出口发票融资是指出口商采用赊销(O/A)、承兑交单(D/A)等方式向进口商销售货物时，出口商按照规定出运货物后，将发票项下应收账款的债权转让给银行，向银行申请资金融通，银行在不承担进口商付款风险并向出口商保留融资追索权的前提下，贴现买入发票项下应收款项，为客户提供短期资金融通。

  这种融资的发生需满足三个条件，即真实的贸易背景、出口商获得相关银行出口发票融资授信额度及银行对出口商有追索权。

▋资料链接　工行2012年累计发放国际贸易融资逾2000亿美元

  中国工商银行将国际贸易融资作为提振外贸出口、支持实体经济健康发展的重要手段，积极帮助外贸企业应对复杂多变的外部环境，努力满足外贸企业融资需求，降低企业融资成本和交易风险。据统计，2012年，工行共发放国际贸易融资逾2000亿美元，同比增长幅度超过33%，当年发生额和余额市场占比均居国内同业首位，有力地支持了外贸企业的健康发展。

  据介绍，工行根据进出口形势的变化和外贸企业的实际需求，大力发展供应链融资，积极推广本外币、内外贸系列产品组合和加工贸易保证金台账，综合化贸易融资产品及服务体系不断完善。目前，工行在国际贸易融资领域以进口开证、进口押汇、福费廷、出口保理、订单融资、出口发票融资等国际融资系列产品作为主打产品，推出了集结算、融资、理财等功能于一体的自由组合"服务超市"模式，为客户提供覆盖国际贸易全程并延伸至国内贸易的结算、融资、理财和风险管理等综合型服务。同时，工行充分发挥内外联动优势，依托领先的科技平台和海外经营网络，为国际化客户量身定制特色贸易融资解决方案，帮助客户有效降低资金成本，规避汇率风险，减小对外付款所面临的资金压力，保障企业应收账款的安全。

  资料来源：杜金.金融时报，2013-02-9.

本章小结

1. 国际贸易融资是指在国际商品交易中，基于商品交易中的存货、预付款、应收账款等资产由银行运用各种融资手段对进出口商进行的融资，可分为出口类贸易融资、进口类贸易融资和综合服务类三类。

2. 进口贸易融资是指银行针对进口商的需要而进行的融资，主要有信用证项下的开证授信额度、信托收据、进口押汇、买方远期信用证以及提货担保等。

3. 出口贸易融资是指出口地银行或其他金融机构对出口商的融资，主要有打包放款、出口押汇、出口票据贴现、出口发票融资等。

4. 国际贸易融资业务具有风险低、期限短、自偿性强、具备真实贸易背景等特点。贸易融资对促进国与国、企业与企业之间的进口和出口业务开展具有重要作用。

课后作业

一、名词解释

打包贷款　出口押汇　进口押汇　买方远期信用证　卖方远期信用证　开证授信额度　信托收据　提货担保　票据贴现

二、判断题

1. 无论是信用证项下的出口押汇，还是托收项下的出口押汇，提供出口押汇的银行对受益人均有追索权。（　　）

2. 含有出口商无法履行的"软条款"的信用证不能打包贷款，但限制议付信用证可以提供打包放款。（　　）

3. 一般来说，承担汇率风险的一方，应该有权选择有利于自己的结算方式，如出口商选择货到付款、信用证等接管方式。（　　）

4. 减免保证金开证融资方式对进口商申请开立的全部信用证金额予以减少或免收保证金、抵押品或其他形式的担保，从而减轻进口商的资金压力。（　　）

5. 信托收据融资方式只在托收项下远期付款交单业务中办理，信用证项下业务无须办理的凭信托收据接单。（　　）

6. 部分保证金开证、进口代收项下的押汇业务均要占用进口商在银行的授信额度。（　　）

7. 真远期信用证的融资者是受益人，贴现利息由受益人支付；假远期信用证的融资者是开证申请人，贴现利息由其承担。（　　）

8. 出口票据贴现是针对远期信用证项下的汇票或跟单托收项下的汇票，在到期日前由银行从票面金额中扣减贴现利息后，将余款支付给持票人的一种融资方式。（　　）

三、不定项选择题

1. 办理出口保理融资业务的应收账款须符合的条件包括（　　）。

A. 应收账款合法、真实、有效，期限一般不超过180天

B. 出口商已通过有效方式将应收账款转让行为通知买方

C. 应收账款不是关联公司之间的交易

D. 该债权未设立任何抵押、质押或权利负担

2. 以下属于进口贸易融资方式的有(　　)。

A. 信用证打包放款　　　　　　　　B. 出口保理

C. 信托收据　　　　　　　　　　　D. 福费廷

3. 国际贸易融资对银行的意义有(　　)。

A. 融资本身是银行的资产业务，能带来利息收入

B. 通过融资带动结算业务，取得非利息收入

C. 通过控制单证控制物权，降低融资风险

D. 具有自偿性，减少对客户还款能力的依赖

4. 以下关于信托收据(T/R)的表述正确的有(　　)。

A. 进口商借单时提供的一种书面信用担保文件

B. 开证行自己向进口商提供的一种融资便利，与出口商无关

C. 表示愿意以银行的受托人的身份代为提货、报关、存仓、保险、销售等

D. 货物的物权归进口商

5. 以下属于出口贸易融资的有(　　)。

A. 信用证打包放款

B. 出口保理

C. 提货担保

D. 福费廷

6. 以下关于福费廷业务的说法正确的有(　　)。

A. 它是一种进口贸易融资工具

B. 无追索权

C. 与商业风险无关

D. 它是一种债权转让行为

7. 出口商票融资对出口商的好处有(　　)。

A. 出口商凭借有关货运单据及报关单副本即可获得融资，手续简便

B. 可立即变现远期应收账款，加速资金周转，缓解资金压力

C. 为贸易伙伴提供远期付款便利，增加贸易机会

D. 融资银行具有追索权，不必承担风险

8. 以下融资产品中可不占用客户授信额度的有(　　)。

A. 出口商票融资

B. 福费廷

C. 出口押汇

D. 出口保理融资

E. 进口押汇

四、简答题

1. 出口托收押汇与出口信用证押汇的区别是什么?

2. 真假远期信用证的主要区别是什么?

3. 打包放款融资方式下银行面临的主要风险是什么?

4. 当本国货币趋于升值时,作为进出口商应如何利用贸易融资方式避免汇率风险或获得更大收益?

5. 什么是开证授信额度?如何确定?

6. 出口票据贴现和出口商票融资有何区别?

第六章

实训教学平台
操作指南

学习
目标

　　通过对本章的学习，了解国际结算业务实训平台的实操内容与使用方法，通过实训掌握汇款、托收和信用证的业务流程，熟悉进口商、出口商和银行各自的业务操作步骤与单证缮制方法，让学生通过动脑与动手相结合来完成结算的相关操作，以适应国际贸易结算岗位的要求。

第一节　教学平台介绍

一、实训软件主要功能

　　在国际结算课程的实训教学环节，我们采用"步惊云国际结算一体化教学平台"教学软件。该软件是基于互联网，完整模拟贸易公司及商业银行国际业务的教学实验平台。学生通过扮演贸易公司及商业银行的角色，可体验企业与企业、企业与银行，以及银行与银行之间的业务流程，从而达到"在实践中学习提高"的目标。

　　目前，该实训平台包括以下实训内容。

　　(1) 模拟不同结算方式的国贸流程，含信用证、托收、汇款及多种结算方式的混合支付。

　　(2) 模拟常见的融资方式，含进出口押汇、福费廷、打包贷款、信托收据。

　　(3) 包含常见单证60余种，允许学生练习缮制的有40余种，可用于单证考试。

　　(4) 平台可针对一个章节提供专项练习，同时具备个人与团体模式。

　　(5) 平台可设定为中英文双语版，满足双语教学需求。

　　(6) 平台配备仿真银行国际结算处理界面，含业务录入及处理各类SWIFT收发报文。

　　(7) 平台内置考试系统，可用于理论考试。

二、实训平台运行环境

(一) 软件环境

　　该软件客户端的操作平台为Windows 7，WindowsXP；服务器端操作平台为Windows 2003 Server，Windows 2008 Server；数据库为SQL Server 2000，SQL Server 2008

教学平台。

(二) 硬件环境

实验室需配备上网的电脑设备，服务器内存4G以上，硬盘空间80G以上。如为普通PC机，内存1G以上，采用网页方式访问。

(三) 网络环境

具体涉及局域网、校园网、互联网。

三、实训教学系统

(一) 教学环境的准备

教师登录后，平台显示4部分内容，即系统、教师、班级与学生，如图6.1所示。

图6.1 教师端登录后界面

1. 系统

系统提供英文和中文两种选择。设置后，学生登录界面及课程管理界面将以该语言显示，但不包括课程本身，课程本身的语言在组织教学模块中设置。

2. 教师

平台会给予教师管理员初始账号，管理员凭借初始账号登录，单击"教师管理"，即可进入管理教师资料界面，做以下设置。

(1) 增加教师。单击"新加教师"，输入教师姓名、账号(由英文字母、数字或下划线组成)、密码，分配权限，再单击"保存"按钮即可完成操作，可一次性增加多名教师。

(2) 修改教师资料。单击教师用户对应的"修改"按钮，可对姓名、密码进行修改，最后单击"保存"按钮即可。要注意，教师账号不可修改，如需修改，则需删除后再重新添加。

(3) 删除教师。单击教师用户对应的"删除"按钮即可。

3. 班级

单击"班级管理"之后再单击"新加班级"，输入班级名称、描述，选择状态、是否允许加入(如允许加入，学生注册时就可加入该班级，否则为不允许)，然后单击"保存"按钮即可完成编辑。如要修改或删除，单击该班级对应的"修改"或"删除"按钮即可。

4. 学生

有两种添加方式：一是学生注册，二是教师添加。在教师端设置时，如果"注册"功能选择"不允许"，则学生账号须由教师分配；如果选择"允许"，则学生可注册账号并使用，教师无须再添加学生账号。学生注册界面如图6-2所示。

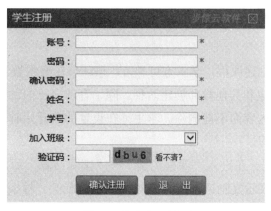

图6.2　学生注册界面

由教师分配学生账号，需单击"学生管理"，进入学生管理界面。添加之前，在左边下拉框中选择一个班级，再行添加。增加学生有以下3种方法。

(1) 增加单个学生。单击"新加学生"，输入学号、登录号(英文字母、数字或下划线)、姓名、密码、证件编号，再单击"保存"即完成。

(2) 批量增加学生。单击"添加一批学生"即可。例如，国贸03班有学生50名，学号为1629101～1629150，要给这50名学生分配登录号S1629101～S1629150，分配方法如图6.3所示。

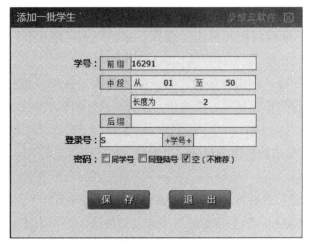

图6.3　教师端批量增加学生界面

(3) 导入学生名单。教师可下载系统Excel表格，填写学生信息后通过"导入学生名单"方式，在线直接导入。

(4) 学生名单的修改与删除。如要修改或删除学生名单，单击该学生对应的"修改"或"删除"按钮即可。

(二) 组织课程教学

1. 创建课程

教师上课之前应创建课程，学生方可学习，该环节在组织教学页面进行。

课程分为自己创建和其他教师创建两种。除了管理自己的课程外，还可加入其他教师课程，但只可查看内容而不能删除。学生须在设置的"开始时间"和"结束时间"内进入，否则看不到课程。

(1) 复制模板课程。在进入"课程类别"→"国际结算"后，能看到相应模板课程的下拉列表，选中即表示复制该模板课程中的题目(选择某一模板课程，再单击"查看详细"，可查看该课程的详细题目及内容)。如果此处没有选择模板课程及复制题目，那么课程创建后，还可以进入"题目设置"界面操作。

(2) 填写课程名称。创建课程后，要填写课程简介，应根据重点、难点和对学生的实训要求撰写。

(3) 设置课程密码。设置密码后，学生输入密码才能进入课程，教师也可不设密码。

(4) 设置开始和结束时间。根据教学安排设置时间，如果不设置或时间已过，学生将无法进入。

课程设置界面如图6.4所示。

以上内容输入完毕，单击"确定"按钮完成。

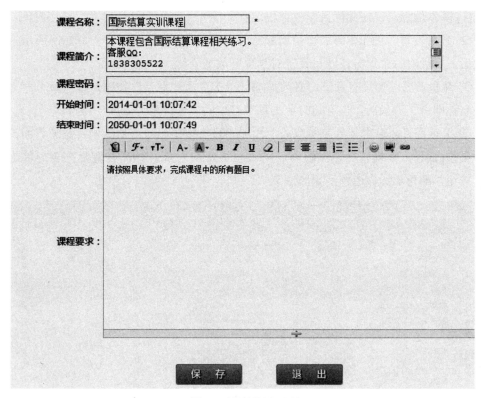

图6.4 课程设置界面

2. 管理课程

课程创建后，包含基本信息、题目设置、难度设置、管理学生和管理教师多个功能，分别单击对应按钮即可应用，如图6.5所示。

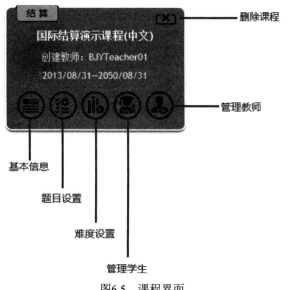

图6.5 课程界面

(1) 基本信息。可在此栏目修改课程名称、简介、密码、开始时间、结束时间。

(2) 题目设置。可在本界面自由增减章节与题目(综合实训除外),如图6.6所示。设置完成后,可针对每个章节或题目设定对学生开放或隐藏。

① 编辑章节。如没有章节,必须添加。单击"添加章节"按钮,输入章节序号、中英文名称即可。添加后,也可随时单击章节对应的"修改""删除"进行编辑。

② 编辑题目。单击某章节对应的"添加题目"按钮,即可弹出题目添加界面。选择题目类型(试卷、单据题、操作题等),单击"搜索"按钮,然后在题目列表中单击"加入"按钮,即可添加该道题到相应章节中。

编号	练习名称(中)	练习名称(英)	难度	训练时间	查看	加入
20001	电汇练习-汇出汇款	Outward Remittance--T/T	易	0	查看	
20002	电汇练习-汇入汇款	Inward Remittance--T/T	易	0	查看	
20011	票汇练习-汇出汇款	Outward Remittance--D/D	易	0	查看	
20012	票汇练习-汇入汇款	Inward Remittance--D/D	易	0	查看	
20021	信汇练习-汇出汇款	Outward Remittance--M/T	易	0	查看	
20022	信汇练习-汇入汇款	Inward Remittance--M/T	易	0	查看	
20031	单元练习-电汇预付	Practice--T/T pay in advance	中	0	查看	
20032	单元练习-电汇到付	Practice--T/T pay on delivery	中	0	查看	
20041	单元练习-票汇	Practice--D/D	中	0	查看	
20051	单元练习-信汇	Practice--M/T	中	0	查看	
20061	综合练习-整笔电汇业务	Practice--Full T/T business	难	0	查看	
20062	综合练习-整笔信汇业务	Practice--Full M/T business	难	0	查看	
20063	综合练习-整笔票汇业务	Practice--Full D/D business	难	0	查看	
20101	即期D/P练习-出口托收指示	Collection Instruction--D/P(at sight)	易	0	查看	
20102	即期D/P练习-进口代收	Inward Collection--D/P(at sight)	易	0	查看	
20103	即期D/P练习-出口托收解付	Collection Payment--D/P(at sight)	易	0	查看	
20111	远期D/P练习-出口托收指示	Collection Instruction--D/P(date)	易	0	查看	
20112	远期D/P练习-进口代收	Inward Collection--D/P(date)	易	0	查看	
20113	远期D/P练习-出口托收解付	Collection Payment--D/P(date)	易	0	查看	

图6.6 教师端增减题目界面

(3) 难度设置。课程难度设置分为基本设置、制单设置和银行设置三个层面,如图6.7所示。

① 基本设置。可以选择中文或英文,如果选择"英文",则学生的操作界面、所有提示信息等都显示为英文。系统默认允许学生重做,如果想提高难度,可以将其设为不允许。系统默认允许查看分数,答题后系统实时显示分数。

② 制单设置。在这一层面,主要确认是否允许学生使用检查、查看正确答案、单据对照及自动生成功能。如果开启"自动填写"功能,会降低操作难度,因此不建议开启。

③ 银行设置。如果设为"自动",则该角色业务无须学生操作,由系统完成。如不选择"允许银行系统使用自动生成功能",则由学生扮演银行角色。

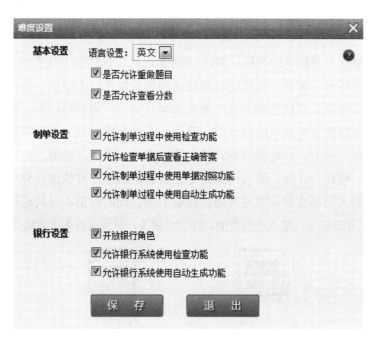

图6.7 教师端"难度设置"界面

(4) 管理学生。可以指定学生加入课程或对已经加入小组的学生做移出等操作。

(5) 管理教师。可看到课程创建人和已加入的其他教师信息，创建人可以移除其他教师。

3. 加入、退出课程

"加入课程""退出课程"是针对其他教师创建的课程而言的，不能用于自建课程。如果课程需多位教师管理，只需一位教师建好课程，其他教师直接加入(单击"加入课程"按钮)，即可查看该课程各项设置、评分等。

4. 删除课程

单击"删除课程"按钮(只能删自建课程)，则与该课程有关的所有记录都将被删除。课程删除后，学生操作的数据、记录也随之删除，且不能恢复。

(三) 课程教学考核

教师可随时到教学考核界面查看实习状况，教师能看到所有课程的考核结果。除分数外，还可看到学生的"完成进度"和"成绩分析"，成绩可导出到Excel中。

单击"完成进度"，可查看学生的操作过程，包括制单结果、业务办理情况以及财务状况等。单击"成绩分析"，可看到学生的银行、报关行业务等考核等级(最高为"A+"，最低为"D"，共10个等级)。单击"导出分数"，可查看学生的总成绩，分数可导出。

(四) 课程教学助手

课程教学助手可帮助教师答疑，如图6.8所示，具体包括以下几个模块：第一，商品计算。输入商品编号、数量，可快速计算商品的包装数量、毛净重、体积。第二，金额大写。输入小写金额，可快速换算成中外文大写。第三，集装箱计算。输入商品编号、集装箱数量，可快速计算所需商品数量。第四，汇率换算。输入需换算的币别及金额，可快速计算结果。第五，海运费计算。输入商品编号、数量、柜型、港口，可快速计算海运费。第六，空运费计算。输入商品编号、数量、机场，可快速计算空运费。第七，保险费计算。输入交易金额、贸易术语、保险加成、保险险别，可快速计算保险金额、保险费。第八，单据提交。输入业务类型、提交步骤等，可快速查询所需提交的单据明细。

| 商品计算 | 金额大写 | 集装箱计算 | 汇率换算 |
| 海运费计算 | 空运费计算 | 保险费计算 | 单据提交 |

图6.8 课程教学助手

⊕ 第二节 操作实务

一、实训内容与目标

国际结算实训包括四大模块：一是国际结算概述；二是国际结算票据；三是国际结算方式；四是国际结算单据与融资。每个模块的内容和目标均不同，如表6.1所示。

表6.1 国际结算实训平台实训内容与目标

模块名称	实训内容	实训目标
模块一： 国际结算 概述	1. 国际结算的概念、特点。 2. 国际结算方式产生的原因与历史沿革。 3. 当代国际结算发展的特点。 4. 国际上采用的主要国际支付清算系统	1. 了解国际结算方式产生的原因与经历的阶段。 2. 掌握国际结算发展的特点。 3. 熟悉国际上采用的主要国际支付清算系统

(续表)

模块名称	实训内容	实训目标
模块二： 国际结算 票据	1. 完成汇票、本票和支票定义与法定要式等理论测试。 2. 根据贸易背景缮制汇票、本票和支票。 3. 根据业务背景和汇票回答相关问题	1. 了解票据的定义、性质和作用。 2. 掌握汇票的分类和几个相关业务处理环节。 3. 掌握本票和支票的定义及其与汇票之间的区别
模块三： 国际结算 方式	1. 通过扮演进口商办理预付货款和货到付款业务。 2. 通过扮演汇出行办理电汇、信汇和票汇的汇出业务。 3. 通过扮演汇入行办理汇款解付业务	汇款 1. 掌握汇款方式的概念及基本当事人。 2. 熟悉电汇、信汇、票汇三种汇款方式并了解汇款头寸偿付的方法。 3. 掌握汇款业务在国际贸易中的应用
	1. 通过扮演出口商办理D/P和D/A业务委托。 2. 通过扮演托收行办理对外托收业务。 3. 通过扮演代收行办理对外代收业务。 4. 通过扮演进口商办理付款赎单业务	托收 1. 了解托收结算方式的定义、当事人及基本程序。 2. 掌握跟单托收的交单条件及业务程序。 3. 懂得如何在托收方式中进行资金融通并控制托收风险
	1. 通过扮演进口商办理申请开证业务。 2. 通过扮演开证行办理对外开证业务。 3. 通过扮演通知行办理信用证通知业务。 4. 通过扮演出口方办理审证和交单议付业务。 5. 通过扮演议付行办理审证和议付业务。 6. 通过扮演付款行办理审单付款业务。 7. 通过扮演进口方办理付款赎单业务	信用证 1. 理解信用证的基本概念、特点和作用。 2. 重点掌握信用证各当事人的权利和义务。 3. 掌握信用证的形式、内容和业务流程。 4. 了解并掌握信用证的种类和各种信用证的使用特点
模块四： 国际结算 单据与 融资	在一定的贸易背景下缮制商业发票、海运提单、保险单、报关单和原产地证明	1. 重点掌握发票、提单和保险单据等主要单据的格式和特点。 2. 熟悉其他各类单据的格式
	根据信用证审核和修改单据	1. 了解审核单据的基本原则和要点。 2. 掌握各类单据的审核方法。 3. 了解常见不符点及其处理方法
	1. 根据贸易背景进行信托收据融资。 2. 根据贸易背景进行国际保理业务融资。 3. 根据贸易背景进行银行保函融资	1. 理解国际结算融资的含义。 2. 能够分析国际贸易、国际结算和国际结算融资的关系。 3. 了解不同的国际结算融资类型。 4. 掌握国际贸易短期和中长期融资的主要形式及业务程序

资料来源：根据"步惊云"国际结算实训平台内容整理

二、国际结算实训平台操作流程

(一) 选择课程

登录后进入首页，练习之前先加入课程，具体方法如下所述。

(1) 在"我的课程"中，单击"选课"按钮(有些需输入选课密码)。

(2) 如果想加入其他课程，重复第1步操作，然后单击"上课"按钮，则自动进入该课程的题目列表，开始练习，如图6.9所示。

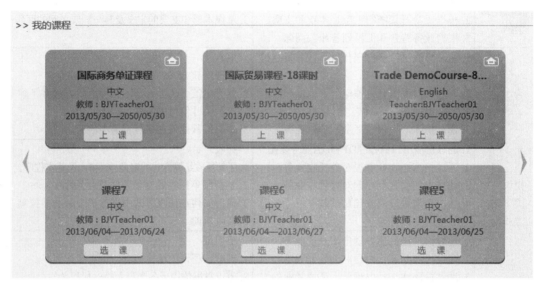

图6.9　学生端选课界面

(二) 课程学习与实操流程

1. 课程首页介绍

进入首页后，可以查看一系列课程信息与预设资源。

(1) 实训内容。进入课程后，可看到题目列表界面。左侧包含个人排名、使用引导及资料查询；右侧为课程要求与题目列表。

(2) 个人排名。所有学生的成绩排名均可查到，包括名次与分数(平均得分)。

(3) 使用引导。系统中包含本操作指南与费用计算、单据样本等。

(4) 资料查询。系统中包含公司、商品、汇率等资料，在练习中会用到。

(5) 题目列表。本课程的所有题目按章节划分。

2. 题目完成规则

首先，单击章节展开题目列表，再分别单击进入并完成每道题。题目分为测试题、单据题、操作题等类型，做题时可单击"查看帮助"，查看题目说明，如图6.10所示。

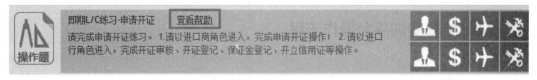

图6.10　学生端题目显示界面

此外，不同类型题目的截止点不同。例如，测试题(试卷)"交卷"即表示完成并不可修改。单据题填制完成后，需回到单据列表画面单击"制单完成"，方可完成题目。操作题要按照题目要求，进入角色操作。完成所有步骤后，该题目将自动完成(需刷新题目列表)。除测试题外，其他题目可以在老师允许的情况下重做。

每道题完成后，返回并刷新题目列表，即可看到得分，同时题目对应图标将打"√"，表明完成，总分则在"个人排名"中查看。

3. 不同题型操作方法

(1) 单据题操作方法。将鼠标移到要进入的题目上，单击蓝色箭头，即可进入题目。将鼠标移到要打开的单据上，单击"修改"，即可打开填写，可参考"单据样本"。

单据界面上半部分是当前打开的单据，下半部分是填写时供参考的单据。

① 上半部分窗口按钮使用方法。如图6.11所示，在上半部分窗口中共有6个按钮，从上到下依次为检查单据、提示单据帮助、保存单据、查看单据、导出和关闭窗口。

图6.11　学生端单据界面窗口按钮

检查单据：可随时单击第1个红色"！"来检查单据，单据显示红色惊叹号，表示填写错误。单击检查后，如单据标题显示绿色"√"，说明达到正确率要求，可以使用；显示红色"×"，则表示未通过，需修改。

提示单据帮助：单击第2个箭头，再单击要查看填写帮助的任意栏位，界面下半部分中的帮助即可自动切换到相应位置，据此填写即可。

保存单据：单击第3个按钮，即可保存单据。

查看单据：单击第4个按钮，可自动填写单据(老师开放才能使用)。

导出：单击第5个按钮，可将单据自动在新窗口中以图片的形式打开。如需保存图片，可在图片上单击右键，选择"图片另存为"，保存到电脑上。

关闭窗口：单击该关闭按钮，即可关闭该系统。

② 下半部分窗口使用方法，具体如图6.12所示。

图6.12　学生端单据界面窗口大小调整按钮

调整窗口大小：菜单左边4个按钮，代表不同的上下窗口大小比例，可根据需要单击调整。单击最右边一个小按钮，可将菜单收起。

学生填完单据保存后，需单击"制单完成"按钮，题目才算完成。

题目完成后，可回到题目列表界面查看自己的分数。如果对分数不满意，在老师允许重做的情况下，单击题目"重做"按钮，重做题目。

(2) 操作题操作方法。按照不同实训项目的既定业务流程，单击每一题的"角色"按钮。通过扮演该角色完成该角色的规定业务，完成后退出界面，回到题目列表界面，刷新查看分数。

三、实训平台操作帮助

(一) 商品包装费用计算

要计算商品的毛净重和体积，首先需以贸易公司角色登录，进入业务部(Business)——业务中心(Business Center)界面，在流程图上单击"向工厂订货"，进入工厂界面；然后单击"订货"按钮，根据合同的商品编号和数量，选择商品，查看其详细资料(见图6.13)。

基本信息					
商品编号	AQ-003				
商品名称	时尚太阳镜				
	Fashion Sunglasses				
销售单位	副(PAIR)				
规格型号	镜架材料：金属；镜片材料：树脂；可见光透视率：85%				
	Frame Material: Metal, Lens Material: Resin, Visible light clairvoyant rate: 85%				
包装信息					
包装种类	纸箱	包装单位	箱(CARTON)	每包装单位=180销售单位	
毛重	7.00KGS / 箱	净重	5.00KGS / 箱	体积	0.0216CBM / 箱
运输说明	适合空运				
监管信息					
CIQ代码	11280111	检验检疫类别		检验检疫类目	
HS编码	9004100000	海关监管条件		法定单位一	副
比例因子一	1	法定单位二		比例因子二	

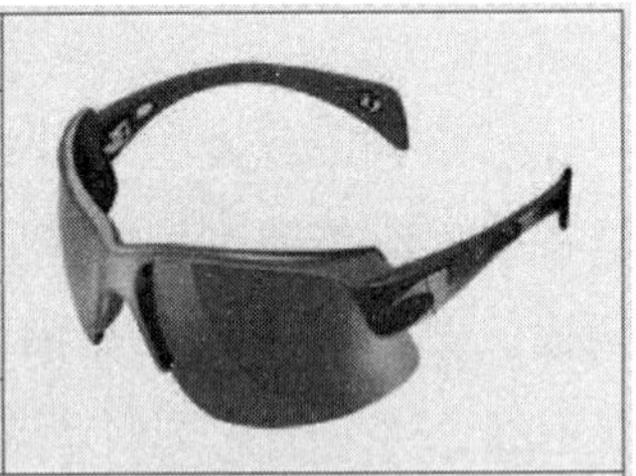

图6.13　学生端工厂界面商品信息说明

1. 计算包装数量

对销售单位与包装单位相同的产品(每包装单位=1销售单位),包装数量=销售数量;对销售单位与包装单位不同的产品,包装数量=销售数量÷每包装单位数量(注意:包装数量有小数时,进位取整)。

2. 计算毛净重

计算重量时,对销售单位与包装单位相同的产品(每包装单位=1销售单位),可直接用合同的销售数量×每箱的毛(净)重;对销售单位与包装单位不同的产品,需根据单位换算计算出单件的毛(净)重,再根据销售数量计算总毛(净)重。

3. 计算体积

总体积=包装数量×每箱的体积,可据此计算体积。

(二) 海运集装箱选择与运费核算

1. 海运费计算规则

根据贸易术语的不同,运费承担也有所不同。采用字母C、D开头的贸易术语,如CFR、CIF,海运费由出口商负担;采用字母E、F开头的术语,则由进口商负担。

2. 运费计算基础

(1) 整箱装。以集装箱为运费的计算单位,常用的集装箱规格为20英尺普柜、40英尺普柜和40英尺高柜。

(2) 拼箱装。船方以较高运价为收取标准,运价表上常注记M/W或R/T,表示船公司将在货品的重量吨或体积吨两者中择其运费较高者计算。

拼箱装时计算运费的单位有以下两种。

① 重量吨(Weight Ton)。按货物总毛重,以一吨为一个运费吨。

② 体积吨(Measurement Ton)。按货物总体积,以一立方米为一个运费吨。

3. 运费分类计算方法

(1) 整箱装。运费=每箱运费×整箱数。

(2) 拼箱装。分按体积与重量计算两种方式。

① 按体积计算,X_1=每立方米运费(MTQ)×总体积

② 按重量计算,X_2=每吨运费(TNE)×总毛重

计算结果取 X_1、X_2 中较大的一个。下面,我们举例说明。

例1:商品CH-007(速冻草莓)从上海运到墨尔本。装货单上显示为"20' REEFER X_1",即1个20英尺冷冻集装箱,试计算海运费。

解:查运价,到业务中心系统的"费用——海运费"界面,选择起运港为上海,目的港为墨尔本,查询运价(美元)如图6.14所示。

港口信息					
起运港	上海(Shanghai)		目的港	墨尔本(Melbourne)	
起运国	中国(China)		目的国	澳大利亚(Australia)	

详细费用（USD）	LCL M(MTQ)	LCL W(TNE)	20'	40'	40'高
普柜	52.00	61.00	875.00	1750.00	1750.00
冻柜	63.00	70.00	901.00	1600.00	1600.00

图6.14　业务中心界面海运运费查询结果(1)

因此，海运费=1×901=901(美元)

例2：商品AQ-003(时尚太阳镜)从上海运往名古屋，合同中交易数量是20000SETS，装货单上显示为"LCL"，即拼箱，试计算海运费。

解：首先，判断集装箱种类。查询商品AQ-003的基本资料，"运输说明"中没有特别指示，因此适用普通集装箱(如果注明"需冷藏"，则选用冷冻集装箱)。

其次，计算总体积与总毛重(计算方法可参考商品包装计算)。

得到：总体积=2.4192立方米，总毛重=779.56 KGS=0.779 56吨

最后，查运价。到公司业务系统的"费用查询——海运费"界面，选择起运港为上海，目的港为名古屋，查询运价如图6.15所示。

港口信息					
起运港	上海(Shanghai)		目的港	名古屋(Nagoya)	
起运国	中国(China)		目的国	日本(Japan)	

详细费用（USD）	LCL M(MTQ)	LCL W(TNE)	20'	40'	40'高
普柜	10.00	17.00	220.00	440.00	440.00
冻柜	12.00	21.00	244.00	510.00	510.00

图6.15　业务中心界面海运运费查询结果(2)

按体积计算，基本运费=2.419 2×10=24.192(美元)

按重量计算，基本运费=0.779 56×17=13.252 52(美元)

两者比较，体积运费较高，船公司收取费用较多者，因此最终海运费=24.19(美元)(保留两位小数)

(三) 海运集装箱选择与运费计算

海运出口订舱时，需要计算集装箱可容纳的最大包装数量，以此来核算该用整箱还是拼箱，以节省海运费。常用的集装箱规格如图6.16所示。

箱型	普通集装箱			冷冻集装箱		
尺寸	20'	40'	40'高	20'	40'	40'高
代码	GP	GP	HC	RF	RF	RH
最大体积(CBM)	33	67	76	27	58	66
最大重量(KGS)	25000	29000	29000	21000	26000	26000

图6.16　学生端货代公司界面集装箱规格查询

可根据总毛重和总体积，结合航线运费，计算需要装多少个集装箱(计算方法可参考商品包装计算)。

以中国上海到德国汉堡航线为例。可在"课程首页"左侧的"资料查询"→"费用"→"海运费"中查得该航线运费，如图6.17所示。

| 银行费用 | 海运费 | 空运费 | 保险费 | 其他费用 |

起运港　上海(Shanghai)　目的港　汉堡(Hamburg)　🔍搜索

港口信息			
起运港	上海(Shanghai)	目的港	汉堡(Hamburg)
起运国	中国(China)	目的国	德国(Germany)

详细费用（USD）	LCL M(MTQ)	LCL W(THE)	20'	40'	40'高
普柜	65.00	93.00	1250.00	2400.00	2500.00
冻柜	70.00	101.00	1408.00	2277.00	2475.00

图6.17　海运费查询结果

根据商品的不同，集装箱与运费计算如下所述。

例1：商品CH-007(速冻草莓)，总体积为26.18CBM，总毛重为14 560KGS，应该如何装箱？

解：从商品资料的包装描述中可知，该商品需冷藏运输，因此适用冷冻集装箱。参考集装箱规格表，由于其体积和重量均未超过1个20英尺冻柜的最大值，因此该商品可以用拼箱，也可以用1个20英尺冻柜来装。

如用拼箱：按体积计算，基本运费=26.18×70=1 832.6(美元)

按重量计算，基本运费=1 4560/1 000×101=1 470.56(美元)

两者比较，体积运费较多，船公司收取较多者，因此拼箱海运费=1 832.6(美元)

如用整箱，1个20英尺冻柜的运费为1 408(美元)<1 832.6(美元)，因此本例中用1个20英尺冻柜来装更为划算。

例2：商品AQ-003(时尚太阳镜)，总体积为2.419 2CBM，总毛重为779.56KGS，应该如何装箱？

解：从商品资料里得知商品非冷冻，适用于普柜。参考集装箱规格表，由于体积和重量均未超过1个20英尺普柜的最大值，因此该商品可用拼箱也可用1个20英尺普柜来装。

如用拼箱：按体积计算，基本运费=2.419 2×65=157.25(美元)(保留两位)

按重量计算，基本运费=779.56/1 000×93=72.50(美元)(保留两位)

两者比较，体积运费较多，因此，拼箱海运费=157.25(美元)

如果用整箱，1个20英尺普柜的运费为1 250(美元)>157.25(美元)，因此本例用拼箱装更为划算。

例3：商品CI-001(黄桃罐头)，总体积为48立方米，总毛重为44 880千克，应该如何装箱？

解：从商品资料里得知商品非冷冻，适用于普柜。参考集装箱规格表，用2个20英尺普柜来装更划算。

(四) 空运费计算

在采用字母C、D开头的贸易术语(如CPT、CIP)成交的条件下，空运费由出口商负担；采用字母E、F开头的贸易术语成交时，则由进口商负担。在航空运单中，可以直接查到空运费，空运费的计算方法如下所述。

1. 核算计费重量

计算方法：先按照商品包装计算方法，计算出商品总毛重和总体积，假设总毛重为A，按1CBM=167kg换算得B，再将A与B相比较，取大者为计费重量。

例1：空运1 500瓶商品编号为AU-007的女士香水，从上海出口至纽约，试计算计费重量。

解：查询商品资料可知，商品销售单位为BOTTLE(瓶)，包装单位为CARTON(箱)，单位换算为每箱装150瓶，每箱体积为0.066CBM，每箱毛重为10.50KGS，每箱净重为7.50 KGS。

计算总体积和总重量为：

总体积=1 500÷150×0.066=0.66CBM

总重量=7.5÷150×1 500+(10.5-7.5)×1 500÷150=105KGS

把体积换算成重量得：167×0.66=110.22KGS

因为110.22>105，所以应该取110.22为计费重量。

2. 计算空运费

根据计费重量，到公司业务系统的"费用查询"→"空运费"界面，查询对应航线的空运费率进行计算，计算公式为

$$空运费=基本空运费+空运附加费$$

$$空运附加费=AWC(操作费)+MYC(燃油费)+MSC(安全保险费)$$

式中，基本空运费是按照等级运价收取的，按照货物计费重量的不同，适用费率也不同(注："45KG～100KG"栏，包括45但不包括100，依此类推)。基本空运费有最低收费，MSC(安全保险费)也有最低收费。

例2：试计算例1中的空运费。

解：在公司业务系统的"费用查询"→"空运费"界面，查到上海到纽约的空运运价如图6.18所示。

港口信息				
起运港	上海(Shanghai)		目的港	纽约(New York)
起运国	中国(China)		目的国	美国(America)

详细费用（USD）					
基本运价（最低：75.00）					
<45KGS	45-100KGS	100-300KGS	300-500KGS	500-1000KGS	>1000KGS
8.33	6.33	4.58	4.58	4.50	4.33
附加费					
AWC		MYC		MSC（最低：8.00）	
8.00		2.67		0.20	

图6.18 例1业务中心界面空运费查询结果

界面中除两个"最低收费"和"AWC(操作费)"为固定费用之外，其余价格均为费率，需乘以计费重量。

由于计费重量110.22在100KGS～300KGS范围内，因此本例中基本空运费率应取对应的"4.58"，所以，基本空运费=110.22×4.58=504.8076=504.81(保留两位小数)，且大于最低收费75。

附加费：AWC(操作费)=8

MYC(燃油费)=110.22×2.67=294.287 4=294.29(保留两位小数)

MSC(安全保险费)=110.22×0.2=22.044=22.04(保留两位小数)，且大于最低收费8

最后可得：空运费=504.81+8+294.29+22.04=829.14(美元)(保留两位小数)

(五) 保险费计算

如果贸易术语为CIF、CIP、DAT、DAP或DDP，则保险费应由出口商负责。否则，由进口商承担。出口商投保时，需在合同中勾选投保险别；进口商投保时，系统默认按照预约保险合同，均按加成110%投保一切险+战争险+罢工险(海运空运都是)，具体的计算公式为

$$保险费=保险金额×保险费率$$

$$保险金额=CIF货价×(1＋保险加成率)$$

1. 贸易术语为CIF、CIP、DAT、DAP、DDP时，保险费计算举例

例1：合同总价为USD19 400，合同规定"由卖方按发票金额110%投保一切险和战争险"，试计算保险费。

解：首先进入公司业务部"费用查询"→"保险费"界面，查到海运一切险的保险费率为8‰，战争险保险费率为0.8‰，因此可计算得到

保险金额=19 400×110%=21 340(美元)

保险费=21 340×(8‰＋0.8‰)=187.78(美元)(保留两位)

2. 贸易术语为CFR、CPT时，保险费计算举例

保险费的计算公式为

$$保险费 = (CIF价 × 保险加成)×保险费率$$

例2：合同总价为USD9 980，系统默认按加成110%投保海运一切险、战争险和罢工险，试计算保险费。

解：首先进入公司业务部"费用"→"保险费"界面，查到一切险的费率为8‰，战争险和罢工险的费率为0.8‰(按保险公司规定，战争险和罢工险同时投保时，只按其中一个费率计算，即战争险和罢工险加起来的费率仍然只有0.8‰)。

保险费=9 980×1.1×(8‰+0.8‰)÷[1−1.1×(8‰+0.8‰)]=97.55(美元)(保留两位)

3. 贸易术语为FOB、FCA、FAS、EXW时，保险费计算举例

计算公式为

$$保险费 = (合同价 + 海运费或空运费)× [kr/ (1 - kr)]$$

例3：合同总价为USD11 100，空运费为USD312，系统默认按加成110%投保空运一切险、战争险和罢工险，试计算保险费。

解：首先进入公司业务部"费用"→"保险费"界面，查到空运一切险的保险费率为3.5‰，战争险和罢工险的保险费率为0.8‰(同时投保只按其中一个费率计收)。

保险费=(111 00+312)×1.1×(3.5‰+0.8‰)÷[1−1.1×(3.5‰+0.8‰)]=53.978 76÷0.995 27=54.24(美元)(保留两位)

注意：如不知道运费，需先计算，方法参考本页"海运费"或"空运费"。

第三节 业务实训——以电汇到付为例

一、实训目标

该项实训为货到付款方式下的电汇练习，学生分别扮演进口商、进口行和出口行角色做如下实训操作。

(1) 以进口商角色进入，完成申请汇款操作。

(2) 以进口行角色进入，完成汇出汇款审核、登记、落实汇出资金、电汇汇出等操作。

(3) 以出口行角色进入，完成汇入汇款审核、登记、解付结卷、汇入汇款通知等操作。

二、实训业务流程

(一) 电汇到付的业务流程

电汇到付的业务流程如图6.19所示。

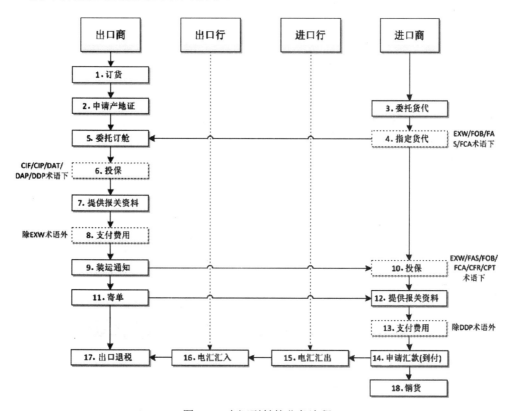

图6.19　电汇到付的业务流程

根据业务流程图,可知电汇业务包括以下几个步骤。

(1) 进口商收单后填写电汇申请书,去银行申请货到付款汇款。

(2) 进口银行接到申请后,办理电汇汇出业务。

(3) 出口银行接到进口银行MT报单,办理电汇汇入登记并办理汇款解付业务。

(二) 电汇到付业务操作步骤

首先,学生进入登录界面,输入账号和密码登录。系统将显示当前学习的课程,在界面左侧,学生可修改个人资料。单击"上课"按钮,学生进入课程学习,如图6.20所示。

接下来,学生在课程列表界面选择角色。其中,最左侧的橘色图标代表进口商,右侧的橘色货币图标代表进口银行,上方的蓝色货币图标代表出口银行。学生单击相关图标,即可进入该角色界面,进行业务实操,如图6.21所示。

图6.20 学生端电汇到付课程学习界面

图6.21 学生端电汇到付操作题

1. 申请汇款

操作角色：进口商

操作步骤：

(1) 填制"境外汇款申请书"。在"业务详情"界面，单击下方加号键，添加"境外汇款申请书"并填写，实训单据添加按钮，如图6.22所示。完成后单击左边的"！"检查，如果单据标题打上绿色的"√"，说明通过。

图6.22 实训单据添加按钮

(2) 申请汇款流程。进口商首先进入银行，办理电汇到付业务。有两种进入方式，一种方式是进入"业务流程"界面，单击"货到付款"，进入其中的"银行"界面，单击“申请汇款”按钮；另一种方式是进入“业务办理”界面，单击“银行”，进入银行大厅，再单击柜台，选择“申请汇款(到付)”。之后，选择提交“合同”“商业发票”“境外汇款申请书”“进口货物报关单(付汇证明联)”(货物发生意外时无须提交)，即可完成申请汇款。境外汇款申请书如图6.23所示。

致　　(此处可加行徽)　　**境 外 汇 款 申 请 书**

TO:　　APPLICATION FOR FUNDS TRANSFERS(OVERSEAL)

日期：

Date ：＿＿＿＿

	□电汇 T/T □票汇 D/D □信汇 M/T	发电等级 Priority	□普通 Normal □加急 Urgent
申报号码 BOP Reporting No.	□□□□□□ □□□□ □□ □□□□□□ □□□□		
20 银行业务编号 Bank Transac.Rdf.No		收电行/付款行 Receiver/Drawn on	
32A 汇款币种及金额 Currency & Interbank Settlement Amount		金额大写 Amount Capitalization	
其中 现汇金额 Amount in FX		账号 Account No./Credit Card No.	
其中 购汇金额 Amount of Purchase		账号 Account No./Credit Card No.	
其中 其他金额 Amount of Others		账号 Account No./Credit Card No.	
50a 汇款人名称及地址 Remitter`s Name & Address			
□对公　组织机构代码 Unit Code □□□□□□□□ - □		□对私	个人身份证件号码 Individual ID NO. □中国居民个人 Resident Individual □中国非居民个人 Non-Resident Individual
54/56 收款银行之代理行名称及地址 Correspondent of Beneficiary`s Bank Name & Address			
57a 收款人开户银行名称及地址 Beneficiary`s Bank Name & Address	收款人开户银行在其代理行账号 Bene`s Bank A/C No.		
59a 收款人名称及地址 Beneficiary`s Name & Address	收款人账号 Bene`s No.		
70 汇款附言 Remittance Information	只限 140 个字位 Not Exceeding 140 Characters	70A 国内外费用承担 All Bank`s Charges If Any Are To Be Borne By □汇款人 OUR □收款人 BEN □共同 SHA	

收款人常驻国家（地区）名称及代码 Resident Country/Region Name & Code □□□					
请选择：□预付货款 Advance Payment □货到付款 Payment Against Delivery □退款 Refund □其他 Others				最迟装运日期	
交易编码 BOP Transac Code	□□□□□□	相应币种及金额 Currency & Amount		交易附言 Transac Remark	
	□□□□□□				
是否为进口核销项下付款		□ 是 □ 否	合同号	发票号	
外汇局批件/备案表号			报关单经营单位代码	□□□□□□□□□□	
报关单号		报关单币种及总金额		本次核注金额	
报关单号		报关单币种及总金额		本次核注金额	

银行专用栏 For Bank Use Only		申请人签章 Applicant`s Signature	银行签章 Bank`s Signature
购汇汇率 Rate		请按照贵行背页所列条款代办以上汇款并进行申报 Please Effect The Upwards Remittance, Subject To The Conditions Overleaf:	
等值人民币 RMB Equivalent			
手续费 Commission			
电报费 Cable Charges			
合计 Total Charges		申请人姓名 Name of Applicant 电话 Phone No.	核准人签字 Authorized Person 日期 Date
支付费用方式 In Payment of The Remittance	□现金 by Cash □支票 by Check □账户 from Account		
核印 Sig Ver		经办 Maker	复核 Checker

第一联　银行留存联

图6.23　境外汇款申请书

2. 汇出汇款

操作角色：进口行

操作步骤：

(1) 汇出汇款审核。首先，学生单击图标，登录进口行角色，在业务列表中将对应的电汇汇出业务设置为当前业务，如图6.24所示。

图6.24　汇出行"业务列表"界面

其次，进入左侧菜单中的"汇出汇款"→"汇出汇款审核"界面，如图6.25所示。单击上方状态栏中的"业务要求(Detail)"小图标，打开收到的合同、发票、境外汇款申请书等，据此填写审核表。如单据有误，应找出错误并填写在审核表中；如无误，可不填。

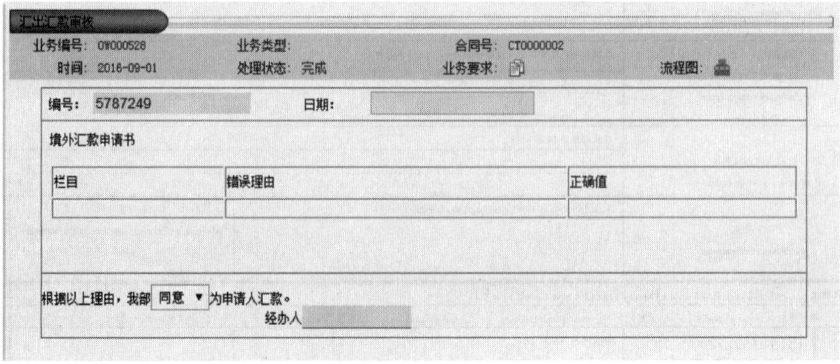

图6.25　汇出行"汇出汇款审核"界面

填写完成后提交，提交后该审核表不能修改。

(2) 汇出汇款登记。汇出汇款审核提交后，进入"汇出汇款""汇出汇款登记"界面，根据收到的单据内容进行录入并提交，如图6.26所示。

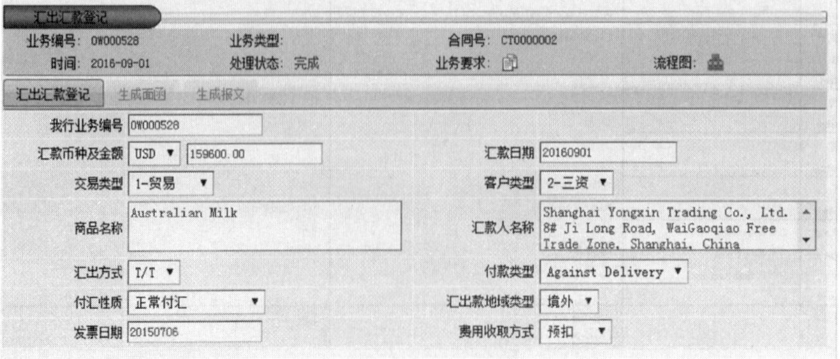

图6.26　汇出行"汇出汇款登记"界面

(3) 落实汇出资金。汇出汇款登记提交后，进入"汇出汇款"→"落实汇出资金"界面，录入并提交，如图6.27所示。

图6.27 汇出行"落实汇出资金"界面

(4) 电汇汇出。落实汇出资金提交后，进入"汇出汇款"→"电汇汇出"界面，录入并提交，如图6.28所示。

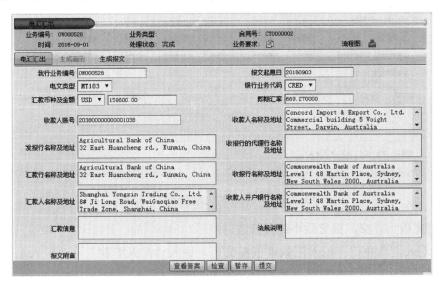

图6.28 汇出行"电汇汇出"界面

(5) 进入"生成报文"界面，单击"确定"，生成报文MT103，系统自动发到汇入行，如图6.29所示。

图6.29 汇出行"电汇汇出"报文生成界面

3. 汇入汇款

操作角色：出口行

操作步骤:

(1) 汇入汇款审核。首先,学生选择出口行角色,登录后在业务列表中将电汇汇入业务设置为当前业务,如图6.30所示。

图6.30 汇入行"业务列表"界面

其次,进入左侧菜单中的"汇入汇款"→"汇入汇款审核"界面,如图6.31所示。单击上方的"业务要求(Detail)"图标,打开收到的MT103报文,据此填写审核表。如报文有错,应找出错误并填写在审核表中;如果无误,可不填。

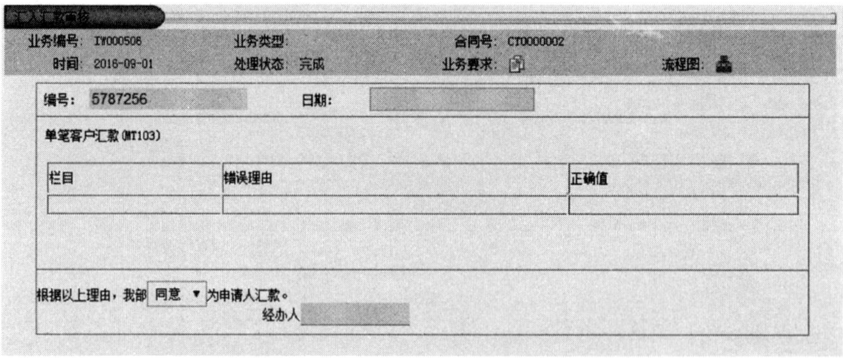

图6.31 汇入行"汇入汇款审核"界面

填写完成后提交,提交后不能再修改。

(2) 汇入汇款登记。汇入汇款审核提交后,进入"汇入汇款"→"汇入汇款登记"界面,根据收到的报文内容录入并提交,如图6.32所示。

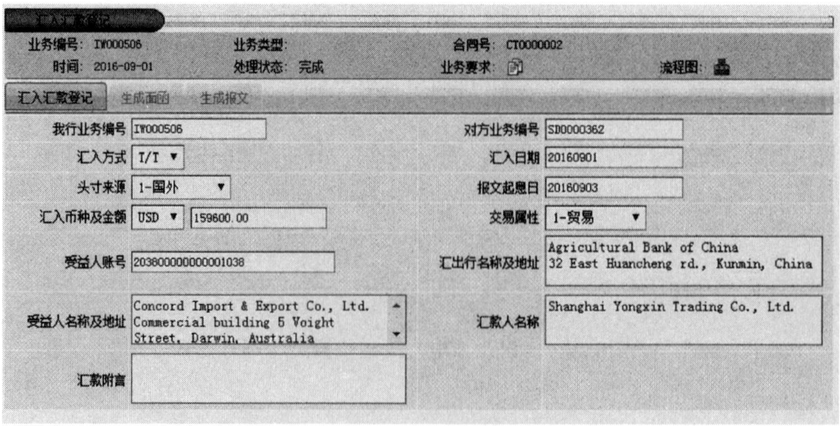

图6.32 汇入行"汇入汇款登记"界面

(3)解付结卷。汇入汇款登记提交后，进入"汇入汇款"→"解付结卷"界面，录入并提交，如图6.33所示。

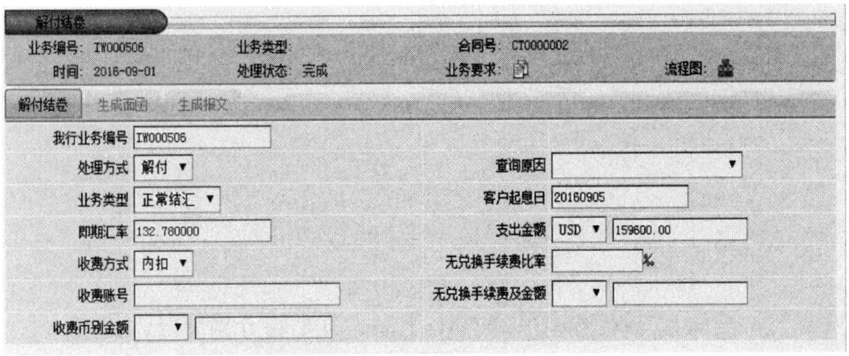

图6.33　汇入行"解付结卷"界面

(4) 汇入汇款通知。解付结卷提交后，进入"汇入汇款"→"汇入汇款通知"界面，录入并提交，如图6.34所示。提交后自动生成汇款通知书并发至出口商。

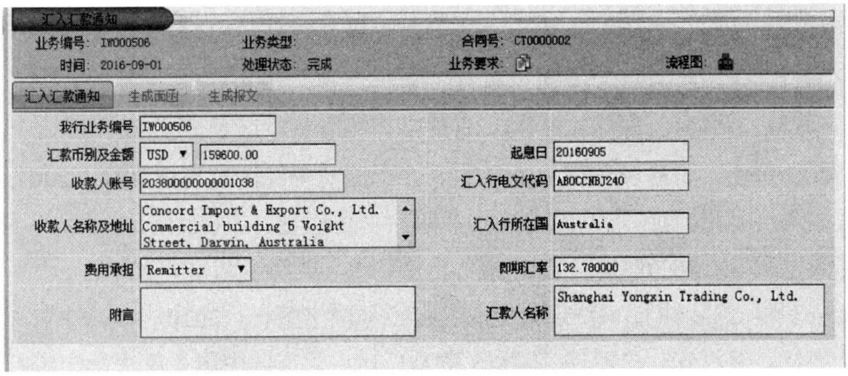

图6.34　汇入行"汇入汇款通知"

上述步骤完成后，即完成电汇到付业务流程。学生可回到"题目列表"界面，刷新后可看到成绩。若不理想，获教师允许可重做题目。

参考文献

[1] 陈湛匀，马照富. 国际结算实务[M]. 上海：立信会计出版社，1994.

[2] 姚念慈. 国际结算[M]. 2版. 成都：西南财经大学出版社，1997.

[3] 王咸辉，姜学军. 国际贸易结算[M]. 大连：东北财经大学出版社，1995.

[4] 周继忠. 国际贸易结算[M]. 上海：上海财经大学出版社，1997.

[5] 蔡慧娟，杜梅. 国际结算[M]. 成都：西南财经大学出版社，1997.

[6] 姜学军. 国际结算[M]. 大连：东北财经大学出版社，2000.

[7] 沈薇贞. 国际结算[M]. 上海：复旦大学出版社，2000.

[8] 应诚敏，刁德霖. 国际结算[M]. 北京：高等教育出版社，2000.

[9] 顾民. 进出口贸易操作实务[M]. 北京：中国对外经济贸易出版社，2001.

[10] 梁琦. 国际结算[M]. 2版. 北京：高等教育出版社，2009.

[11] 阎之大. UCP600解读与例证[M]. 北京：中国商务出版社，2007.

[12] 苏宗祥. 国际结算[M]. 5版. 北京：中国金融出版社，2010.

[13] 庞红，尹继红，申瑞年. 国际结算[M]. 4版. 北京：中国人民大学出版社，2010.

[14] 韩宝庆. 国际结算[M]. 北京：清华大学出版社，2012.

[15] 朱箴元. 国际结算学习指导[M]. 2版. 北京：中国金融出版社　2008.

[16] 谷素华. 国际结算方式发展趋势及其风险防范[J]. 商业时代，2011(03).

[17] 万亿，余霞. 贸易融资的演进、理念转变及中国的融资策略——基于国际结算视角[J]. 中国商贸，2010(19).

[18] 肖浩. 国际结算风险防范研究[J]. 现代经济信息，2013(04).

[19] 秦定，邱斌. 国际结算与贸易融资实践教程[M]. 南京：东南大学出版社，2002.

[20] 贺培. 国际结算学[M]. 北京：中国财政经济出版社，2009.

[21] 龚玉和，齐朝阳. 外贸单证解惑280例[M]. 北京：中国海关出版社，2009.

[22] 顾民. 信用证特别条款与UCP500实务[M]. 北京：对外经济贸易大学出版社，1996.

[23] 姚新超. 国际结算实务与操作[M]. 北京：对外经济贸易大学出版社，2006.

[24] 刘德标. 国际结算规则[M]. 北京：对外经济贸易大学出版社，2004.

[25] 蒋琴儿，秦定. 国际结算理论·实务·案例[M]. 北京：清华大学出版社，2007.

[26] 跟单信用证统一惯例. 国际商会第600号出版物.

[27] 托收统一规则. 国际商会第522号出版物.

[28] 合约保函统一规则. 国际商会第325号出版物.

[29] 中国银行官网. http://www.boc.cn/.

[30] 中国工商银行官网. http://www.icbc.com.cn/icbc/.

[31] 招商银行官网. http://www.cmbchina.com/.

[32] 汇天国际结算网. http://www.10588.com/.